アメリカ時代の終わり（上）

チャールズ・カプチャン［著］　坪内　淳［訳］

NHK BOOKS
［982］

日本放送出版協会

Printed in Japan

日本語版へのまえがき

サダム・フセインを倒したイラク戦争の成功によって、アメリカのあらたな世紀が開かれたかのように見える。アメリカは、その突出した軍事力の驚くべき有効性を見せつけ、国連安全保障理事会の承認が得られなかったにもかかわらず、イラク戦争を遂行することで、アメリカが自ら望むときに行動するということをはっきりと示した。教訓は明らかであろう。フランス、ドイツ、ロシアのようなアメリカに逆らった国々は、今後この世界唯一の超大国のじゃまをするときは、よく考えてからにすべきである。同じく、ならず者国家も、行いを正すか、さもなくば、最悪の事態を覚悟しなくてはならない。ジョージ・W・ブッシュ大統領のアメリカは、まるでローマ帝国の再来のようである。

しかし、アメリカの優越性の将来を別の観点から見ると、イラク戦争の長期的影響については異なった解釈も存在する。アメリカは、あらたな世紀のはじまりではなく、アメリカ時代の終わりを早めるような道を進んだのではないだろうか。たしかにアメリカの軍事力は卓越しており、その意志はゆるぎないものかもしれない。しかし、世界の世論に反して行動することで、アメリカは、おそらくそのもっとも重要な資産であった国際的な正統性を傷つけたのである。アメリカの慈悲深い覇権は、もはやそれほど慈悲深くはなくなっていると世界は見ている。その結果、世界の国々は、アメリカのパワーに敬意を払うのではなく腹を立て、アメリカのリーダーシップのもとに集結するのではなく抵抗するようになる可能性が高くなっている。

この二番目の解釈のほうが正確である。イラク戦争をめぐる外交的な孤立は、アメリカをヨーロッパの大半の国々から、実際には、世界のほとんどの国々から分断させた広い亀裂の、原因ではなく、現象であった。九・一一テロが残した脆弱《ぜいじゃく》性の意識と怒りがアメリカの単独行動主義を助長し、それが国際社会の構造にひびを入れている。国連でイラク問題の議論が進行する前でさえ、安全保障理事会のメンバーの多くが、けんか腰のアメリカを抑える必要性で一致していた。フランス、ドイツ、ロシアが、大西洋同盟を危険にさらす可能性を認識しながらもイラク戦争を阻止しようとしたのは、アメリカのパワーを抑えるためというのが主たる理由であった。メキシコ、チリ、ギニア、カメルーンといった安保理のなかの中小国でさえも、アメリカに対してノーという覚悟ができていた。かつて、すべての道はワシントンに通じていたが、いまや第二の道が開かれつつあり、それはおもにヨーロッパに通じている。

アメリカが、その伝統的な同盟国と溝を深めつつある最大の理由は、世界のリーダーシップへのアメリカ政府のアプローチにある。実際、ブッシュ政権の外交政策における三つの主要原則が、アメリカをヨーロッパと衝突させる原因となっている。第一に、アメリカ政府は、アメリカがより強大になり、そのリーダーシップが断固としたものになればなるほど、残りの世界はすなおに従うだろうという仮定に基づいて行動してきた。しかし実際には、その正反対のことが起こってきた。ブッシュの尊大な態度は、国内では決意の現れと受けとめられるかもしれないが、ヨーロッパやほかの世界では、それは傲慢《ごうまん》さを感じさせるものである。アメリカの先制・卓越政策は、敬意を得るどころか、ヨーロッパの恨みと抵抗を招くこととなった。

第二に、ブッシュ政権はこう考えている。アメリカのように強大な国家は、世界情勢を制御するために国際機関などは必要としない。それは弱者の道具であり、アメリカにとっては行動の自由が制約されるだけのものである、と。国際機関がアメリカのパワーを制約するというブッシュの理解は正しい。しかし、まさにその理由から、国際的な安定にとって国際機関は必要不可欠なのである。それは、アメリカ政府を共通ルールに従わせることで、立場を平等にし、アメリカのパワーの目的と予測可能性について信頼度を高めてくれる。アメリカが国際機関から立ち去るならば、ヨーロッパや世界のそのほかの国々も逃げ出すだろう。

アメリカが主要な国際的パートナーシップを危険にさらしている第三の原因は、軍事的優位性から生まれる自立性をブッシュ政権があまりに過大評価していることにある。ブッシュ政権は、同盟国を軽んじてきた。なぜなら、彼らを必要としないと感じているからである。しかし、アメリカ政府はもう一度よく考えなくてはならない。テロとの戦いは、幅広い国際協力を必要とする。アフガニスタンは、広範な多国間連合によってまとめられている。フランス、ドイツ、ロシアはイラク戦争をとめられなかったとはいえ、彼らは、アメリカに国連の後ろ盾という正統性を与えることを最後まで拒み、戦争を非常にリスクのある賭けとしたのである。トルコは、アメリカの地上軍が領土を通過することを拒否し、そのためにアメリカは北部に戦線を開くことができなかった。

このような障害にもかかわらず、アメリカの軍事的卓越性によって、同盟軍はイラク戦争に容易に勝利することができた。しかし、その結果残されたのは、深い亀裂が生じた外交情勢であり、そこでは、支配的なアメリカが主導し、残りの世界が従順に後についていくというようなことは起こらない。とくにヨーロッパは、アメリカの高圧的な態度への不満をはっきりと示した。実際、大西洋間の絆こそが、この戦争による大きな犠牲の一つである。戦争と平和という根源的な問題について、アメリカと欧州大陸の主要同盟国が意見を異にしたのである。アメリカとヨーロッパの安全保障がもはや不可分のものではない以上、大西洋同盟は、たとえその名前は残るとしても、精神的には解体されつつある。

イラク戦争は、大西洋両岸の亀裂と同様に、たしかにヨーロッパ内部の分裂も明らかにした。ヨーロッパ域内の分断は、おもにEUの将来についての見解の相違から生まれたものである。フランスやドイツに代表される一方の陣営は、戦争に強固に反対し、自らをアメリカへの対抗勢力と見なしている。もう一方の陣営は、アメリカ政府を支持する中小国からなり、アメリカを、欧州の大国に対する防護壁で、引きつづき欧州を守ってくれる存在と見なしている。EU諸国は、一体化に向かうにも、アメリカに拮抗《きっこう》する存在となるにも程遠く、共通の立場を見つけることができなかった。

しかし、大西洋の分断は、欧州内部のものよりもはるかに永続的で手に負えないということが明らかになるだろう。イラク問題について、EU内部には目に見える以上に一体性が存在した。欧州各国政府の意見は不一致であったかもしれないが、有権者はほとんど一様に軍事行動に反対していたのである。ＥＵはまた、共通外交政策の策定に責任を負う組織も含めた、統治機構を強化するための機構改革を進めている。

おそらくもっとも重要なことは、アメリカを支持しているヨーロッパ諸国も、この数年のうちに、進路を変える以外に選択肢がなくなるだろうということである。彼らのほとんどは、イラク問題が大西洋の両岸の関係を壊すことを恐れてブッシュ政権を支持したのであり、心底から戦争を支持していたわけではない。しかし、ポーランドやイタリアのような国が、今後も大西洋同盟に関与しつづけようとしても、大西洋の向こう側のアメリカがそれを望まないだろう。豊かで平和な、アメリカのリードにもはや従おうとしないヨーロッパに対して、アメリカはその保護者としての関心を失いつつある。また、中東や東アジアでの差し迫った危機のため、すでにアメリカの資源はそちらに向けられてしまっており、好むと好まざるとにかかわらず、ヨーロッパはますます自立しつつある。

フランスとドイツはこのことをよく理解しており、それが、防衛協力の強化を彼らが進めようとしている大きな理由の一つである。イギリスは、アメリカとヨーロッパの掛け橋という役割にいまだに執着しつづけているが、ＥＵの主導的なメンバーになったほうが、アメリカという巨人の後をついてまわっているよりも大きな影響力を行使できるということに、すぐに気づくだろう。ポーランドは、いまだ強力な大西洋同盟という希望をあきらめていないが、しかしそう長くは現実を無視していられない。ポーランドや同様の志向をもった国々は、彼らに残された唯一の選択肢が強力なＥＵを受け入れることだと、すぐに理解するようになる。ＥＵの現在および将来の加盟国は、アメリカがヨーロッパから永遠に撤退しようとしているという事実に直面すると、より効果的かつ集団的なEUをすぐに支持するだろう。

軍事能力を高めようとするEUの努力は、たしかに遅々としたものである。しかし、いくつか成果は出ている。フランスは防衛費を二〇パーセント増加させ、ドイツは徴兵制をやめて、より有能な職業軍に変更する予定である。二〇〇三年四月のサミットで、フランス、ドイツ、ベルギー、ルクセンブルグは、統合司令本部を創設する計画を発表した。たとえどんなに楽観的なシナリオによっても、EUがアメリカの軍事的優越性に挑戦することは、そもそもありえたとしても、すぐではない。しかし、ヨーロッパは、安全保障についてアメリカへの依存をかなり減らし、アメリカとともに、世界の二大パワーとなるだろう。

アメリカのあらたな世紀という考えを疑う最後の理由は、アメリカ外交政策へのイラク戦争の影響である。軍事行動の成功とサダム・フセイン体制崩壊のスピードは、疑いなく、ブッシュ政権内部のネオ・コンサーバティブのタカ派の影響力を高めた。アメリカ軍の被害が比較的少なかったことも、アメリカの断固とした世界的指導力への広範な大衆の支持を容易にした。

しかし、イラク戦争支持で形成された政治的合意――ブッシュ大統領の側近の間でさえ――が長期的に維持可能であると考えるのは非現実的であろう。戦争については一致団結していたかもしれないが、戦いが終われば、深い亀裂がすぐにまた出てくる。ポール・ウォルフォウィッツ国防副長官のようなネオ・コンサーバティブ派は、イラクへのアメリカ駐留を中東全体での広範な政治変革を促進する梃子《てこ》と考え、したがって、長期駐留を望んでいる。一方、ドナルド・ラムズフェルド国防長官のような現実的保守派は、戦後復興について国防総省の厳格なコントロールを維持しようとしているとはいえ、この地域でのアメリカの目的についてもっと抑制的であり、イラク駐留については短期を主張する。コーリン・パウエル国務長官は、イラクでの文民統制と、国連や同盟国との関係修復を期待している。このような相違は、戦後政策についての激しい対立となってあらわれている。

アメリカの新しい野心への国内的支持もまた、不確かである。アメリカの大衆は、戦争を支持していたとはいえ、イラクの長期的な占領について熱心でありつづけはしないだろう。ブッシュのおもな支持基盤である内陸部でも、中東に植民地を維持することへの興味はほとんどない。冷戦以来、アメリカが広範な国際的コミットメントを行ってきたことは事実であり、世界の多くの場所に米軍は常時駐留している。しかし、アメリカ軍は、基本的に歓迎される場所にのみとどまってきた。イラクで反アメリカ感情が強くなり、ドイツ、日本、韓国などの伝統的な同盟国の間にさえ、うっぷんがたまってくると、アメリカ市民は、アメリカが世界の保護者の役割を続けるべきかどうか疑問に思いはじめるだろう。アメリカ人は、海外駐留軍が世界にとっていいことをしていると信じており、もし受入れ国が同意しないのならば立腹し、最終的には米軍をよびもどす声が高まるだろう。アメリカの孤立主義的性向は、九・一一以来おとなしくしているが、しかし、それはけっして永遠に失われたわけではない。

本書では、ヨーロッパの勃興《ぼっこう》と、アメリカの単独行動主義と孤立主義への回帰が、いかにして、そしてなぜ、西側を分断し、ヨーロッパとアメリカを対立させ、多極世界への展開を促進するかを述べる。本書の第一版を書いたとき――イラク戦争前であった――私はこれらの展開がこの一〇年の全部ではないにしろ、大半を占めるであろうと予測した。ブッシュ政権は歴史の進路を変えてはいないが、かなり速度を速めた。イラク戦争が明らかにしたように、西側はすでに分裂しており、一九四〇年代以来、国際システムを支えてきた政治共同体の基盤がゆらいでいる。この意味で、イラク戦争は、われわれの世界を変化させていた強力な地政学的諸力をさらに促進する結果をもたらしたのである。歴史の展開がこれほどまでに速くなっており、それにあわせて世界の風景も変化しているなかで、アメリカ、ヨーロッパ、東アジア、そして国際社会は、アメリカ時代の終わりとそれに続く時代に向けて、どのような準備をするかという、あらたな緊急課題に直面しなければならないのである。

アメリカ時代の終わり・上〔目　次〕

下巻目次

アメリカ時代の終わり（上）

謝辞

本書の執筆にあたって、多くの研究所や研究者たちから支援を受けた。ジョージタウン大学と外交問題評議会は、この一〇年間を通して、二重の知的な受け皿であり、執筆にとって理想的な環境を提供してくれた。本書は、アカデミックな学者の世界と、政策立案コミュニティに年々広がる断絶に橋をかけようという試みでもある。外交問題評議会は、この企画に対して、主たる財政的な支援を行い、二〇〇〇年から〇二年にかけて、ホィットニー・シェパードソン・フェローに選んでくれた。ジョージタウン大学は、さらなる資金提供を行い、研究と執筆に専念するためにサバティカル休暇を認めてくれた。また、米国平和研究所の財政的援助に感謝の意をあらわしたい。

ジェームズ・チェイスとレスリー・ゲルブの二人は、本書の執筆を勇気づけ、重要な役割を果たしてくれた。私が最初にジェームズ・チェイスに出会ったのは、一九八〇年代の後半だった。それからまもなく、われわれが親友となり、知的な仲間となると、彼はこの企画へと私を誘ってゆき、最初から最後まで、信頼できるガイドになってくれた。彼の温かい励まし、疲れを知らない精神、着実なアドバイスに対して、深く感謝する。

レス・ゲルブは、外交問題評議会の会長であり、本書を思いつくずっと前から、私を刺激してくれた。セントラル・パークを長い時間かけて散歩しながら、彼は繰り返し、物事を広く、とことん突き詰めて考えるように私に勧めてくれた。彼は葉巻をくゆらせながら、現代の「偉大な外交政策の物語」を書くべきときが来ていると主張した。彼の期待に応えられたかどうかはわからないが、彼の友情と洞察に感謝したい。

本書の下書きができあがると、ニューヨークとワシントンDCで開かれた外交問題評議会のいくつかのセミナーで発表した。ジェームズ・チェイスは、ニューヨークのセミナーの司会役を見事に務めてくれた。ワシントンの会合で司会を務め、議論を正しい方向へ導いてくれたスティーヴン・ウォルトに感謝したい。これらのセミナーの参加者は、以下の人たちである。ロバート・アート、ウォーレン・バス、マックス・ブート、ラエル・ブレイナード、ラルフ・ブールトン、フレイザー・キャメロン、カート・キャンベル、スティーヴン・クレモンス、ジャン＝マルク・クワコウ、アイヴォ・ダールダー、テリー・デイベル、I・M・デスラー、フランシス・フィッツジェラルド、デイヴィット・フロムキン、アルトン・フレイ、マイケル・ゲトラー、ジェームズ・ゴールドヴイアー、ポール・ガラブ、ステファニー・ガラブ、ローズ・ゴテモエラー、ジョン・アイケンベリー、ロバート・ジャービス、ローレンス・コーブ、スティーヴン・カール、ジェームズ・リンゼイ、ロバート・マニング、ジェシカ・マシューズ、チャールズ・ウィリアム・メインズ、マイケル・マクフォール、カール・メイヤー、ヘンリー・ナウ、ジョン・ニューハウス、スザンヌ・ノッセル、ジョセフ・ナイ・ジュニア、ノーリエ・ルブニー、アリソン・シルバー、ジャック・スナイダー、フリッツ・スターン、ダニエル・タルロー、シンシア・ティンドル、リチャード・ウルマン、エンツォ・ヴィスクーシ、ジョリス・ボス、マーティン・ウォーカー、ジェイコブ・ワイズバーグ、メルヴィン・ウイリアムズ。ダラスでの評議会のナショナル・プログラムでの会合では、レネ・ペダーソンが司会を務め、すばらしい反応を得た。わざわざセミナーに足を運んでくださった参加者の皆様に厚く御礼を申し上げたい。あれほどの才能ある批評家の集まりから利益を得るというのは、著者にとって夢のようである。

下書き原稿にコメントしてくれた以下の方々にも感謝を捧げたい。キャロライン・アトキンソン、ディック・バーナビー、ジョナサン・デイヴィッドソン、ジェフ・レグロ、ジョセフ・レップゴールド、ジョン・マクニール、デイヴィッド・ペインター、ニコラス・リツォポロー、ハワード・ローゼン、ドン・ローゼンタール、デボラ・シンガー、ピーター・トルヴォウィッツ。加えて、ジョージタウン大学と外交問題評議会の同僚と学生たちにも感謝したい。彼らは、新しいアイディアが具体的になってくると、それを試すのをいつも手伝ってくれた。

評議会でのアシスタントを務めてくれたデイヴィッド・スティーヴンスは、本書においては、本当のパートナーであった。彼はつねに新しい素材を探し出し、新しい議論を見つけ出して、私の話すプロットがどこへ向かおうとしているのかを予測してくれた。私は、歴史的な障害や概念的な困難にぶつかると、まず最初にデイヴィッドに助言を求めることにした――そして、彼が解答をもっていないことは、ほとんどなかった。彼は朝、デスクに向かったときに、前の晩、事実を追いかけ、パズルを解きあぐねた私が残していったメッセージが最低でも一二件あっても、いやな顔一つ見せないで、喜んで処理してくれた。デイヴィッドのアシストと関与に感謝したい。彼は国際関係で自分の博士論文を書き上げるために退職したが、彼ならそれほど苦労していないのではないだろうか。

また、ジョージタウン大学の卒業生のジェイソン・デイヴィッドソンとミラ・スシャロフ、評議会での前のアシスタントだったシェイン・スミス、新しいアシスタントであるジェイミー・フライにも、研究の手助けをしてくれたことに感謝したい。

クノッフの編集者であるアッシュ・グリーンと仕事ができたのは、幸せだった。最初の出会いから、本書のプロポーザルの検討、原稿への最後の編集作業まで、彼の助言は賢明である上に、丁寧であった。本書は、彼の経験と技術から多くのものを授かっている。クノッフのジョナサン・ファスマン、エレン・フェルドマン、ルーバ・オスタシェブスキーは、アンドリュー・ミラーがヴィンテージ版のときにしてくれたように、原稿をスムーズに本にしてくれた。エージェントのスザンヌ・グラック、クリス・ダール、リズ・ファレルにも感謝したい。

最後に、家族に感謝を捧げたい。母ナンシー・カプチャン・ソニス、兄クリフォード・カプチャン、継父リチャード・ソニスは、いつもそばにいて、限りない、無条件の援助と励ましをくれた。それこそ、著者が本を書くなかで苦しいときにもっとも必要とするものなのだ。父モリス・カプチャンは、もはやわれわれといっしょにはいないが、心のなかではいつもそばにいてくれた。

二〇〇三年五月　ワシントン・D・Cにて

チャールズ・A・カプチャン

まえがき

二〇〇一年九月一一日、テロリストが、ハイジャックした飛行機を弾道ミサイルに変え、ニューヨークの世界貿易センターのツイン・タワーと、ペンタゴンのかなりの部分を破壊した。この攻撃は数千人の命を奪い、アメリカの経済力と軍事力の主要なシンボルに痛烈な打撃を与えた。倒壊したビルの無残なイメージは、脆弱さという、新しく、おそらく逃れることのできない感覚をアメリカ人にもたらした。それは、今後のアメリカの対外関係に永久に影響を与えるであろう。

九・一一の悲劇は、アメリカにとって目覚めの一撃となった。冷戦の終結から、ニューヨークとワシントンの中心部へのテロ攻撃にいたるまで、アメリカは外交問題に明らかに関心を失っていた。政治家と大衆はどちらもそっぽを向き、アメリカの卓越を信じ、自国の不可侵性を当然だと思い込むことで、自己満足にひたっていた。メディアは海外ニュースの報道をほとんどやめていた。議会は、外交政策について議論する時間をほとんど割かず、核兵器の拡散、バルカン和平問題、環境保護といったような今日の非常に重要な問題は、きちんと議論されることなく、いつもの党派抗争にすりかわってしまった。アメリカの同盟諸国は、世界唯一の超大国の迷走を、驚き落胆しながら見守っていた。

しかし、九月一一日の後、状況は変わった。自国の防衛とテロリズムとの戦いが、国家の最優先事項となった。新聞は海外レポートにあふれ、多くのテレビ番組がアメリカの「新しい戦争」を二四時間ぶっ通しで報道した。民主党員と共和党員はお互いに歩み寄り、政府からしばらく見られなくなっていた共闘精神を生み出した。そしてアメリカは、他国と触れ合うようになり、単独行動主義傾向にはっきりと歯止めをかけ、ほつれていた同盟を一新し、新しい友好関係を打ち立てた。何人もの専門家が次から次へと、適切な類似としてパール・ハーバーを引き合いに出した。二〇〇一年九月一一日は、一九四一年一二月七日と同じように、歴史の転換点であり、関与と警戒と犠牲が必要とされる危険な世界に住んでいるのだということを、アメリカ人に痛感させた。

しかし、アメリカが脆弱さをあらたに感じるようになったからといって、米国の外交政策が正常にもどったと見なすのは幻想にすぎない。反対に、テロとの戦いと本土防衛に国家の関心と資源を集中させるあまり、九月一一日の出来事と、続けて起こった生物テロによって、アメリカは、自国に対するより深遠な脅威に焦点を合わせる機会をさらに失うことになるであろう。本土防衛の強化は、たしかに必須である。多数の警告にもかかわらず、アメリカは自国の領土に対するテロリストの攻撃を阻止するために適切な方策をとることに失敗し、それまでの自己満足に多大な代価を支払わされた。ブッシュ政権が、改善策を見つけるべく必死になったのも無理はない。しかし、この作業によって、前途に待ちうける、中心的で、もっとずっと危険な問題——世界の主要な大国間の対立の復活——への取り組みがじゃまされることは許されない。

アメリカが大国間対立への懸念を欠いていることは、理解できる。二一世紀の幕開けは、アメリカの土台であり、たくさんの血がそのために流された、民主主義理念の勝利を刻印した。世界中でおよそ二〇〇ある国のうち、一二〇ほどの国が現在、民主主義的政府である。二〇世紀を通して自由民主主義のいちばんのライバルだった共産主義は後退し、その信奉者は、中国や北朝鮮、キューバといったほんの数ヶ国でやっと政権を維持しているにすぎない。アメリカ自身は脅かされることのない卓越した立場にいる。アメリカの軍事力と国家経済は並ぶものがなく、ほかのどの国も近づくことすらできない。まるで際限がないかのような技術革新と、文化的な魅力が組み合わさって生まれた強みが、アメリカをかつてないほどの世界の優越的存在に押し上げたのである。

こうした展望を概観して、たいていのアメリカの戦略家たちは、アメリカの優位が定着しただけでなく、大国の平和が永遠に続く時代がついに到来したと確信している。いまだに自由民主主義と資本主義が拡大していることによって、「歴史の終わり」や大戦争の廃絶、満ち足りた国家同士が共存するような国際関係がもたらされている。不満を抱く人や、彼らを惹《ひ》きつける過激派グループは、アメリカとその同盟国になんとか危害を加えようとしつづけるだろう。しかし、世界の民主主義国がテロリズムを、排除できなくとも抑制することができれば、それらの国々は平和で豊かな未来に向かっていくだろう。

気まぐれで脆弱な国際システム

アメリカの時代の永続性についてそのように確信するのは、たんに誤りを犯しているだけでなく、危険でもある。アメリカは、歴史上の多くの大国がかつて犯した過ちを繰り返そうとしている。それは、主要な地政学上の分断が解消したときに訪れる一時的な静けさを、永続的な平和ととりちがえるというものである。冷戦終結後の一〇年は、アメリカにとって文句なしに恵みと平和の時代であった。世界の主要国は、次の動きを熟考しながら、一休みしていた。現在のアメリカの優勢は幻想ではない。いかなる意味においても、アメリカは断然優位なのである。

しかし、国際システムは気まぐれで脆弱であり、信じられないようなスピードで崩壊することもありえる。一九一〇年、ヨーロッパの人々は、経済の相互依存の恩恵が平和を生み出し、武力衝突は不合理なものとなると確信していた。しかし、一九一四年夏の終わりまでに、ヨーロッパの主要大国は戦争状態にあった。アメリカは一九二〇年代の後半、繁栄と楽天主義を満喫していた。けれども、一九三三年までに世界は苦しい不景気に落ち込み、ドイツではヒトラーが政権を握り、世界は急速に暗黒の時代へと向かっていった。一九四五年はじめ、アメリカはソビエト連邦との戦後の友好関係を築くことに忙しく、アメリカ軍は急速に動員を解き、アメリカの人々は国際連合に世界平和を保つ役割を期待した。ほんの数年のうちに冷戦がはじまり、アメリカとソビエトは、核全面戦争の恐怖によってお互いを脅かしていた。

世界の大国間の対立と紛争の再発は、けっして必然ではない。しかしアメリカがテロリズムに照準を合わせ、大国の平和が定着したと思い込むことは、その再発を確実なものにしてしまう。そうではなく、アメリカは、自らの優位とそれによる安定が崩れつつあることに気づくべきである。ヨーロッパは今まさに政治と経済の統合という革命的なプロセスの真っ直中におり、統合によって、しだいに域内の国境の重要性は消え去り、ブリュッセルに権限が集中しつつある。ヨーロッパ連合全体の富はアメリカのそれを近いうちに凌駕《りょうが》するであろう。ロシアはやがて立ち直るであろうし、ヨーロッパ統合のなかに地位を占めるようになるかもしれない。アジアも負けてはいない。中国はすでに地域の大国であり、経済は急激に成長している。世界第二位の経済大国日本はやがて不況を乗り越え、政治と軍事における影響力を徐々に拡大させるであろう。

アメリカの支配に対する挑戦者が姿をあらわすのと同時に、アメリカは、世界の最終的な守護者という自らの役割に急速に関心を失いつつある。一九九〇年代、アメリカは非常に積極的な外交政策を追求した。アメリカは、バルカン半島での民族虐殺の阻止に尽力し、サダム・フセインを封じ込め、東アジアの平和を維持し、中東と北アイルランドでのうんざりする紛争を解決しようと努力したが、その間ずっと、グローバル化した国際経済を統制してもいたのである。しかし、アメリカの国際主義は一九九〇年代に絶頂を迎えてしまい、すでに衰退しつつある。

ブッシュ大統領の単独行動主義

ジョージ・W・ブッシュ大統領は、就任当初の数ヶ月間、海外へのコミットを抑制し、自国に関連した問題に焦点を合わせることをはっきりと示した。彼の就任後、初の海外訪問先がメキシコのビセンテ・フォックス大統領であり、フォックス大統領に敬意をあらわして初の公式晩餐会を開いたことは、偶然ではない。ブッシュはまた、アメリカ自身が国際秩序を保つべく設立を援助した多くの機構や協定から手を引くという意向を、早い段階で公表し、その単独行動主義的傾向を明らかにした。さらに、一九九〇年代の国際主義は、非常に堅固で永続的な経済拡大に支えられていたので、経済が傾き苦しい時代になると、外交政策は外に対する積極性を失っていった。

二〇〇一年九月の出来事は、多くの人々にとって、この流れを阻止し、ブッシュ政権とアメリカの人々にグローバルな関与が必要であることを悟らせるものであった。たとえば、『ニュー・リパブリック』誌の元編集者であるアンドリュー・サリバンは、テロのほんの数日後にこう書いている。「われわれは、西側のすべての主要都市が、いまや脆弱になっているということを通告されたのである」。サリバンは続けて、「アメリカ自身にとっては、これは一つの重大なことを意味する。孤立主義が死んだということだ」[1]と書いている。また、テロリズムの脅威は、たんなるアメリカの国際主義ではなく、多国間協議への関与と国際機構への信頼といったリベラルな国際主義を目覚めさせたと確信する人々もいた。テロリズムは、全体への脅威なので、集団的な反応を引き出すのである。

しかし、テロリズムによって、アメリカが孤立主義と単独行動主義の誘惑に対する免疫力を得ることになるかどうかは明確ではない。長期的に見て、アメリカの指導者たちが、アフガニスタンの山岳地帯でテロリストを追いかけるよりも、対外的コミットを減らして防護壁を高くしたほうが、アメリカの安全保障が改善されるということに気づくかもしれない。アメリカには、外国のトラブルにかかわらないようにしようという、建国の父の時代にさかのぼる強い伝統があり、グローバルな関与のコストが高くなったことによって、その衝動がよび覚まされるかもしれない。九・一一の攻撃に対するアメリカの最初の反応は、結局、メキシコとカナダとの国境を閉鎖し、航空交通を停止し、沿岸線を軍艦とジェット戦闘機でパトロールしたことであった。アメリカ人にはまた、単独行動の自由が損なわれるのをきらうことから生じる、多国間組織への長年の反感がある。そのため、アメリカがいざ行動を起こしたときには、とことんまでやってしまい、ますます深まる世界システムの分裂を抑えるために、ぜひともその助けが必要とされる同盟国を冷ややかな気分にさせてしまうのである。第二次世界大戦以来、アメリカのグローバルな指導力を支えてきたリベラルな国際主義は、孤立主義と単独行動主義の両方の過激派からの攻撃にさらされている。

アメリカの時代は健在か

アメリカの時代はいまだ健在であるが、代わりとなるあらたなパワーの勃興と、力を失いつつある単独行動主義的な国際主義によって、新しい世紀が進むにつれ、アメリカが衰退することは確実となろう。そしてそれは、重大な地政学上の結果をもたらすだろう。アメリカの覇権から生まれていた安定と秩序は、優位をめぐるあらたな競争によって徐々にとって代わられるだろう。とどまることを知らないグローバリゼーションという機関車は、アメリカ政府が制御をやめたとたんに脱線し、パックス・アメリカーナは、はるかに予測不能で危険な世界環境に道を譲ることになる。重大な脅威は、オサマ・ビンラディンのようなものたちからではなく、伝統的な地政学的対立の復活から生じるのである。

緊急の課題として、アメリカは、自らと世界のほかの国々に、この不確かな未来に備えさせる必要がある。アメリカの優位が失われるまで座視することは、優越性にともなう絶好の機会を無駄にすることとなるだろう。アメリカは、余裕があるうちに、多極化世界への移行に向けたグランド・

ストラテジーを構築しなくてはならない。これが本書の中心となるテーマである。

本書は、アメリカと、アメリカの監視下につくられたグローバル・システムがどこへ向かうのかをおもにとり上げるが、その過程で、過去に多く焦点を合わせている。私は本書のおもな議論の一つひとつを、最初に歴史を検証することによって展開していくが、それは、われわれの現在の状態の本質に、歴史がもっともよく光をあてることができるからだ。未来を語る本が歴史を頼りにするのは奇妙に思われるかもしれないが、現在という時代の不明確さが、これ以外の方法を許してくれなかったのである。歴史的文脈においてみなければ、現在は、深遠な移行期にある世界の、たんなるスナップ写真でしかない。過去に錨《いかり》を下ろしてみなければ、現在に関する分析は底の浅いものになりかねず、歴史のなかでこそはっきりと見えるようになる、水面下での変化の有力な源泉を見逃してしまう危険がある。

実をいえば、過去を未来の手引きとして用いることは、分析上の危険をともなう。民主主義の拡大は、たしかに国家の内外において社会の性質を変えた。デジタル技術と、武器、コミュニケーション、通商にいたるすべてのものへのその影響は、四世紀のローマ帝国の苦しみと、現在のアメリカが直面している課題を比較することをたしかに困難にしている。したがって目的となるのは、取捨選択し、選択的に過去を用い、また、道を示すのではなく、むしろ誤った方向に導くような歴史の教訓を油断なく警戒することである。さらに世界の出来事には、人間の本質に根づいているがゆえに、いくばくかの不変の真実がある。大国間の対立の復活とそれによってもたらされる流血を警戒する必要性をありのままに警告してくれるのは、これらの真実である。しかし、歴史から学び、以前に受けた手痛い失敗を繰り返さないようにすることができるという楽観主義の根拠となるのもまた、これらの真実である。

未来の中心的課題は、過去と同じであろうと、私は論じる。それは、対立する諸大国間の関係をマネージすることである。この主張は、テロリズム、発展途上地域の過剰人口と疫病《えきびょう》、民族紛争、国際犯罪、環境悪化を二一世紀の安全保障上の課題だとする、一般的な考え方に反するものだろう。私は、より伝統的な脅威に重点をおくことで、これらのあらたな安全保障上の問題を無視したり、矮小化《わいしょう》したりしようとしているわけではない。反対に、私は本書のなかで、テロリズム、国家の崩壊、貧困に対して多大な注意を払っている。しかし、これらの懸念は、アメリカの優越性が永続的であり、伝統的な地政学上の難題は永遠になくなってしまったという幻想をアメリカが抱くことにより、ふたたび出現するであろう危険と比較すると、見劣りがするものであろう。

したがって本書は、大きくコースをはずれてしまっている国家的論争の軌道修正を試みるものである。アメリカが、外交政策を国際システムの変化に適応させることに失敗すれば、損失は莫大なものとなるだろう。適切な方向に進んだ場合の利益もまた、同じように多大である。アメリカと残りの世界が、パックス・アメリカーナ以降の生活をいま考案しはじめることによってのみ、われわれは、来るべき不穏な時代を平和裏にマネージする時間と洞察を得るであろう。おそらく、それでこそアメリカは、アメリカ時代の最良の遺産を来るべき世界に伝えることができるのである。

第一章 グランド・ストラテジーはなぜ必要か

Minneapolis, 1966. © Abbas / Magnum Photos

大国の繁栄と国際システムの安定

国際関係のなかでは、大国こそが主たる登場人物である。大国は世界情勢を自国に有利なものにしようと国境を大きく超えて影響力をおよぼす。大国は、効果的に影響力を行使するために、世界の概念図とそこから導き出されるグランド・ストラテジーを必要とし、追求する国際的な目的を、目的を達成するためにとりうる手段とバランスのとれたものにすることを目指す。実際の「コミット」と自らのもつ「資源」の間のこの均衡によってこそ、大国は、一方で富と軍事力から当然生まれる野心を追求しつつ、自らの安全を確保することも可能になる。

卓越したパワーをもっているだけでは、国家にとってあまりよいことはない。抑制が効かない覇権国は、敵をつくり、敵対的な対抗連合の結成を促すことになる。反対に、慎重さを兼ね備えたときには、支配的な力はそれをもつ国にすばらしい恩恵を与えてくれる。その国の繁栄を保障するだけでなく、思い描いていた安定した秩序を国際システムを通して実現させるのである。ローマ帝国、パックス・ブリタニカ、そしてパックス・アメリカーナを生み出したのは、たんにローマ、大英帝国、あるいはアメリカ合衆国の強さだけではない。その優越性を制御し維持するためにそれぞれが考案した、創造的で先見の明のあるグランド・ストラテジーのおかげでもある。

二〇世紀初頭のドイツの台頭に英国がどのように対応したかを見れば、適切なグランド・ストラテジーが大国の繁栄と国際システムの全体的な安定にとってどれほど重要であるかは、明らかであろう。イギリスのエリートたちは、何世紀にもわたって遠く離れた帝国の領土にのみ関心を寄せてきたにもかかわらず、一八九八年にドイツが大規模艦隊を創設するという決定をすると、これに迅《じん》速《そく》に対応した。イギリスはドイツの野心がヨーロッパの勢力均衡を転覆させることだと敏感に察知し、大英艦隊を植民地での任務からよびもどすとともに、陸軍をヨーロッパ大陸での戦争に備えさせた。

これらの行動は、一九一四年のドイツ軍の侵攻をイギリス、フランス、ロシアが食いとめ、ヨーロッパを支配しようというドイツの企てを最終的に打ち負かすための重要な一歩となった。つまり、イギリスは「わかっていた」のである。しかし、一九三〇年代になると、イギリスは正反対の道を行くようになった。ふたたびドイツは野心的な軍備増強に乗り出し、ヨーロッパ支配をまたしても企てた。ところがこのとき、イギリスはドイツとの戦争に備えることができず、ヒトラーとの融和を図り、植民地支配の防衛に専念する道を選んだ。その結果、イギリス、そしてヨーロッパは、グランド・ストラテジーを悲劇的に誤らせてしまったことによって、恐るべき苦しみを味わうことになるのである。

I　過去を検証する

チャーチルの選択

「北海で決定的な勝利を収めない限り、マルタ艦隊が地中海で作戦行動することはありえない」。

一九一二年六月二二日、ウィンストン・チャーチルは明言している。「そのときが来るまで、地中海にもどることはありえないのだ」[1]。

この決定によって、チャーチルは、海外の拠点に展開していた英国海軍をよびもどす作業を完成させようとしていた。そして、この重大な戦略変更の衝撃を和らげるため、イギリスは、英国海軍がフランスの大西洋岸を防衛する見返りに、フランス艦隊が地中海をパトロールするという約束をフランスと結んだ。それでもなお、地中海からの撤退の影響は潜在的に重大なものであった。なぜならそれは、イギリスが本国と東方の帝国植民地との生命線を事実上放棄したということだったからである。しかし、一九一二年夏の時点までに、チャーチルにほかの選択肢はなくなっていた。軍備拡大を続け、「日のあたる場所」に出る権利を主張していたドイツからの明白な脅威によって、イギリスは海外領土に関心を払うという贅沢《ぜいたく》を許されなくなっていたのである。

その前年に海軍大臣の地位についたばかりのチャーチルがこのような激しい主張をしたのは、彼が確信的な敵と対峙《たいじ》していることを理解していたからにほかならない。英国海軍が海外の帝国領土から引き揚げ、領海防衛に専念すべきだと主張することによって、チャーチルはイギリスを覇権国にいたらしめたグランド・ストラテジーの核心に触れていたのである。イギリスが世界の支配的地位を獲得したのは、ヨーロッパ大陸でのいざこざを避け、「儲かる海上帝国」を展開し、親しみを込めて「栄光ある孤立」とよばれる戦略をとったからであった。

海洋国家イギリスの戦略

チャーチルの時代までに、イギリスは海洋国家としてのゆるぎない評価を確立させていた。一五一一年にすでにヘンリー八世の側近は、その富と安全のためイギリスを海洋国家に転換させるように強く進言している。「大陸への攻撃の試みを、神の名においてなんとしてもやめるように」「イギリスの島国という地理状況は、そのような征服とは相容れないものです。イギリスはそれだけで帝国です。あるいは、もし拡張を求めるのであれば、われわれにとって可能な方法であり、また神がわれわれに運命づけたやり方、すなわち、海へ向かいましょう」と王の顧問たちは勧めた。[2]

女王エリザベス一世の手によって、一六世紀後半、この新しい海軍戦略は洗練されたものになった。女王は、イギリスの天命が海にあることを認めたが、同時に、一国がヨーロッパ全土を支配することのないように、大陸にも注意を払わなくてはならないと主張した。単一ヨーロッパという化け物は、最終的にイギリスを脅かすものとなるだろう、とエリザベス一世は論じ、したがって、たとえイギリスが海洋勢力として発展したとしても、大陸における勢力均衡を安定させるために必要であれば、ヨーロッパ大陸に介入しなくてはならないとした。この、シンプルかつエレガントな戦略に従うことによって、一九世紀までに大英帝国は、大陸の欧州諸国がお互いの野心を牽制《けんせい》し合うなか、世界の海の支配を完成させ、空前の世界的影響力をもつ国家となった。

この栄光ある孤立政策の成功によって、ほとんどのイギリス人が海洋帝国の熱烈な支持者となった。したがって、一九〇四年から〇五年にかけて海軍省が、海外領土の海軍力を犠牲にしてでも英国海軍を本国によびもどそうとしたとき、頑強な抵抗にあったのは当然といえよう。外務省と植民省はとくに激しくこの方針転換に反対した。外務省は海軍省に対して、次のように抗議した。

「わが国の外交政策のなかで、外務省が将来において期待できるはずであると考え、また過去には実際に享受してきた海軍からの必要な援護を失うこととなり、……英国の世界規模での政策と利害のなかでもとりわけ緊急を要するものが、現在および近い将来、犠牲となってしまうであろう[3]」。インド、シンガポール、オーストラリア、エジプト、あるいは中東にあるそのほかのイギリスの植民地益が、非常な危険にさらされかねないであろう。帝国がこのように無防備になれば、イギリスの経済と威信は計りしれない打撃を被ることになるであろう。

しかし海軍省は、そのような意見に動揺することはなかった。二〇世紀の最初の一〇年、ヨーロッパの勢力均衡に静かな革命が起こっていた。エリザベス女王が賢明にも警告したように、イギリスは、たとえ偉大な海上帝国を築き上げたとしても、ヨーロッパ大陸の勢力均衡に目を光らせなければならないのであった。

ウィルヘルム二世の野望

一八七一年にようやく統一国家となったドイツは、世紀の変わり目に、英国海軍の脅威となるような艦隊建設を目指す海軍計画に踏み出していた。これによってイギリスには、ドイツが求める影響力を認めるという選択肢しかなかった。高圧的で性急な皇帝ウィルヘルム二世は、自称海軍狂で熱心な英国海軍の研究者でもあった。彼は、ドイツが世界の大国に仲間入りし、その成長する経済力に見合った政治的立場を獲得するべきであると確信していた。皇帝は、私生活でも仕事上でもその敵を無慈悲に打倒してきたことで有名なアルフレッド・フォン・ティルピッツ提督に、計画を練り、艦隊創設の予算を認めるよう帝国議会を説得することを命じた。地主階級を穀物関税で買収し、政敵をナショナリスト的情熱によって撃破することで、皇帝とティルピッツは難なくその目的を達成した。一八九八年の第一次海軍法では一九隻の戦艦の建造を計画し、一九〇〇年の第二次法では、三八隻にまで増加させた。

イギリスは、ドイツの初手にただちには反応しなかった。世紀転換期、イギリスの「公式見解」はまだ帝国の防衛に重点がおかれていた。一八九九年に南アフリカでボーア戦争が勃発《ぼっぱつ》し、予想よりもはるかに物資を消耗させたことがわかった。また、ほかの列強諸国は、イギリス本国ではなく、おもにその植民地を虎視眈々《こしたんたん》とねらっていた。一八九九年にある政府高官が述べたように、「私が恐れているのは、二つの大国である。そう、二つにすぎない。すなわち、アメリカとロシアである」[4]。伸張するアメリカの力は、西大西洋域においてカナダとイギリスの海上優越性を脅かしていた。そしてロシアは、「王冠の宝石」インドに脅威を与えている。当時の内閣に存在していた確かなコンセンサスは、「わが軍に与えられた主要な目的は、海岸線の防衛ではなく、帝国の遠隔領土、とくにインドを保護することにある」というものだった[5]。

しかし、一九〇六年から〇七年にかけて、イギリスにとっての世界地図はまさに急速に変わろうとしていた。ドイツがもたらす脅威こそが最優先課題であり、ほかの問題はこの優先課題が適切に処理されてこそはじめて対応できるようになるのだという主張に沿って合意ができつつあった。エア・クロー卿による外務省覚書が、このような考えを確固としたものにするのに役立った。このクロー・メモは、ドイツの意図がいまだ不明確であることを認めつつ、たとえ攻撃的な行動に踏み出さないとしても、そもそもドイツが支配的地位を獲得することは、「「悪意」によって同様の地位を意図的に獲得することと、残りの世界に恐ろしい脅威を与えるであろう点においては変わらない」[6]としている。

グランド・ストラテジーの見直し

ドイツの脅威に対して、イギリス、フランス、そしてロシアは、非公式にだが、同盟、いわゆる三国協商を結んだ。さらにイギリスは大陸への介入回避政策を転換し、ドイツ軍の前進を食いとめるために、英仏海峡を渡って同盟国とともに戦う遠征軍の創設にとり組みはじめた。そのうえで帝国防衛委員会は、イギリス軍の主要任務はインドではなくヨーロッパにあることを明らかにし、ジョン・フィッシャー海軍軍令部長は、海外植民地からの英国海軍の撤収という困難な作業を開始した。この作業を助けたのが、アメリカ合衆国との継続的な友好関係を維持しようというイギリスの計画の成功であり、これにより、西大西洋におけるイギリス海軍を縮小させることが容易となった。チャーチルはフィッシャーの後を継ぎ、フランスとの海軍協力を締結し、艦隊の本国へのよびもどし作業を完了させた。帝国の防衛を主張する批判者に対して、チャーチルは次のような反論をあびせた。「われわれが決戦において勝利を収めれば、ほかの場所でも、後ですべてを思い通りにすることができる」[7]。彼は続けた。「エジプトを防衛するためにイギリスを失うようなことは、あまりにもばかげている」。

一九一二年にチャーチルがマルタ艦隊に北海へもどるように命令したとき、彼はイギリスのグランド・ストラテジーの、迅速かつ徹底的な総点検の仕上げをしようとしていた。このような政策の優先順位と諸利害の見直しは、イギリスがそれまで、帝国と、イギリスを世界の頂点に押し上げた一世紀におよぶ栄光ある孤立政策に、経済的にも精神的にもどれほど投資してきたかを考え合わせると、よりいっそう印象的なものとなろう。イギリスはこのように賞賛されるべき準備を行ったものの、一九一四年八月に勃発した大戦争において甚大なる損害を避けることはできなかった。しかし、帝国領土からの撤収と、ドイツのヨーロッパ蹂躙《じゅうりん》をとめるというイギリスのあらたなグランド・ストラテジーは、連合国の最終的な勝利に決定的な貢献をしたのである。

グランド・ストラテジーと経済

一九二〇年六月九日、参謀長のヘンリー・ウィルソン卿は、イギリスの軍事能力と戦略的コミットの不釣合いが大きくなっていることへの重大な懸念を内閣に進言する必要を感じ、次のように申し立てた。「政府が、必要な軍事力との関係において政策を論じるという視点をもって、この問題に対して真剣な関心を寄せることを謹《つつし》んでお願いしたい。現在は、まったくそれとは程遠い状況である。……わが帝国軍が世界中あらゆるところに展開し、その力の分散の結果、力を保っているところはどこにもなく、どこにおいても脆弱《ぜいじゃく》な状況におかれていることの危険、その最大級の危険について、さらには危機的状況を救うための、あるいは将来の危機を防ぐような予備兵力もないことも含めて、政府にいくら強調しても強調しすぎるということはないであろう」[8]。

ウィルソンの懸念は、停滞する経済が外交政策の遂行に深刻な束縛となっていることからおもに生じていた。戦間期のほとんどの時期を通して、イギリスのグランド・ストラテジーを形成するにあたってほかを圧倒していたのは経済的要素であった。第一次世界大戦で最終的に連合軍が勝利したとはいえ、長期にわたった戦争は、イギリスの労働力と経済資源を疲弊させ、イギリス経済の隠されていた弱点をさらけ出した。国民に自信をとりもどさせ、困窮から生じている大衆の不満をとり除くために、防衛予算を最小限にとどめることが必要であった。一九三〇年代前半のアメリカ金融市場の大暴落とその後の世界恐慌は、経済的脆弱性への関心をさらに強める結果になった。

このようにきびしい情勢に直面していた以上、戦間期を通してイギリスのグランド・ストラテジー形成に財務大臣が決定的な役割をもっていたことは理解できるだろう。その結果は自明であった。一九二〇年から二二年の間に、防衛予算は八億九六〇〇万ポンドから、一億一一〇〇万ポンドにまで削減された。このような軍備縮小は、「一〇年ルール」の採用によって正当化された。それは、少なくとも今後一〇年間、イギリスは大きな戦争を戦う必要がないはずだという仮定に基づく想定であり、定期的に更新されるものであった。一九二一年から二二年にかけてのワシントン軍縮会議と三〇年のロンドン軍縮会議で、イギリスはほかの大国との海軍競争をやめる合意をすることで、新艦建造のための大規模支出の必要性をなくした。軍の規模は最小限に抑えられ、その任務は、植民地での徴兵の助けもあって、帝国領土の防衛に絞られた。国際的な貿易を発展させ、ポンド通貨の安定を保持し、経済の健全性を立て直すことが、イギリスのグランド・ストラテジーの最優先事項であった。

ドイツの脅威

しかし、ドイツでのあらたな展開によって、このような優先順位に対してすぐに異議が唱えられた。ヒトラーが一九三三年に首相となってから、ドイツは再軍備を進め、ヨーロッパ大陸の勢力均衡を保つための数々の制約を反故《ほご》にしはじめた。ヒトラーはドイツ国防軍の再建からはじめ、ヴェルサイユ条約に規定された一〇万人という兵力の上限を破り、一九三五年までに五〇万人以上の兵力をもつようになった。ヒトラーはすぐにその軍隊を実際に使いはじめた。一九三六年、彼はラインラントに一方的に進駐し、領土拡張政策に乗り出した。それは、一九三八年のオーストリア占領、一九三九年春のチェコスロバキア侵攻、同年秋のポーランド侵攻、一九四〇年春の北欧侵攻、そして同年五月のフランス攻撃で頂点に達することになる。ハインツ・グデーリアン将軍の機械化軍団がスダンのムーズ川を渡ってから一週間ちょっとで、ドイツ軍は英仏海峡に到達し、フランスをベルギーの連合軍から事実上孤立させることに成功した。フランス第三共和制の崩壊は、目前に迫っていた。

一九三〇年代のドイツの脅威の増大によって、二〇世紀の最初の一〇年と同様に、イギリスはグランド・ストラテジーを変更してもよかったはずである。しかし、そうはならなかった。日本とドイツの双方が、一九三〇年代初頭に敵対的意図を見せはじめたころ、イギリスの軍備拡大計画は財務省によってすぐに打ち消されてしまった。「現在の状況下では、われわれは軍事的にというより は、財政的、経済的にもはや大きな戦争を行える状況にないというのが現実である。……財務省は、現時点で、財政的リスクがほかの何にもまして大きな問題であると考えている」。ラムゼイ・マクドナルド首相は「支出の大幅拡大がないということははっきりさせておく必要がある。なぜなら、それは問題外の選択であるからだ」と同意していた。[9]

一九三二年、帝国防衛委員会は、大規模戦争の危険がもはや遠いものではないことを認識し、一〇年ルールを破棄した。しかし内閣は、軍備拡大のための予算承認をいまだ拒否していた。一九三五年、イギリスの地中海艦隊には対空砲の弾薬が一週間分しかなかった。一九三六年、GNPに占める軍事費の割合は、ドイツの一三パーセントに対して、イギリスは四パーセントであった。戦争マシーンとしてのナチスの優越性と、悪質なナショナリズムの激しさは日に日に高まっていた。

植民地に固執したイギリス

イギリス陸海軍の配備状況は、予算の牧歌的レベルと同様に、ほとんど意味をなさなかった。財務省の名誉のために記せば、彼らは大規模な軍備拡大に反対していただけで、実際には、その限られた防衛予算を対ドイツ戦に備えて集中させるべきだと勧告していたのである。一九三四年、ネビル・チェンバレン財務大臣は、「今後五年間、われわれの努力は、主としてイギリス諸島の防衛のために集中させなければならない」と主張した。[10]

しかし、チェンバレンの声は、イギリスの防衛努力を帝国海外領土にほぼ集中させることを望んだ閣僚合意のなかで消えていった。とくに海軍大臣は、極東からの撤退やシンガポールの海軍基地の放棄に反対していた。なぜならば「それらは大英帝国領土を結びつける主要なリンクであるからだ」[11]。一九三〇年代後半、ヒトラーの軍隊がオーストリアとチェコスロバキアを占領していたにもかかわらず、英国海軍は、ヨーロッパ戦域で対空、対潜水艦作戦に必要とされる小型艦ではなく、日本艦隊と戦うためにシンガポールに送る主力艦を建造していた。海軍問題で影響力のあった評論家ラッセル・グレンフェルが一九三八年に述べたように、海軍省の政策決定者たちは「本国の安全をまず確保することなく、遠く離れた地域で野心的な作戦を準備するという致命的なまちがいを犯している」のであった[12]。

ドイツ軍を地上で食いとめるためのイギリスの態勢は、さらにひどいものだった。信じがたいことだが、一九三九年のドイツによるチェコスロバキア侵攻にいたってはじめて、イギリスはヨーロッパ大陸に介入が可能な部隊の準備を開始したのである。一九二〇年代、ヨーロッパ大陸で活動するための遠征軍は「海外展開軍のなかの予備部分で構成されていたにすぎない」し、その規模は「独仏間の対立という戦略的問題とはまったく無関係であった[13]」ことを戦争省は認めている。一九三三年以降、着実にドイツの再軍備が進んでいるにもかかわらず、イギリスはほとんどなんの行動も起こさなかった。その間のイギリス軍備状況を検討した結果、ウィリアム・エドマンド・アイアンサイド将軍は次のように述べている。「われわれの軍備拡大についての報告書は、……本当に、もっとも驚くべき読み物である。どうしてこのようなことになったのかは信じがたい。……これを信じられるような国は存在しないであろう[14]」。一九三七年、参謀本部は次のように主張している。「わが正規軍は、海外領土を守備、警備するという任務を果たすに必要な強さを維持している[15]」。ドイツ軍のオーストリア占領と一〇万人のオーストリア軍のドイツ軍への併合という事態にいたっても、当時の内閣はまだ、イギリス軍は大陸でのいかなる役割ももたないと明言し、戦争省に対して、植民地での任務のためだけに装備や物資の供給を引きつづき行うように指示していた。

一九三九年三月のチェコスロバキア崩壊後、内閣はついにネビル・チェンバレン首相に、フランスへの兵力派遣の準備を完全に行うように説得した。しかし、それはあまりにも遅すぎたし、イギリス軍はまったくひどい状態であった。そのため、一九四〇年、ヒトラーが数ヶ月のうちに西ヨーロッパを蹂躙するのを防ぐために、イギリスは何もできなかったのである。

ミュンヘンでの選択

イギリス経済の健全性という優先順位にしばられ、また第一次世界大戦の血なまぐさい塹壕《ざんごう》戦の悪夢から覚めることができずに、イギリスはナチス・ドイツとの対立を回避しうるという考えにとりつかれてしまっていた。イギリスは帝国に逃避し、ヒトラーの侵略と脅迫に対して繰り返し譲歩することで彼を抑えようとした。一九三八年九月、ミュンヘンでの運命的な会談でチェンバレンがナチ指導者に屈服したことは、おそらく正しい選択であった。しかしそれは、イギリスがドイツ軍に立ち向かうにはあまりにも軍事的に脆弱であったからである。ヒトラーのズデーテン地方割譲要求への検討時に、参謀本部が内閣に警告したように、ドイツに攻撃的な反応をするのは「銃に弾を込める前に、とびかかろうとしている虎の尾をひっぱることで勇敢さを証明しようとするようなもの」であった。[16] イギリスの指導者たちは歴史が伝える不名誉に完全に甘んじるべきである。それは、彼らがヒトラーに屈服したからではなく、そのほかの選択肢をとれないようなグランド・ストラテジーを考案し、それを許容してきたということに対してである。歴史家マーティン・ギルバートが述べたように、「ミュンヘン会談の宥和《ゆうわ》政策は、最良どころか、もっともゆがんだものであった」[17]。

結果的には、イギリスはそれほど痛い目にあわなかった。ヒトラーがイギリス侵攻に気乗り薄だったことと、フランクリン・ルーズベルトがヨーロッパ救援を最終的に決めてくれたおかげで、イギリスはドイツの爆撃にはさらされたが、占領されずにすんだ。ほかの諸国はそれほど幸運ではなく、ドイツの機械化師団は、フランスの最高司令部が考案した時代遅れの防衛ラインをやすやすと突破した。フランスの指導者の無能さとともに、イギリスの欺瞞《ぎまん》的かつ機能不全に陥ったグランド・ストラテジーが、ヒトラーにヨーロッパの大部分の占領を許し、大陸を戦争に追い込み、歴史のなかで拭い去ることのできない暗い影を残したナチスの死のマシーンを解き放つのに、決定的な役割を担ったのである。

2　現在を検証する

大国とグランド・ストラテジー

このような歴史の反省は、アメリカ人があえて無視している教訓を含んでいる。それは、アメリカのような大国は、自らを守り、努力してつくり上げた国際秩序を維持しようとするならば、きちんとしたグランド・ストラテジーを必要とするということである。パズルを正しく解けば、深刻な脅威でさえも阻止できる。しかし、パズルをまちがえれば、あるいはもっと悪いことに、パズルの存在に気づきさえもしなければ、その脅威が大国をも打ちのめす。第一次世界大戦前、イギリスは、無敵で弱点がないと思えるほどの海軍的優位と経済覇権を謳歌していたが、ドイツの勃興に対して迅速に反応し、それにふさわしい形でグランド・ストラテジーを修正したのである。ところが戦間期、経済的安定という優先順位にまどわされ、第一次世界大戦がもたらした死者と経済的破壊から回復していなかったことで、イギリスは、一九三〇年代が進むにつれて徐々に現実と乖離《かいり》した時代遅れのグランド・ストラテジーに固執し、やがて破滅的な結末を招いた。

今日のアメリカはほぼまちがいなく、歴史上のどの大国よりも、世界政治の未来を形づくることができる大きな力をもっている。アメリカは、軍事、経済、技術、そして文化において圧倒的な支配力を保持している。その軍事力は、いかなる潜在的挑戦国に対しても、疑いようのない優位をもっている。ドルの強さと経済の規模によって、貿易と金融においてもアメリカは決定的な存在感をもつ。またグローバリゼーションによって、アメリカの多国籍企業はほぼすべてのマーケットに浸透することが可能になった。さらに、シリコンバレーやアメリカのそのほかのハイテクセンターで生まれ育った情報革命は、アメリカの企業、メディア、文化に、空前の広がりをもたらしている。地球上のあらゆる場所で、政府も個々の市民も、アメリカ政府から発せられる決定に左右されているのである。

アメリカのこの好機もまた、冷戦の終結によってもたらされた地政学的機会から生じている。戦後というのは、特別な展望の時期である。通常それは、激しい議論と制度的な革新をともなう。ヨーロッパ協調がナポレオン戦争終結後にはじまり、国際連盟は第一次世界大戦後に誕生し、国連が創設されたのも第二次世界大戦の終結を受けてのことである。これらの組織は、いずれも戦争を終結させてはいない。しかし、これらはすべて、新秩序をつくり出し、あらたな地政学的競争と流血を避けようとする勇敢で創造的な努力から生まれたものである。

手近に好機があるにもかかわらず、アメリカは時間を浪費している。ベルリンの壁の崩壊から、二〇〇一年九月一一日にいたる間、アメリカはグランド・ストラテジーも、国家を導くデザインももたなかった。九・一一以降、アメリカは卓越性と先制行動の原則に基づくグランド・ストラテジーをもつようになったが、それは、おもに世界の大半を敵にまわし、アメリカの主要な同盟関係を危険にさらす結果にしかならなかった。アメリカは、その気まぐれな行動によって明らかになったように、漂流する大国でありつづけているのである。

クリントンの外交政策

一九九〇年代初頭、国防総省は、「あらたなライバルの出現を阻止する」ことを約束し、米国の優位へのいかなる挑戦も認めないと宣言した[18]。冷戦は終わったが、アメリカは世界秩序の保護者でありつづけるだろう、というのである。ところが、この目標は、すぐに「言うはやすし、行うは難し」であることがわかった。ブッシュ（父）政権は、バルカン半島への軍事介入という問題に直面して、事態をヨーロッパに任せて手を引くことを選んだ。しかし、アメリカの助けなくしてヨーロッパは、スロボダン・ミロシェビッチが進めるボスニアの「生体解剖」をやめさせるためにほとんど何もできなかったのである。当時、大統領候補としてビル・クリントンは、この民族大量虐殺を終わらせるために行動を起こすことを確約した。しかし彼もまた、大統領に就任すると考えを変えた。統合参謀本部議長であったコーリン・パウエルはバルカンへの米軍派遣に反対した。流血は、一九九三年から九四年いっぱい続いた。クリントン大統領は懸念はしていたが、傍観するのみであった。

パウエルが去った後、以前よりは自信に満ちたクリントンは、やっと事態を直視し、米軍はボスニアとコソボの双方に平和をもたらすことに成功した。しかし、クリントンが、介入の動機として、戦略的な計算ではなく人道的な要素を強調したために、アメリカが軍事力を行使する条件についての議論に混乱が生じた。彼は次のような発言によって、あらたなドクトリンを提出する一歩手前まで近づいていた。「ここに、私が将来には確立されていると期待する一つの重要な原則がある。その主体は、アメリカだけ、NATOだけではなく、国連を通して世界の指導的立場にある国々を含むものである。それは、世界には民族、宗教紛争が絶えないかもしれないが、……国際社会にそれをとめるだけの力があるならば、われわれは、大量虐殺や民族浄化をやめさせる義務がある、ということである」[19]。ここで問題となるのは、バルカン半島は明らかに例外事例であったということである。アメリカは、一九九四年に少なくとも五〇万人のツチ族が殺されたルワンダや、東チモール、スーダン、シエラレオネなど、一九九〇年代に民族、宗教紛争が起こった多くの地域で介入を見送っている。マドレーン・オルブライト国務長官は、このダブルスタンダードを認識していたようであるが、クリントンのメッセージを次のように再解釈しようとしている。「コソボが世界中で同様の介入の前例となることを、期待している人も恐れている人もいるが、私はそのようないかなる結論にも飛びつくことを警戒している」[20]。

アメリカ外交政策の不調和

バルカン紛争は、アメリカ外交政策にさらなる不調和をもたらした。米議会は、ヨーロッパが地域に平和をもたらすためにアメリカの軍事力に依存していることに憤慨し、EU諸国が大西洋同盟内部の不均衡を正すことを期待していると明言した。そして戦闘が終わり、平和維持活動がはじまると、議会では、アメリカはこの任務をヨーロッパに引き継ぎ、バルカン半島から撤退すべきであるとの主張が聞かれるようになった。このメッセージを受けとったヨーロッパの反応は、米軍の助けなしで作戦行動が可能な部隊創設の努力をはじめるというものだった。しかしアメリカ政府はこれに反発し、ヨーロッパ連合が独断的で、独立独歩になりすぎると、大西洋同盟の絆《きずな》を傷つけることになると警告した。つまりアメリカは、ヨーロッパが防衛負担をもっと担うように頼んでおきながら、EUがその通りにすると、腹を立てたというわけである。

表面上はクリントン政権の最優先事項の一つであった対ロシア政策についても、ほとんど同様であった。クリントンが明言してきたのは、ロシアの民主化を支援し、かつての敵国を「西側」に組み入れることが政権の主要目標の一つだということであった。しかし、クリントンのヨーロッパ政策の中心は、北大西洋条約機構（NATO）の中欧への拡大であり、これは、歴史上もっとも成功した軍事同盟をロシア国境により近いところまで拡大するということを意味していた。ロシア政府は当然ながらこれに激しく怒り、ボリス・エリツィン大統領は、アメリカがヨーロッパにあらたな分断線を引く危険を犯していると警告した。クリントンはロシアに対して繰り返し悪意のないことを伝えようとした。しかし、もしロシアがメキシコやカナダと同盟を結び、アメリカ国境に沿って軍事基地を建設しはじめたとしたら、アメリカがただ黙って見ていることはありえないだろう。

一貫性のなさは、クリントンの対中国政策にも見られた。あるときは、中国はアメリカの戦略的パートナーであり、世界貿易機構（WTO）やほかの国際機関にも完全に参加する資格があるとされた。クリントンは中国でタウンミーティングを開きさえし、国営放送に中継された。これは、中国がわれわれの仲間であるという確かなサインといえた。しかし別のときには、中国政府は、市民の人権を踏みにじり、台湾を侵攻すると脅すことに専念していると避難された。そしてクリントン政権は、中国との戦略的パートナーシップに向けて手続きを踏むのではなく、しばしば対決的手法に方向を変え、台湾にアメリカ海軍を派遣したり、ミサイル防衛システム配備を構想したりした。このような政策は、中国を、現在の限定的な核武装から拡大させる方向に押しやる危険を含むものである。

政策同様に、原則もまた混乱していた。レトリックだけ見れば、クリントン政権は、リベラルな国際協調主義に深くコミットし、多国間組織を率いて、独断ではなく合意によって国際秩序を形成すると主張していた。アメリカは、有志による国家連合を形成し、その共同行動を組織する能力をもつという意味において、「必要不可欠な国家」であった。

しかし、現実の展開はこのようなレトリックに反している。アメリカはほぼ定期的に多国間の枠組みから脱退している。一九九七年、京都において、国際社会は環境保護のためのあらたな措置で合意に達した。アメリカ政府もその交渉に参加していたが、その後、履行をしぶっている。地雷廃絶のための幅広い努力によって、ジョディ・ウィリアムスと彼女が代表を務める地雷禁止国際キャンペーンが一九九七年度のノーベル平和賞を受賞した。ところがアメリカは、この条約に署名していない。アメリカ政府は自らのルールに従って行動することを好む。国際刑事裁判所についても、クリントンは数年にわたってこれを支持せず、任期二期目の終わりになってようやく政策変更した。

ジョージ・ブッシュの外交政策

このような単独行動主義的な傾向は、ジョージ・W・ブッシュがクリントンに替わって大統領に就任すると、よりいっそう強まった。彼の側近たちは、心配する同盟国に対して、アメリカはチームプレーヤーであり、「アラカルト多国間主義」[21]で臨むと安心させようとした。しかし、就任後六ヶ月もしないうちに、ブッシュは、地球温暖化防止に関する京都議定書から撤退し、ABM条約〔訳注：対弾道ミサイル・システム制限条約〕からの脱退の意思を明確にした。さらに、いずれもクリントン政権によって調印されたが上院が未批准であった、包括的核実験禁止条約と国際刑事裁判所設立条約への反対を表明し、一九七二年の生物兵器条約を検証するための組織の設立から撤退し、小型武器の拡散を管理することをねらった国連合意を弱体化させた。これらに対しては、敵味方を問わずあちらこちらで懸念が表明され、わがままなアメリカを抑制するために行動を起こそうとの声があがった。

ブッシュ政権は、単独行動主義的傾向とともに孤立主義的な傾向もあらわした。早くからブッシュは、アメリカの海外へのコミットを縮小させ、西半球に関心を集中させると約束していた。彼はまた、中東と北アイルランドでの和平仲介におけるアメリカの役割を低下させた。パウエル国務長官もこれに倣い、クリントン政権が世界中の問題箇所に対処するために任命した五五の特別外交使節（特使）のうちの三分の一以上を、国務省の名簿からはずした。『ワシントン・ポスト』紙はこれらの一連の動きを要約し、「ブッシュ、和平ブローカーから撤退」という見出しで伝えた[22]。

一貫性のなさと調和の欠如は、ほとんど日常茶飯事となった。ラテンアメリカに対してあらたに重点をおくという公約を遂行するため、ブッシュは就任後最初の外国訪問としてメキシコに行き、ビセンテ・フォックス大統領と彼の牧場で会談した。カウボーイブーツを履いた二人の大統領は、あらたなパートナーシップと、アメリカとメキシコの対等な関係を示すことになっていた。しかし、この会合の直前に、アメリカ軍機がイラクを攻撃したのである。これを知ったメキシコ人たちはあ然とさせられた。当然、この攻撃のほうが話題の中心となり、メディアの関心はアメリカの単独行動主義に集中し、フォックス大統領は困難かつ気まずい立場に追いやられた。この訪問は結局、ブッシュがメキシコに手をさしのべる機会になるどころか、メキシコ人の憤慨を招き、アメリカとその南の友人との関係を後もどりさせる結果となった。

ブッシュ政権の戦略的一貫性の欠如の次なる犠牲者は、韓国であった。二〇〇一年三月の金大中・ブッシュ会談に先立って、パウエルは、北朝鮮が進んでミサイル技術の輸出を中止し、長距離ミサイルの製造・配備をやめる約束と引き換えに、南北朝鮮の関係改善を支持するというクリントン政権の政策をアメリカが継続すると表明していた。しかし、ブッシュは正反対の方針を打ち出した。驚く金大統領に対して、彼は北朝鮮とミサイルについての取引をするつもりはなく、それは「北朝鮮がすべての合意のすべての項目を守るという確証がないからだ」と述べた。会談後、ホワイトハウスは、アメリカと北朝鮮との合意はただ一つしかなく、それは、核兵器に転用可能な物質を製造する原子力発電所を閉鎖するという一九九四年の合意であり、北朝鮮政府がこの合意を遵《じゅん》守《しゅ》してきたことを認めた。そして、ブッシュ発言の意味を質問されると、側近の一人が「あれが大統領の話し方なのだ」と答えた。[23]二〇〇一年夏、ブッシュ政権はさらに政策を変更し、結局、北朝鮮との対話外交を進めると宣言した。

九・一一テロとブッシュ外交

二〇〇一年九月のテロ攻撃をアメリカが回避できなかったことは、戦略的漂流のさらなる証《あかし》であった。「非対称的」脅威への対処を求めた度重なる警告に対して、クリントン政権もブッシュ政権も効果的な対応を行わなかった。ハート・ルードマン委員会が一九九九年に刊行された報告書で、「アメリカは本土への攻撃に対して、ますます脆弱となるであろう。アメリカの軍事的優越性は、われわれを完全に守ってくれるものではない」と警告している。さらにこの報告書は続けて、二一世紀初頭に「アメリカ人が、それもおそらくかなりの数のアメリカ人が、アメリカ本土で殺害されることになるだろう」と予測している。[24]ほかのグループからも同様の警告が行われていたが、アメリカの指導者たちは、国内治安に責任をもつ数多くの機関同士の協力関係を改善させるための措置をほとんどとらなかった。さらに、海外で活動しているテロリスト・ネットワークをつぶすための適切な方策をとることにも失敗した。そのように警戒を怠っているなか、単純さに隠されたテロ攻撃によって、アメリカは盲点を突かれた。最高性能の偵察衛星や盗聴技術は、ナイフやカッターをもったハイジャッカーにかなわなかったのである。

九・一一のテロ攻撃は、一致団結してテロとの戦いに突き進もうとするブッシュ政権にとって理念的な支えとなった。しかし、テロリスト・グループとそのスポンサーに対する反撃には成功したものの、ブッシュ政権はやりすぎた。ブッシュは、テロの脅威によってどれだけ新しく国際システムの定義が書き直されるのかを誇張していた。テロリズムとの戦いを政治的優先事項とし、卓越性と先制行動という新しいドクトリンを展開することによって、アメリカ政府は、世界の国々の多くが反対するグランド・ストラテジーを採用した。アメリカは、アルカイダを壊滅できるかもしれないが、そのために、国際的な平和と繁栄の基盤となるようなパートナーシップと組織を失うことになる。

たしかに、アメリカが国際社会の安定を維持し、市民の安全と繁栄を保護しようとかなりの努力をしてきたことはまちがいない。クリントンは、ほかのどのアメリカ大統領よりも外国へおもむいた。その数は、ロナルド・レーガンとジョージ・ブッシュ（父）の外遊数を足したものに匹敵する。彼は、イラク、ハイチ、バルカンでの戦闘にたびたびアメリカ軍を派遣し、それは一般的によい結果をもたらした。そして、ジョージ・W・ブッシュもこれに倣い、有能な専門家集団を組織し、彼らはパックス・アメリカーナを維持するためにすぐさま休みなく働き出した。しかし、アメリカはそれらの努力をまったく無駄にしている。なぜなら、アメリカはどこへ向かうべきかがわかっておらず、したがって当然ながら、どうやってそこに到達すべきかということもわからないからである。方向性を示す原則のまとまり、それがすなわちグランド・ストラテジーであるが、それが欠落していては、たとえすばらしい意図をもった努力であっても、結局なんの成果も生み出さないのである。

アメリカ人と外交問題

さらに、ほとんどの人が気づいていないが、アメリカ外交政策の一貫性の欠如以上に問題なことがある。一八一五年、一九一九年、そして一九四五年にあったような知的イニシアティブと組織創造の力が、アメリカ政府からまったく失われてしまったことである。一九九〇年代、アメリカは国際情勢について現状の手直ししか行わなかった。NATOは、たしかに冷戦期にヨーロッパの平和を守るためにすばらしい役割を果たし、その存在理由でもあった敵国ソ連が消滅してからも生き残るだけの力をつけていた。それでアメリカは、さらに進んでNATOにいくつかの新しいメンバーを加えた。G7は世界の豊かな国々が互いの政策を調整するフォーラムとして十分に機能した。ソ連崩壊後、アメリカはG7にロシアを迎え入れ、G8とした。力の頂点にいたアメリカは冷戦のなごりのなかにいた。

政治に関心をもつ階層はアメリカの海外関与に興味を失いはじめ、一般大衆もそっぽを向き出した。テレビや新聞、雑誌で外交問題についての記事が急速に減りはじめた。主要テレビネットワークで国際ニュースに割かれた時間は、一九八九年から二〇〇〇年の間に六五パーセント以上も少なくなった。[25]一九八五年から九五年までの間に国際記事に割かれたスペースは、『タイム』誌で二四パーセントから一四パーセントへ、『ニューズ・ウィーク』誌で二二パーセントから一二パーセントへとそれぞれ減少した。[26]

ビル・クリントンが一般の人々の関心を外交問題に向けようと試みたときでさえも、ほとんど成功しなかった。彼は、NATO拡大についての国民的議論に火をつけようとした。なぜなら、NATOにあらたなメンバーを加盟させる提案は上院の三分の二以上の賛成を得なければならなかったからである。クリントン自身を含めた政権の主要メンバーが全国に散らばり支持を訴えた。当時のNATO事務総長ハビエル・ソラナが大西洋を越えて応援に駆けつけた。

しかし、ほとんどのアメリカ人は関心を示さなかった。ソラナはラジオのトーク・ショーへの出演さえもかなわず、モーテルの部屋で憂鬱に座っていることが多かった。上院議員はそれぞれの州で、NATO拡大についてのタウンミーティングを開いたが、聴衆のほとんどがスタッフだけというありさまであった。上院での議論は一九九八年三月末のある日の午後に偶然にはじまった。それは、上院院内総務トレント・ロット議員が議場で議論されていた話題に飽き、なにげなく議題をNATOに切り替えようと決めたときであった。法案は翌月、表面的で断続的な議論の後、八〇対一九で可決された。鳴り物入りの宣伝にもかかわらず、ポーランド、ハンガリー、チェコという新規加盟三国のうちの一つでもいえたアメリカ人は一〇パーセントにすぎなかった。これら三国は、一九九九年三月一二日のNATO加盟によって、アメリカの核の傘を保障されることになった。[27]

一般大衆の興味は、国際問題におけるアメリカの幅広い関与の意味についてよりも、何週間にもわたってニュースを独占した若いキューバ人亡命者、エリアン・ゴンザレス少年の苦労話に向けられた。そして、政治家の無関心は、あからさまな無責任とさえいえるものとなった。議会は定期的に外交問題を議題として扱ったが、それは党派政治の遊技場以上のものではなかった。コソボ紛争を例にとろう。開戦から一ヶ月経過しても一人の米兵も死傷しなかったが、それでも、下院は重大な懸念を示し、議会の承認を受けずにユーゴスラビアに地上軍を送る予算を二四九対一八〇で否決した。下院は空爆作戦を許可する決議を通すことさえもできなかった。戦争の真っ最中に、スロボダン・ミロシェビッチに対して、その反対勢力がくじけるであろうというこれ以上のメッセージがあるだろうか。

議会の次の過ちは、核兵器の実験を排除することを目的とした協定である、包括的核実験禁止条約を上院が否決したことである。条約承認に必要な賛成票がとれないことが明らかになった時点で、すでに五二ヶ国（すぐにそれ以上になった）が批准している重要な条約について、クリントン政権は、いったん法案審議を撤回し、拙速な批准拒否という事態を避けようとした。しかし、上院は手続きを進め、五一対四八でこの法案をつぶしたのである。共和党は、国際社会でのアメリカの信用を保つことよりも、クリントンに手際よく政治的打撃を与えることを選んだのである。この事態にアメリカの同盟国は衝撃を受けた。二人のイギリス人評論家が『フィナンシャル・タイムズ』紙に書いたように、この条約の批准拒否は、「アメリカの政策の、そしてアメリカが世界における自らの役割をどう見ているかという点における劇的な変化を、これ以上ないくらいはっきりと示している。世界のほかの地域をこのようにばかにすることは、共産主義との戦いをしていたかつてのアメリカでは考えられないことであった」[28]。世界最強の国を導くべき立法府が、外交政策を党派的な憎悪の人質にとるという、じつに悲しむべき出来事であった。

テロリズムとアメリカ

このような憂慮すべき傾向に対して、二〇〇一年九月のテロ攻撃は一種の目覚ましとなるであろうと一般的に考えられた。そして、少なくとも短期的にはその通りであった。ブッシュ政権は、単独行動主義的には動かず、NATO諸国はもちろん、ロシア、中国、穏健アラブ諸国の協力を求める努力を行った。ブッシュはアメリカのコミットを抑制するのではなく、対テロ戦争を宣言し、陸海空の兵力を戦闘に投入した。議会も大衆も完全にこれを支持し、アルカイダのネットワークとその支援者たちとの戦闘に軍事力を用いるというブッシュの決定に上下両院、一般国民は圧倒的支持を与えた[29]。

しかし、長期的観点からすると、テロとの戦いは、多国間主義的な関与、あるいはアメリカの永続的な国際主義をたしかにするための確固たる土台にはなりそうもない。諸外国からの支援の声明にもかかわらず、アフガニスタンへの空爆がはじまったときにアメリカ軍とともにいたのは、イギリスだけだった。ほかの国々は兵站《へいたん》面や情報面での協力を申し出たが、戦闘行動をしたのはほとんどアメリカ軍だけであった。そしてこれは、アメリカとその多くの同盟国がまさに望んだことなのである。

アメリカは、広範な連合のなかで妥協を余儀なくされるような、自律性の放棄には乗り気ではなかった。ほかの国々は、アメリカに主導権を握らせることで作戦行動から距離をおくということに満足していた。戦場と隣り合ったいくつかの国では、サウジアラビアが代表的だが、アメリカ軍が彼らの国にある基地から出撃することに神経質になった。それは、イスラム同胞国への攻撃に協力することで国内的に強い反発を受けるかもしれないという当然の恐れからであった。NATO同盟国もまた、過激化したイスラム世界からの報復を恐れ、抑制的に行動していた。結局のところ、テロリストの脅威は世界的な問題ではあるが、実際のターゲットは注意深く選ばれたのである。だからこそ、表面的な諸国の団結が強固なものにならなかったのである。また、テロリズムがアメリカをはっきりとした多国間主義に変身させることがありそうもないのも、この理由からである。

またテロが、アメリカ社会のなかにある孤立主義の圧力を、あおるのではなく根絶させるかどうかということも、まったくはっきりとしていない。アメリカはニューヨークとワシントンDCへの攻撃に対して断固とした対応をした。しかし、テロに対する全世界的な戦いへの参加を求めるよびかけには、違った理屈がともなっており、やがてそれが主流になるであろう。建国の父たちの基本的な考えは、他国にアメリカの問題に口を出させないために、アメリカも他国のことをほっておくべきだというものであった。アメリカは手ごわい敵であり、自国への攻撃をただ黙って見すごすことなどありそうにない。しかし、覇権国という重荷がかさみ、さらに海外での彼らのコミットが自国の安全保障を損なっていると考えるようになったならば、アメリカ人が、自らの世界的な関与による利益がそれに見合うものなのかどうかを疑問に思うのは当然のことであろう。

対外的な関わりを警戒する建国以来の伝統ゆえに、ある学者が指摘したように、このテロ攻撃は、

「イスラエル支持政策があまりに高くつくとアメリカ人が考えるのではないかとイスラエル人たちを心配させた」のである。[30] 同様の論理によって、テロ攻撃の翌日、フランスの著名な批評家である、フランソワ・アイスバーグが『ル・モンド』紙に次のように書いている。「いったん九・一一の犯罪者たちを懲らしめてしまえば、第一次世界大戦後にアメリカに世界から手を引かせたのと同様の誘惑が、ふたたびアメリカの行動を律するのではないかという恐れがある。この観点からいえば、一九四一年のパールハーバーによってはじまった時代は二〇〇一年のパールハーバーによって終わりを告げられる可能性がある[31]」。

九・一一テロの長期的影響

したがって、二〇〇一年九月の出来事の長期的な影響として、アメリカが本土防衛により多くの関心とエネルギーを注ぎ、国境から遠く離れたところで生じる問題の解決にはあまり注意を払わなくなるかもしれない。ブッシュ政権は、対テロ戦争の遂行にとても熱心であった。しかし、二〇〇一年九月の出来事以前のブッシュと側近たちの当初の政策傾向が、遠隔地でのアメリカの関与を、深めるのではなく減らしていくものであったことを忘れてはならない。本土防衛への関心の高まりと、アメリカを外からの危険から遮断してしまおうという政治的アピールとをあわせて考慮すれば、衝撃と怒りのなかでとられた行動よりも、このような傾向こそがアメリカの長期的方向性をよりよく示すものといえるだろう。

長期的に見て、テロの脅威によって、アメリカ議会がより対外的に責任を果たすようになり、アメリカ大衆が外の出来事に積極的に関与し、注意深くなるかは疑わしい。二〇〇一年九月一一日の直後から党派的対立は消え去り、アメリカ市民は軍事報復を一致して支持した。しかしこれは、一時的な悲しみのなかから生まれた短期的な現象であり、数ヶ月後には、党派論争が議会にもどり、大衆の関心はふたたびさまよいはじめた。ある記者が一二月二日の時点で書いたように、「九・一一後の議会は、一時的に見られた高潔な超党派的提携というポーズを今やほとんど完全に捨て去った」のである。[32]

比較的早く通常の状態にもどった理由は、アメリカの進めているのが、長期的な行軍にすぎないのであって戦争ではないという事実にある。アメリカの指導者はパールハーバーの後には、大日本帝国とナチス・ドイツという危険で特定可能な敵が存在したため、これに対して国家を動員し、継続的な犠牲をよびかけることが可能であった。ソ連の脅威も同様に、冷戦が長期間にわたって国民を結束させ、これによってアメリカの世界的関与を支えたリベラルな国際主義が可能となった。しかし対照的に、テロはずっと捉えどころのない敵である。アメリカが直面しているのは、戦車や空母を装備した具体的な敵対者ではなく、ゲリラ戦術にたけた敵である。それは、ベトナム戦争が明らかにしたように、アメリカの軍隊や市民の強靭《きょうじん》さというものが意味をもたないタイプの戦争である。アメリカはアフガニスタンで容易に敵を倒すことができたが、アルカイダの多くのメンバーは逃亡し、村落のなかに溶け込み、あるいはパキスタンの同じ部族へと逃げ込んだ。このような戦いにおいては、軍事力ではなく、忍耐と機転こそが武器となるのである。

対テロ戦争のほとんどが、諜報活動、監視、隠密行動などを通して人々の目の届かないところで静かに進行しているため、この新しい挑戦からは、国旗のもとに大衆を熱狂させるようなわかりやすいイメージは生まれにくい。軍隊に参加したり、軍需工場で働いたりといった類の戦争への貢献ではなく、外出を控えることが、テロが平均的市民にもたらした主たる影響である。ニューヨークとワシントンでのテロ攻撃と、それに続く炭疽菌《たんそきん》騒動の後、ブッシュ大統領がアメリカ市民に求めたのは、特別な犠牲ではなく、モールでの買い物や飛行機での旅行といった普通の生活にもどることであった。アフガニスタンでアメリカ兵が戦い、死んでいた状況のなかで、ＡＢＣは、海外報道の綿密な分析もしてくれる数少ないネットワーク番組の一つであった「ナイトライン」をやめて、デビット・レターマンの深夜番組を後釜に据えようとした。二〇〇一年九月以前と同様に、アメリカの人々の関心を国際的な出来事に向けさせることが、骨の折れる仕事であることに変わりはないのである。

冷戦の終結

冷戦終結によってもたらされた歴史的な幕開けに対して、アメリカがこのような不器用な反応しかしていないのはなぜであろうか。チャンスが明らかであり、かつ利益が大きいにもかかわらず、いつもは活発なアメリカがこれにうまく対処できていないのはどうしてだろうか。

冷戦の終わりが控えめな結果となったことが一つの答えとなろう。一九八九年一一月九日午後一〇時三〇分頃、ベルリン市民は、数十年にわたってベルリンを分断してきた壁によじのぼり、これを壊しはじめた。そして、ロシア人とアメリカ人、あるいはその間にいたほぼすべての人々にとって驚くべきことに、二〇世紀の激しいイデオロギー対立は、ほとんど流血を見ることなく消滅したのである。ワルシャワ条約機構とNATOの間に戦争は起きなかった。ソ連政府は、悲しみに沈みながらも、ソ連ブロックを解体させるに際して衛星諸国が立ち去るにまかせた。ソ連はおそらく、血まみれの争いなしに退場した歴史上はじめての帝国であろう。ソビエト共産主義は、すべての人にとって望ましいことだが、静かな死を迎えた。

ソ連の解体がほかに例を見ない形で進展したことは、ほとんどの面で幸運ではあったが、一つ問題もあった。それは、ソンムの血まみれの塹壕や、煙の立ちのぼるヒロシマの残骸《ざんがい》に匹敵するような、大国の対立と戦争の繰り返しをとめるために何か重大なことをしなくてはいけないということをわからせるための「目覚まし」がなかったということである。西側の無血勝利は、その諸価値と組織を擁護する結果となった。したがって、アメリカはそれまでのやり方をほとんど変えずに進んでいった。ジョージ・ブッシュ（父）の外交政策は、「現状維持プラス」と適切に称された。大きな足跡を残そうとしたビル・クリントンも、その同じ基本路線に立った。

アメリカにはまた、あまりにも強大な力が残された。ソ連崩壊によって世界の指導的立場に立ったアメリカは、アメリカは絶対だというひとりよがりの信念を強めた。ソ連は戦いをあきらめたのではなく、完全に崩壊したのであり、ロシア経済は一九九〇年から九八年の間に五〇パーセント以上も縮小した。ウクライナの経済は本質的に破滅的であり、一九九五年まで、企業はその労働者に賃金を払うことさえできなかった。キエフから南へ延びる高速道路に沿って、困窮した工場労働者が製造したばかりの靴やタイヤを売るために肩を並べたが、それが彼らにとって唯一の貨幣獲得手段だったのである。それに、日本の長期化する不況と、東アジアを席巻した金融危機を加えると、アメリカにはいよいよほかを圧倒するパワーが残された。ほかの大国がアメリカの優位に挑戦する力を欠くことが、かえって安定を生じさせた。他国は、ほかに選択肢がないために、アメリカに従うしかなかったのである。アメリカは、その支配的立場によって、努力することさえなく、秩序を形成することが可能であった。

アメリカのパワー

このような過度のパワーは、また、アメリカを誤らせる大きな危険性ももっていた。つまり、アメリカはまちがった方向に進みつづけても、まずい結果に直面することがなかったのである。アメリカ政府は、ロシアが大声で反対を叫んでいるにもかかわらず、NATOを東方に拡大させた。しかし、ロシアはこれを黙認し、アメリカのご機嫌をとりつづける以外に選択肢がなかった。ロシアが借款を必要とし、大西洋共同体の市場や機構に入れてもらうことを望むならば、アメリカの同意が必要だったからである。NATOがコソボを空爆したとき、米軍機がベオグラードの中国大使館を誤爆したことがあった。しかし数ヶ月の緊張関係が続いた後、米中関係は元通りになった。中国政府は、WTO加盟やそのほかに中国が望んでいた目的のためには、アメリカの承認が必要だということを理解していた。アメリカが、意図的であるか偶然であるかにかかわらず、ほかの大国のじゃまをした場合でさえも、彼らはしっぽを振りつづけるのである。

もちろんアメリカは、本土へのテロ攻撃という、ひとりよがり政策の結果に苦しんだ。ブッシュ政権はこれに敏感に対応し、海外でのテロの細胞組織を破壊し、本土の安全保障の強化に努めた。しかし、アメリカがテロリストとならず者国家というあらたなターゲットに専念することは、グランド・ストラテジーのほかの諸問題に必要な関心が払われなくなるという結果になるであろう。

ミサイル防衛の問題を考えてみよう。二〇〇一年九月一〇日に、上院外交委員会委員長のジョセフ・バイデン議員は重要な演説を行い、アメリカが、ならず者国家からの核ミサイルによる攻撃よりは、テロリストによるローテクの脅威を心配をしなくてはならないことをはっきりさせた。彼はまた、ＡＢＭ条約からの脱退とミサイル防衛システムの開発は、あらたな軍備競争に道を開くものだということも明らかにした。彼の意図は、少なくとも部分的には、ブッシュ政権がミサイル防衛のために要求した八三億ドル全額を民主党が認めない理由を説明することにあった。そして九・一一の攻撃が、テロリストがあまりにも簡単に重大な被害をもたらすことができるという彼の分析に完全に合致したものであったにもかかわらず、ミサイル防衛についての政治的討論は突然終わってしまった。九月二一日、民主党はその反対をとり下げ、ブッシュ政権の予算請求を全額認める決定を表明した。本土防衛という政治的優先課題の前では、この問題についての思慮ある議論は不可能であった。一二月、ブッシュ政権は、アメリカがＡＢＭ条約から脱退すると正式に宣言した。

アメリカ人とグランド・ストラテジー

アメリカ人にとって、これまでグランド・ストラテジーという広範な諸問題を考える必要がほとんどなかっただけでなく、そのような問題提起もまた見られなかった。冷戦世代の人々は、少なくともアカデミックな雑誌のなかでは、これまでと変わらず地政学的な問題を論じていた。しかし、戦略研究家の新しい世代というものがほとんどいなかった。アメリカの学界の職業的、組織的構造が、グランド・ストラテジーについての新しい思考を刺激するために必要な幅広い研究というものに対して偏見をもっているということができる。他方で、大学にいる国際関係論の学者は、高度に抽象的で、したがってたいていの場合、政策コミュニティの役に立たない研究を行う傾向がある。国際関係論の分野では、数学的モデル化の議論が支配的で、ますます現実の世界とはかけ離れたものとなっている。政策立案者たちは、主要な政治学の研究誌を読もうと思っても（思わないのが通例だが）、専門用語と数学の方程式がちりばめられているため、読むことさえもできないのである。

一方、ほとんどのシンクタンクは、また別の極端な方向へ行ってしまっている。二四時間のニュース番組（CNN、FOXニュース、CNBC、MSNBC、C-SPANなど）の急増によって展開の速くなった政策討論に参加するために、政策アナリストは、新聞論説や論点解説ばかりを書いている。しっかりとした分析よりも、新鮮さが意味をもつようになってしまったのである。大学が政策とはほぼ無縁な学問に精を出す一方で、シンクタンクは、賞味期限が日・週単位で計られるような仕事をするようになった。その結果、知的議論は貧弱になり、外交政策コミュニティは枯渇し、アメリカの新しいグランド・ストラテジーを形成するのに必要な熟考した議論は無視されるようになってしまった。

いわゆるIT革命は、事態をさらに悪化させた。アメリカの最高に優秀な人材がインターネット関連のベンチャー企業やベンチャーキャピタル、あるいはビジネスコンサルティング会社に魅了されてしまったからである。そして、ハーバード、プリンストン、ジョージタウン、ジョンズホプキンスなどアメリカ屈指の公共政策大学院は、卒業生を外交官や官僚にするためのトレーニングに十分な努力を注ぐのではなく、ビジネススクールの卒業生と就職市場で競争できるようなテクノクラートを育成するようになった。こうした学生たちは、マイクロソフトのエクセルやパワーポイントの操作についてはすばらしい腕前になり、書類作成技術をマスターして卒業する。しかし、彼らのほとんどは、アメリカの新しい戦略家となるために必要な、歴史的基礎知識や学際的な訓練がまったく不足している。

ネオ・コンの論理

クリントン政権時代、誰が采配を振るっていたかをざっと見渡すだけで、この問題の存在がよくわかる。この政権に支配的な戦略家がいたとすれば、それは財務長官のロバート・ルービンだろう。ルービンは、アメリカの、そして世界の経済の舵《かじ》をとるために、世界的な投資銀行の一つであるゴールドマン・サックスのトップをやめた。彼は国内のトップクラスのエコノミストを何人かつれてきた。彼はまず、新しく設立された国家経済会議の責任者に就任し、クリントンの側近グループの要《かなめ》としての地位をひそかに固めていった。続いて彼は、一九九五年一月に、ロイド・ベンチェンに替わって財務長官となった。ルービンが九九年夏に辞任してウォール・ストリートにもどるとき、有能な副長官であったハーバードの経済学者、ローレンス・サマーズに後を継がせた。ホワイト・ハウスの経済責任者としては、これ以上の人材は得られなかったであろう。ルービンは、ジョージ・ワシントン政権の指導者の一人であったアレクサンダー・ハミルトン以来、財務長官のイスに座ったなかで、もっとも著名で有能な人物の一人として歴史に名を残すであろう。

クリントン政権の外交、防衛チームにもかなり有能な人材はいたが、当時、世界経済問題が優先されていたことで影が薄い。さらにいえば、そのなかにはグランド・ストラテジーの問題について訓練された人材はほとんどいなかった。クリントン時代の八年間を通して、もっとも影響力のある人物は、第一期政権時の安全保障問題担当大統領補佐官補で、二期目には同補佐官を務めたサミュエル・バーガーであろう。彼はワシントンDCのもっとも優秀な貿易弁護士の一人という経歴を生かして、見事な決断力と洗練された政治的本能で活躍した。しかし、バーガーもまた、アメリカの戦略のあらたな概念的土台をつくるための訓練も、またその意図ももちあわせていなかったのである。

これに対して、ブッシュ政権は別種の問題を抱えている。その人材の多くは、地政学とグランド・ストラテジーの領域において卓越した経験をもっている。しかし、最初から彼らは、現在の根本的諸問題において共通の土台というものを欠いていた。国防長官ドナルド・ラムズフェルドは、ミサイル防衛計画を強く支持するということ、また、独自の軍事力を創設しようとするEUの試みはNATOを弱体化させるものでしかないと考えているということを明言していた。これに対して、コーリン・パウエルはミサイル防衛についてはゆっくりと慎重に進めたいと考えていたし、EUの軍事的強化がNATOの強化にもつながると考えていた。副大統領のリチャード・チェイニーと安全保障担当大統領補佐官のコンドリーザ・ライスは、この政権がバルカン半島からアメリカ軍を撤退させるつもりでいるということを示唆していたが、パウエルは、コソボの米軍はすぐにはどこにも移動すべきではないと主張していた。さらに、ポール・ウォルフォウィッツ国防副長官が、イラクのサダム・フセイン政権打倒のために彼の反対派に軍事援助することを求めていたのに対して、パウエルは「イラク人民の負担を和らげるために」経済制裁の緩和を望んだ。[33]二〇〇一年九月のテロ攻撃以降、ウォルフォウィッツはアフガニスタンだけでなくイラクもアメリカの攻撃目標にすることを望んだ。ほかの人々はもっと抑制的なやり方を好んだが、最終的に、ウォルフォウィッツが勝った。

さらに、ブッシュ政権の主要側近たちが概念地図を共有していたとしても、それは時代遅れなものであった。彼らは、おもにかつての冷戦の闘士であって、現在や未来ではなく、過去の問題への対処に経験豊富であった。ミサイル防衛についての強硬な姿勢、中国への対決的アプローチ、環境保護やグローバリゼーションのマネージといった諸問題の軽視、あるいは数多くの国際合意を一方的に反故にするといった彼らの傾向は、冷戦期という荒々しい日々への追憶であり、結果として、ヨーロッパやアジア諸国との距離を一様に広めることになってしまった。テロとの戦いで示された国際的な団結は、ブッシュ・チームの外交政策へのアプローチと諸外国の政策との間にある溝を一時的に隠したとはいえ、けっして消し去ってはいない。

3　未来を検証する

グランド・ストラテジーを考案する

アメリカの戦略上の漂流状態を回復するために必要なスタート地点は、そもそもグランド・ストラテジーとは何かを正確に明らかにすることであろう。将来必要となるグランド・ストラテジーを考案するためには、現代世界の詳細な地図にたちもどる必要がある。現在の地図で大切なのは、海、山、川、あるいは国境などといった地政学的特徴ではない。そうではなくて、グランド・ストラテジーとは、地政学的な断層線を明らかにすることであり、どこで、そしてどのような形で現在の諸勢力が対立にいたり、大戦争の原因となる亀裂を生じさせているかを探ることである。難しいのは、このような断層線がどこにあるかを見極めるだけではなく、どのようにしてそれを乗り越えるか、少なくともその潜在的な破壊力をいかに和らげるかを考えることである。

したがって、グランド・ストラテジーを考案することは建築デザインに似ている。建築家がビルの設計プランを練るとき、機能性を満足させるだけでなく、構造的にも問題のないデザインにするために、工学的な諸法則に従う。ある梁《はり》が支えられる重量は決まっている。材料によってその耐久性は異なる。目的は、風圧や、ビルが建つ地盤の沈下や揺れ、あるいは構造にかかるそのほかの圧力に、断層線が確実に耐えられるようにすることである。

グランド・ストラテジーを考案するためには、これと同様の作業を要求されるが、しかしかなり複雑である。工学とちがって、負荷と耐性についての確固たる法則は存在しない。コミュニケーション、武器、あるいは移動技術の変化は、つねにゲームのルールを変える。たとえば、鉄道の出現は地政学に革命的な影響をおよぼした。何世紀にもわたって、海を支配した国家が圧倒的な優位を保ってきたが、鉄道によって軍隊や物資が迅速かつ安価に陸地を移動できるようになると、事態は変わった。陸上勢力と海上勢力の相対的な戦略的重要性は、潜水艦、航空機、核兵器、人工衛星あるいは光ファイバーの出現によって変化しつづけてきた。地政学を決定する構造学的諸力は、けっして一定したものではない。

好調なときには適していたグランド・ストラテジーが不調時には適切でなくなることが問題をさらに複雑にする。強風やマグニチュード六の地震に耐えられるようにつくられた家は、軽い突風や、安定した地盤の上ではまったく問題ないだろう。しかし、成長期に経済の安定性を維持するためにつくられたグランド・ストラテジーは、下降期には有害無益であるだろう。今日の国際経済がアメリカの監視下につくられ、いまでもアメリカ政府によって管理されているとはいえ、非常時には、それは不況を伝播《でんぱ》させることになるかもしれない。

アメリカのあらたな世界地図

では、アメリカのあらたな世界地図は、どのようなものであるべきなのだろうか？　あらたな地政学上の断層線はどこにあるのだろうか？　冷戦終結以来、アメリカ政府の内部にはグランド・ストラテジーについての議論がほとんどなかったとはいえ、外部の研究者のなかには注目すべきものもいる。比較的活発な議論は、グランド・ストラテジー研究にいまだに関心をもっている一握りの研究者のなかから徐々にあらわれてきた。

『歴史の終わり』のなかで語られた、自由民主主義が世界を席巻し、民主主義国と非民主主義国との境界が最後の世界的な断層線になるというフランシス・フクヤマの主張は、適切であろうか？サミュエル・ハンチントンが『文明の衝突』のなかで、いまや文化的な断層線が地政学を決定づけ、ユダヤ＝キリスト教、イスラム教、儒教文明間の闘争が近い将来に起こるであろうと議論したのは、正しいのだろうか？　あるいは、トーマス・フリードマンが『レクサスとオリーブの木』のなかで、グローバリゼーションが完全にルールを変え、新しい断層線は、グローバリゼーションの勝ち馬に乗った国々と、それに抵抗している国々の間にあるというのは、正しいのだろうか？

この三人やそのほかの何人かの論者は、アメリカにとっての二一世紀の世界地図について競合するビジョンを提示している。それらはそれぞれ意味のある議論ではあるが、しかし、すべて誤りである。そして、その多くは、同じ理由によって誤っているのである。

彼らの世界地図は束の間のものにすぎず、アメリカの優越性が続くかぎりにおいてしか意味をもたない。それに対して本書が描く世界地図では、世界システムのなかでの決定的要素が、民主主義でも、文化でも、グローバリゼーションでも、あるいはほかの何ものでもなく、パワーの配分であるとする。われわれは現在、一極世界、つまり唯一の超大国が存在する世界に生きている。そして、それはもちろん、アメリカの一極世界である。現時点での、根本的で不可避の地政学的特徴は、アメリカの優越性なのである。

今日の世界情勢の安定は、まさにその一極構造からダイレクトに生じている。ある一国が、ほかのすべての国々よりも大きな富と軍事力を保持しているならば、そのシステムは一極である。ほぼ同じサイズの二つの国がある場合、それは二極構造である。そして、三つかそれ以上の大国が存在する場合、そのシステムを多極構造とよぶ。冷戦期の二極世界、あるいは一九三〇年代の多極世界において、大国間の競争関係はつねに存在した。それに対して、ただ一つの極しかない世界では、大国が一国しか存在しないという単純な理由によって大国間の競争関係は生まれない。ほかの主要国は、アメリカと事を構えようなどという考えさえもつことはできない。そのようなはっきりとした非対称性があるがゆえに、中東やそのほかの地域で過激主義者がアメリカに対して怒りを向けることになるのである。優越性は、憤りを生じさせるものなのである。しかし、この世界唯一の超大国への攻撃を成功させたとしても、それは、世界システムの一極性を変えるものではない。

したがって、論者たちが、今日の地政学的断層線がどこにあるかについて合意に達することが非常に困難であるというのは、それほど驚くべきことではない。なぜならば、それはそもそも存在しないからである。地政学的断層線が極の間に生じ、今日、世界にただ一つの極しかないのであれば、すなわち、断層線は存在しないという結論になる。リングの上にはアメリカしかいないのであるから、不戦勝である。

アメリカの衰退

しかし問題は、アメリカの一極支配と、それにともなう世界の安定が永遠のものではないということである。ヨーロッパは、いまや単一市場と共通通貨を達成し、自信にあふれた共通の声をあげる機会がますます増えてきている。ＥＵのメンバーである一五ヶ国の富の合計は、すでにアメリカのそれに近づきつつある。さらに、新メンバーの加盟と、アメリカに匹敵する成長率によって、最終的にヨーロッパのほうにバランスが傾くかもしれない。さらにＥＵは、アメリカが加わらなくとも軍事行動が可能な軍隊を構築する試みを、すでにはじめている。このような動きは、ヨーロッパをより自立させ、アメリカの指図に従わなくさせることになるだろう。統合を深化させるヨーロッパに加えて、ロシア、日本、中国が徐々にアメリカのパワーに対する対抗勢力になっていくであろう。

アメリカの優越性の衰退は、たんにほかの大国の勃興だけでなく、世界的な覇権という負担にアメリカが嫌気をさしつつあることの結果でもある。アメリカは、冷戦期のような野心的な外交政策を追求すべきではないし、することもないだろう。なぜなら、現在の世界では、アメリカは大きな敵国と向かい合っているわけではなく、爆撃よりも、銀行口座の凍結によるほうがうまく対処できるような、テロの脅威に直面しているからである。アメリカの歴史の初期にそうであったように、重大な脅威がないときには、この国は海外での戦略的コミットを担うことにかなり消極的となるだろう。アメリカ市民と指導者たちは、当然ながら、世界の警察官としての役割を演じることに興味を失ってきている。同時にアメリカは、多国間機構から手を引き、単独行動主義に傾斜しはじめているが、それは、ほかの大国を離反させる危険を含み、それによって、彼らの上昇があらたな地政学的競争の時代をもたらす可能性を高めている。

ほかの勢力の勃興とアメリカの衰退および単独行動主義的な国際主義は、あいまって、アメリカの一極時代を束の間のものとするであろう。一極が多極に移行するにつれて、比類なき覇権国の存在から自然に生じていた安定は、立場、影響力、ステータスをめぐる世界的な競争にとって代わられるだろう。世界の主要な断層線は、これまでずっとそうであったように、世界の大国間に走ることになる。対立によってもたらされる無秩序がすぐに、パックス・アメリカーナによる秩序にとって代わるであろう。

アメリカの優越性の終焉にともなってあらわれるあらたな危険と不確実さに直面して、アメリカ人は、望むと望まないとにかかわらず、それに注意を払わなくてはならなくなるだろう。アメリカ経済は、国際市場に深く結びついている。過去一〇年間の急発展は、世界経済の開放性が高まったことによって推し進められてきた。それは、貿易量をかなり増大させると同時に、アメリカに競争力向上を強いた。国際貿易は、いまや世界の生産高の四分の一以上を占めている。もし経済的なナショナリズムと保護主義がもどってきたならば、アメリカ人は苦しめられることになるだろう。

それ以外の、おそらくより重要で基本的な生活条件も危険にさらされている。四〇年以上にわたってアメリカ人は、冷戦と核戦争の恐怖に向かい合っていた。一〇万人近いアメリカ市民が、朝鮮半島とベトナムにおける共産主義を封じ込める戦いで命を落とした。そしてこの長い戦いは、ドイツ、日本、イタリアを倒すために必要であった、五〇〇〇万人以上の命を奪った世界戦争のすぐ後にはじまった。

政治家や学者たちは口々に、主要国間の戦争が時代遅れになりつつあり、永続的な平和に道を譲ろうとしていると論じている。しかし、このような見解が誤りであったことは、なにも今回がはじめてではない。歴史を参考にするならば、アメリカ支配の終結は、これまでよりも不確実かつ不愉快な世界をもたらすことになるだろう。アメリカの優位が比較的安定した世界秩序を保っている間に、今後の多極化への回帰をマネージするためのグランド・ストラテジーを構想しはじめるべきであろう。

アメリカの国際主義

新種のアメリカ国際主義をつくり出すことについても、同様に好機が訪れている。積極的な外交政策を可能にするような寛大な国際主義を、先例と考えてはならない。民主、共和両党の外交政策は、双方とも、第二次世界大戦や冷戦の強烈な記憶をもち出してくる年配者たちに強く影響されている。彼らはアメリカのリーダーシップを本能的に賞賛するが、これは、ベルリンの壁崩壊後の若い世代にはあてはまらない。彼らがどれほどしっかりとした国際的な関与を望むのかは、まだわからないのである。

一九九〇年代の国際主義は、また、長期的な経済拡大によっても支えられていた。この発展が終われば、対外的関与への志向は弱められ、国際秩序の名のもとに人命やお金を費やすことに、アメリカはより消極的になるだろう。もし関与のコストが上昇するならば、この内向きへの転向はますますありうるものとなる。近年アメリカは、戦闘での死傷者数が少ないため、安心して積極的な国際主義を追求することができるようになった。とくにコソボでの戦闘の結果、アメリカの大衆は、死傷者ゼロの戦争を期待するようになっている。地上軍の投入が必須だったイラクとアフガニスタンでの軍事行動でさえ、死傷者は比較的少なかった。アルカイダは、オフィスビルや大使館を攻撃することにはなれているが、アルカイダにしろサダム・フセインの軍隊にしろ、戦場では手ごわい敵ではなかったからである。しかし、もし、アメリカ人の命が多く失われるような戦争が起これば、海外での作戦行動への大衆の支持は急激に低下するだろう。

ジョージ・W・ブッシュ政権の方向性をより幅広く捉えると、対テロ戦争にもかかわらず、アメリカ国際主義の低落傾向はすでに現実のものとなっていることがわかる。彼はより「控えめな」外交政策を追求し、戦争を仕掛ける相手をもっと選ぶようにするという公約に全般的に忠実であった。ブッシュはセルビアとマケドニアで戦闘が拡大しているにもかかわらず、就任後の数ヶ月は、ボスニア駐留米軍の数を減らし、コソボの米軍の行動を強く制約した。彼はまた、地域紛争の仲介へのアメリカの外交的関与も減らした。そして、単独行動主義的なイニシアティブをとりやすい自主性を好み、一連の多国間コミットメントから手を引いた。

アメリカの政治文化

九月一一日の出来事の後、ブッシュは方向性を変え、外交政策を最優先課題とした。彼は、戦いはアフガニスタンにとどまらないと言明し、とりわけイラク、イラン、北朝鮮に目をつけた。さらにブッシュは中東和平プロセスにふたたび関与し、アンソニー・ジニ将軍を特使に任命した。けれども、就任直後の単独行動主義的かつ孤立主義的な傾向を、一時的な特異現象であったとみるべきではない。それらは、政権の外交政策チームだけではなく、ブッシュ自身の政治的支持基盤の志向を反映したものである。ブッシュは、沿岸の都市部に比べて、一般的にリベラル国際主義に熱心でない南西部の有権者に支持を訴えている。これらの地域は、ブッシュの中核的な支持地盤だからである。つまり彼は、この地域で支配的な、より庶民受けする、単独行動主義的な類の国際主義にアピールする明確な動機がある。そして彼自身がこの地域の出身であり、大統領になる前は、外国の出来事にほとんど関心を示していなかったのである。

たしかに、孤立主義と単独行動主義が同時に復活したというのは不思議である。少なくとも表面的にはこの二つは、正反対の衝動であって、孤立主義は不関与を求め、単独行動主義は制約のない世界的なリーダーシップを求める。しかし、この二つは実際には一枚のコインの表と裏である。これらは、自らの自由と主権を損ねるかもしれないような出来事に巻き込まれることを恐れるという、同じイデオロギーから生まれたものである。アメリカはできるかぎり国際的な関与を避けるべきだが、関与するときには、アメリカの自主性が守られるようなやり方で行うべきである。それらはまた、アメリカの例外主義という概念にも起源をもっている。例外主義は、国際システムから自らを遮断しようとする力と、一方でシステムをアメリカの思うようにつくり変えようとする力を生み出すものである。孤立主義と単独行動主義がアメリカの政治文化に非常に深く根ざしているために、アメリカがそのイメージにあわせて世界をつくり変えようと模索しているときでさえ、アメリカを世界の舞台から撤退させようとするような二重の圧力がリベラルな国際主義に突きつけられるのである。

良きにつけ悪しきにつけ、この政治文化とアメリカ的民主主義は、外交政策の実践に重大な影響を与えている。外交はもはや、国務省やウォール・ストリートと外国の首都の間を行ったり来たりする国際派のアイヴィーリーグ・エリートの専売特許ではない。「ベルトウェイ内部［訳注：首都ワシントンの中心部］」で起こっていることはいまだに重要だが、それぞれが固有の利害と国際主義をもった、アトランタやダラス、シアトル、シリコンバレー、あるいはロスアンゼルスといった都市における政策決定と判断が、これまでにない影響力をもつようになっている。地域差はもはや、建国初期の時代にあったような情熱をよびおこさないが、地域間に生じる政治的、経済的、文化的な差異は、国家の外交関係の形成において、ふたたび重要な役割を担うようになってきている。

アメリカの人口統計上の構成もまた変化し、外交政策に関する国内政治を複雑化している。血統的な忠誠をおもにヨーロッパに求める有権者像は、ラテンアメリカとアジアから殺到してくる移民と、移民のコミュニティの高い出生率によって変容を迫られつつある。今世紀後半までに、ヨーロッパにバックグラウンドをもつ白人は、アメリカの人口の五〇パーセント以下になるだろう。この民族的ごたまぜ状態と地域利害の多様さのなかから、もしも一貫した外交政策を生み出そうとするならば、アメリカの指導者たちは、あらたなグランド・ストラテジーのための政治的基盤をつくるという任務を、なんとしてでも行わなければならない。

アメリカの戦略的コミット

国際経済へのアメリカの関与は重大かつ広範にわたるとはいえ、世界の保護者という役割を政治的に支える理由としては十分とはいえないだろう。アメリカは、市場を守るためではなく共産主義を封じ込めるために、海外への軍事的コミットと国際的な組織による広範なネットワークを創設した。ときに国旗が商人の後について行くことがあるとはいえ、経済的利害と戦略的コミットはしばしば相容れないものとなる。植民地主義の時代には、イギリスとフランスはたしかにその海外植民地から富を集めたが、彼らはまた、経済的利益はほとんど見込まれないにもかかわらず、アフリカの分割のために多くの時間とエネルギーを割いた。また、インドやペルシャ湾、インドシナ半島などとの商業的な絆は重要だったが、政治的、戦略的な配慮が違った方向を指し示すようになると、植民地軍を駐留させておくことはできなかった。

それ以前の覇権国と同様に、アメリカは、その世界的な経済利益を追求するために、世界規模での戦略的コミットのすべてを維持する必要はない。アメリカの海外プレゼンスは、ある地域ではいまだに重要な経済的含意をもっている。東アジアでの米軍の前方展開は、平和の維持に寄与することで、ビジネス環境を望ましいものにすることに貢献している。また、米軍はペルシャ湾を通過する石油の流れを維持するのに重要な役割を果たしている。

しかし、域内の永続的な平和を享受しているEUの豊かな国々についていえば、大西洋を越える貿易と資本の健全な流通を守るためにヨーロッパにアメリカ軍を恒久的に駐留させる必要はほとんどないだろう。このような交易は、両者に発生する利益の結果生じるのであって、ヨーロッパにおけるアメリカの戦略的展開の産物ではない。さらにアメリカには、海外市場での一時的な後退を乗り切るだけの余裕がある。二〇〇〇年の輸出額は、小さな数字ではないものの、アメリカの国内生産の一一パーセントにすぎなかった。さらに、これら輸出額のうちの三〇パーセントがおおよそカナダとメキシコ向けであり、グローバリゼーションの時代にあっても、北米地域はかなりの程度の商業的自己充足性を維持している。[34] 政治的、戦略的な考慮によって、国際主義が衰退し、多国間組織から距離をおくことになっても、経済的配慮はそのじゃまをしないであろう。アメリカはときに、貿易や資本を守るために海外で武力を行使するような、冷戦期以前のものに近い戦略をとることもあったが、永続的な海外のコミットや組織的な深い関与に対しては否定的でありつづけた。

あらたな政治的均衡

アメリカが、その負担を軽減し、過去六〇年間にわたるやっかいな国際的責任の少なくともいくつかから手を引くことは、理解できるものだし、おそらく健全なことであろう。これらの責任を必要としていた世界はなくなり、アメリカの戦略はそれにあわせて変化する必要がある。しかし、アメリカの歴史のなかで中心的な役割を果たしてきた孤立主義的、単独行動主義的な傾向から考えると、アメリカの今日の指導者たちは、外交政策に関するあらたな政治的均衡をつくり出す必要がある。それは、たとえレベルが下がったとしても、大衆の支持を得られるような世界関与でなければならない。

そのためには、たんなる関与ではなく、国際機構を通じた多国間の関与へとアメリカを導く、リベラルな国際主義を再構築する必要がある。国際システムをマネージするための権利と責任を他国と共有するという考えによって、リベラルな国際主義は、孤立主義と単独行動主義の両極端の間に安定的な妥協案を提起してくれる。それは、対外関与から手を引くことなく、そして新興勢力と対立するのではなく、協調するようなアメリカになるための政治的土台を与えてくれるものである。世界情勢からいきなり撤退し、独断専行の衝動が潜在的な友好国を遠ざけてしまう前に、アメリカはこのあらたな国際主義を見つけ出さなくてはならない。[35]

もちろん、アメリカは、国際秩序を維持するための適正な負担以上のものを求められたり、ありとあらゆる国際組織に熱心にとり組むことを要請されるべきではない。あまりにも野心的な外交政策というものは、過剰な犠牲に対する国内の反発をよびおこすために、孤立主義への漸進的接近よりもはるかに危険かもしれない。アメリカ上院が国際連盟への参加を結局否決したのは、十分な政治的支援が得られないほどのコミットを追求した、ウッドロー・ウィルソン大統領の「やりすぎ」が失敗したからである。同時に、アメリカには孤立主義に引き寄せられている余裕はない。二〇世紀の歴史を見れば、アメリカが硬い殻のなかに引きこもってしまうと、地政学的、経済的カオスが生まれるであろうことはあまりにも明らかである。したがって問題は、アメリカ外交が関与する領域を、国際主義への大衆の好みとうまく釣り合いがとれたものにするようなグランド・ストラテジーを、いかに考案するかということである。このようなビジョンを練り上げ、その実現に必要なあらたな国際主義を構築することが、アメリカの国家最優先事項となるべきである。

新しい歴史のサイクル

未来は複数の大国が競合する世界を用意しているが、この来るべき多極化の時代は、独自の特徴をもち、歴史上の先例とはあまり似ていないものになるかもしれない。近年の大きな変化によって、新しい時代は、終わりつつある時代よりも平和なものになりそうだという楽観主義が生まれている。国家は、かつてのような略奪による征服を行うための動機をもはやもってはいない。いまや国家は、土地や労働力を征服したり奪いとったりするのではなく、情報技術の発展と金融サービスの拡大を通して富を蓄積するようになった。核兵器の登場はまた、戦争のコストを引き上げた。民主主義国家はかつての権威主義的国家ほど攻撃的でなくなり、民主主義国家同士の戦争はありそうもない。おそらく将来、極となる国々は、それが民主主義国家である限り、平和裏に共存するであろう。

その意味で、アメリカの時代の終わりは、たとえば第一次世界大戦前のヨーロッパのような伝統的なバランス・オブ・パワーのシステムへ回帰することを意味しない。むしろそれは、あらたな基本要素とゲームの新しいルールによって導かれるであろう未知の歴史時代への進展を意味するものである。その意味でフランシス・フクヤマが、ソ連の崩壊と自由民主主義の大勝利が歴史の終着点であると主張したのは正しい。いまの時代の終わりは、アメリカの優位性の終わりだけではなく、産業資本主義、自由民主主義、国民国家といった、一つの歴史的時代の終わりをも意味するであろう。アメリカはさまざまな意味で、現代を特徴づけるこれらの特質の最前線に立ってきた。そして、これらの重大な歴史的プロジェクトを、それぞれ完成させるか、少なくとももっとも高められた形にすることに見事に成功した。

しかしフクヤマが、歴史そのものが終わりに向かっていると主張したのは誤りである。終わりつつあるのは、ある特定の歴史的時代にすぎないのであって、歴史の長い歩みではない。ある歴史のサイクルが終わり、新しいサイクルがはじまりつつある。つまり、アメリカ時代の終わりは、ある一時代の終わりであるとともに、別の時代のはじまりをも意味するのである。だからこそ、アメリカ時代の終わりについて書かれた本は、歴史の再生についても論じなくてはならない。

次の時代を見通すことは、もちろん困難な試みであろう。その本質的な構成要素はいまだに不確実かつ不完全である。しかし、どのような傾向が生まれつつあるかは見えている。産業資本主義はデジタル資本主義に道を譲りつつある。自由民主主義はいまだ勢力が衰えていないが、市民の無関心や社会的不平等といった深刻な問題がすでに提起されている。そして国民国家は、国内からは人口統計的変化と地域的分裂によって、国外からはグローバリゼーションやトランスナショナルな統合によって攻撃にさらされている。これらの基本的な出発点を理解すれば、歴史の新しいサイクルによって生まれる次の時代のアウトラインは見えてくるだろう。

第二章

アメリカの新しい世界地図

Iraq, 2003. © Abbas / Magnum Photos

現実主義のロジック

あらたなグランド・ストラテジーの構築のためには、アメリカはまず、世界に関する新しい地図をつくり出す必要がある。その作業は、根本原則の確認と、生まれつつある世界システムを形づくる基本的な地政学的諸力の探求からはじめられるべきであろう。本書におけるこの世界地図の基本概念は、現実主義、すなわちリアルポリティークの論理とバランス・オブ・パワーである。諸国家が互いに争うのは人間性の本質そのものであり、安全、富、尊厳の追求という、人間の基本的かつ本能的な欲求から生じている。人間はこれらの目的達成のために国家やそのほかの集団をつくるのであり、これらの集団が他者との関係において同じ本質的欲求を示すのは当然であろう。

現実主義は、国際関係において、なぜ極の間の競争がもっとも永続的かつ広範に見られる現象なのかを説明する。今日の一極システムが比較的安定的である理由は、アメリカにはその優位性に挑戦できるようなライバルがいないためである。また、現実主義からすれば、より統合され、経済的・軍事的に強化されたヨーロッパが、あらたな地政学的野心をもつことは必然となる。さらに、多極世界の復活が、競合する極の間にあらたな断層線を不可避的に生じさせるという本書の議論に対して、現実主義は論理的根拠を与えてくれる。

新しい世界地図の基本原則として現実主義を用いるおもな理由は、歴史の重みにほかならない。国家は、いつの時代もお互いに激しく競争してきたので、われわれは現実主義のロジックに逆らえないように思える。もちろん現代では、楽観的な要素が多少なりとも見られるようになった。民主化とグローバル化が地政学的競争を抑制することは十分考えられる。しかしながら、人類がこれまで何度となく平和の快適さを捨てて戦争の恐怖を選んできた事実を考えれば、現実主義とそのロジックから生まれる優越性を求める競争がなくなったと結論するのは難しい。

理想主義と現実主義の融合

しかし、本書は、ある重要な点で現実主義と一線を画している。国際関係に競争はつきものかもしれないが、適切なグランド・ストラテジーは、国際システムの競争本能を抑えることができるという点である。もともとこのシステムは、安全、富、威信の追求によって促される競争関係である。しかし、リーダーシップと先見性が、システムの紛争的性質を認識し、限界になる前に断層線を見つけ出して改善することによって、現実主義のロジックとそこから生じる競争関係を軽減し、ときにはくつがえすことが可能となる。未来を過去のような血なまぐさいものにしないためには、理性、法、価値そして制度が物質的なパワーを飼いならせるという信念によって、理想主義が現実主義を抑制しなければならないし、また、それは可能である。

現代のヨーロッパは、その好例である。政治と経済の一貫した統合プロセスを通して、ＥＵは、ヨーロッパの国民国家間の断層線を消滅させ、欧州大陸から戦争を根絶することをもくろんでいる。こうしたヨーロッパの成功は、まれなケースであるし、偉大な努力とそれに適した指導者を必要とするものであるが、彼らの経験は、進むべき道を指し示してくれている。第二次世界大戦の余波のなか、ヨーロッパの人々は目前にある困難を知り、将来の地政学的地図をデザインし、そしてその地図を現実のものとするために動きはじめた。彼らは、現実主義と理想主義の融合によって、それを行った。それは、ヨーロッパの主要国に富と軍事力から生じる特権を認める一方で、競争のロジックを協力と相互利益のロジックで置き換えることによって彼らを互いに結びつけた。本書での著者のおもな課題も、これと同じである。すなわち、生まれつつある世界の正確な地図をつくり、現実主義と理想主義の融合によって、地図上の断層線を克服するようなグランド・ストラテジーをデザインし、そして、それを実現し、平和な新国際システムを確立するために必要な段階を個別に設計することである。

アメリカの世界地図

以上のような作業を開始し、その概念的基盤から生じる地政学的地図について考える前に、冷戦のはじまりとともに登場したアメリカの世界地図を検討しよう。戦時同盟を平和な時代のパートナーシップへ移行させようというルーズベルトの夢は、一九四六年のうちに、ソ連の非協力的態度によって打ち砕かれつつあった。ソ連は、東ヨーロッパに傀儡《かいらい》政権を打ち立て、ダーダネルス海峡の支配をもくろみ、一九四六年三月二日の合意期限をすぎてもイラン北部のソ連軍を撤退させようとしなかった。すべて、やがてくる困難を予感させるものだった。

このソ連の行動に対処するため、アメリカの戦略家はどのようなビジョンをつくったのだろうか。もし世界のほとんどの地域が二つの敵対するブロックに分かれていくことになるならば、どの地域がソ連側に、どの地域が西側につくであろうか。アメリカは、共産主義を封じ込めるために軍事力に頼るべきなのか、それとも西欧と日本の経済復興や第三世界のナショナリズム、あるいは共産主義陣営の分裂に期待すべきなのか。つまり、言い方を変えれば、当時のアメリカの世界地図とはどのようなものだったのだろうか、ということである。これらの疑問に答えることは、今日われわれが抱える問題を明らかにするために役立つだろう。

1　過去を検証する

ジョージ・ケナンの新戦略

一九四六年二月二二日、ジョージ・ケナンはワシントンにモスクワ大使館電報五一一号を送信した。このいわゆる「長い電報《ロング・テレグラム》」は、ケナンが翌年『フォーリン・アフェアーズ』誌に「X」というペンネームで書いた論文とともに、ソ連封じ込めという主要目的に焦点をあてたアメリカの新しいグランド・ストラテジーの基礎となった。[1] ケナンはまもなくモスクワを去り、国防研修所の講師に就任した。そして一九四七年には、国務長官ジョージ・マーシャルによって国務省政策企画部の初代部長に任命された。これは、長期的な政策の立案において、核となる諸原則を考案するという明確な目的のためにつくられた部署であった。

ケナンが率いた、新戦略の策定作業は、一九四七年のうちに徐々にはっきりとした形になってきた。それは、次のような諸原則からなる。ソ連の脅威はおもに政治的な性質のものである。したがってアメリカは、世界の主要国であるイギリス、フランス、ドイツ、日本の経済の健全性と政治的な自信を回復させることで、もっとも効果的に共産主義を封じ込めることができるだろう。ソ連への勝利は、究極的には「西側世界が奮い起こすことのできる、一体性、堅固さ、そして活力の程度」にかかっている、とケナンは書いている。

ケナンは、世界のほかの地域を無視して議論を進めようとしたわけではない。それどころか、中国や東アジア諸国への共産主義政権の拡大は阻止しなくてはならないものであった。ケナンの信じるところによれば、アメリカは、中国大陸や産業化の遅れたそのほかの地域への軍事介入は避け、その代わり、長距離爆撃機の出撃やシーレーン防衛のために必要とされる島々や戦略拠点へのアクセスを世界中で確実にしなければならない。それは、たとえばフィリピン諸島、ダーダネルス海峡、スエズ運河、ジブラルタル海峡、ホルムズ海峡などであった。ソ連の拡張主義に対する防衛を強化するために、軍事と経済上の支援がときとして必要になるであろう。しかし、優位な軍事力によってソ連を包囲することは、過剰な出費を必要とし、さらには、「クレムリンのノイローゼ的世界観」の根本にある「ロシア人の伝統的かつ本能的不安感」をあおることになりかねない。[2]

したがって、ケナンの世界地図は多面的であった。中心的な断層線は、ソ連ブロックと先進民主主義諸国との間にあった。経済的な発展と政治的な自信回復を通して西欧と日本を共産主義から守る一方で、戦略的に重要な拠点の支配を維持することで、西側は戦いつづけられるはずであった。また、共産主義が最終的に破綻《はたん》するのは、それ以外の、もっと捉えにくい断層線によるものであろう。ソ連システム内部の矛盾、広範な共産主義ブロックの分裂、そしてナショナリズムによって供給される自然な抵抗の力が、最後には西側の勝利を可能にするはずであった。

ポール・ニッツの世界地図

アメリカのグランド・ストラテジーがケナンの世界地図によって導かれていたのは、一九四九年の終わりまでにすぎなかった。一九四九年八月のソ連の原爆実験、同年一〇月の中国大陸での共産党の勝利と中華人民共和国の樹立宣言、そして一九五〇年六月の朝鮮戦争勃発という三つの主要な出来事によって、トルーマン政権は、新しく、より警戒心の強い戦略ビジョンに惹《ひ》きつけられるようになった。一九五〇年にケナンの後を継いで政策企画部部長となったポール・ニッツは、この新しい地図の設計責任者であった。彼は、NSC－六八の起草作業を監督したが、それはアメリカ外交における最重要文書として、「長い電報《ロング・テレグラム》」に換わるための計画書であった。

ニッツの世界地図は、白か黒かという単純なものであった。世界には自由世界と共産主義世界が存在し、唯一の断層線はこの両者のぶつかるところにある。共産主義ブロックが内部から崩壊するのを待つのではなく、アメリカが主導権を握り、ソ連を優勢な軍事力によって包囲しなくてはならない。アメリカ政府のとりうる選択肢は、通常兵力の大幅拡大を維持するために必要な資源を配分する以外にはなかった。NSC－六八が指摘するように、「アメリカと自由世界の軍事力を補強することは、……アメリカを大惨事から守るための必須条件である」[3]。ソ連と中国は、対立することなく協力し合っている。「アジアでの展開を見れば、現段階で大陸アジアからすべての西側の影響力を排除するために、ソ連と中国の共産主義者が協力する包括的な計画が存在することが裏づけられる」[4]。ナショナリズムが共産主義の影響力拡大への抑止として働くことなく、東南アジア諸国は、ドミノのように倒れそうであった。「一国でも敵の手に渡れば、ほとんどまちがいなく、ほかのすべての諸国を失うことになろう」[5]。一九五三年に国務長官になるジョン・フォスター・ダレスは、「その影響はアジアにとどまらず、西欧やイギリス連邦にまでおよぶであろう」と断言した[6]。

ニッツの世界地図から生まれたグランド・ストラテジーは、冷戦期のほとんどの時期を通してアメリカの政策を導き、アメリカはソ連に立ち向かうこととなった。アメリカは核兵器を過剰なほど蓄積する一方、通常兵力を増強し、ソ連の国境に沿って同盟関係を組織し、世界のあらゆる地域で従属国を見つけ、朝鮮半島とベトナムで犠牲の多い戦争を戦った。一九七〇年代にアメリカは一時的に後退し、ソ連との一〇年にわたる緊張緩和を追い求め、ケナンの時代の追憶にひたるかのようであった。ジミー・カーター大統領はその後、一九七九年のソ連のアフガニスタン侵攻によって政策を転換する。続くロナルド・レーガン大統領は、「悪の帝国」への外交的、軍事的圧力を高め、すぐに冷戦を激化させた。アメリカが国際秩序の代替案について考えはじめたのは、ベルリンの壁が崩壊してからであった。

グランド・ストラテジーと世界地図

冷戦の長い年月を通じて、歴代政権は、反共感情をあおることで、アメリカ人に必要な犠牲を覚悟させてきた。明確な世界地図をもち、ソ連という明らかな敵が存在することによって、アメリカの指導者たちはほとんど苦労することなく大衆を共産主義との戦いに関与させた。

冷戦は終わったが、ケナンとニッツの世界地図のどちらが正しかったかという論争に決着はついていない。一つには、ニッツのビジョンによる強硬戦略が、双方の緊張を高めることで冷戦を長期化させたのかもしれないし、ケナンの戦略は、ソ連システムに生じていた裂け目をもっと早くから明らかにできていたかもしれない。他方、ＮＳＣ－六八を厳格に適用することは、抵抗をあきらめるようにソ連を説得するのには十分に役立ったかもしれないが、このことは、ケナンのアプローチが弱腰だったことを示唆してもいる。

ここでの中心的な命題は、ケナンとニッツのどちらが正しかったかではなく、二人が明確で無視できない地図を提起し、それがグランド・ストラテジーの基盤となり、また、その戦略を実現させるのに必要な国内の支援を獲得するのにも役立ったということである。アメリカがソ連に迎合的にすぎることも時にあっただろうし、反共主義に目をくらまされ、共産ブロック内部の亀裂を利用する好機を逸したこともあった。しかし最後には、アメリカは勝利した。それは、自らの向かう方向を知っており、そこへの到達方法を緻密に計画し、そして出発したからであった。

2　新しい断層線

グランド・ストラテジーの構築

冷戦期には、グランド・ストラテジーの構築は今日よりもはるかに容易であった。ソ連という敵が存在することによって、人々の意見がまとまりやすかったからである。共産主義による脅威が差し迫ったものであったため、戦略的ビジョンの考案が緊急課題となり、この脅威によって、アメリカの世界地図は自然に定義されるようになった。世界の基本的な断層線は、分断ドイツにあった。大西洋の民主主義国はその西に、敵は東に位置づけられ、世界のほとんどの国が、この二つのブロックのどちらかに自動的に属することになった。当時の戦略家にとっての主たる関心事は、どの周辺地域が問題となるかを見つけ出し、ソビエト帝国に最終的に打撃を与えるような地政学的傾向を明らかにすることであった。

しかし今日、アメリカの新しい世界地図にはっきりとした出発点を与えてくれるような、主要敵国も主たる脅威も存在しない。アメリカがテロに懸念をもつのは当然であるが、テロの脅威は捉えにくく見えにくいものであるために、戦略的展望を明らかにするのではなく、ぼんやりとさせてしまう。テロ行為の実行者は犯罪者集団であって国家ではないため、法の執行が軍事力よりも効果的な武器となる。テクノロジーの大きな変化や、産業時代からデジタル時代への移行のなかで、どの地政学的要素が現在支配的であるかを把握することは容易ではない。冷戦期には、東西の勢力均衡は、おもに工業生産高と相関関係にあり、通常兵力と核戦力の規模によって決まっていた。しかし現在では、コンピュータウイルスのほうがF－16戦闘機よりも潜在的に大きな破壊力をもっているかもしれないのである。

一貫したグランド・ストラテジーを構築することを非常に難しくしている条件が、同時に、困難を乗り越え、世界のあらたな断層線を明確にする方向にアメリカを進歩させている。冷戦時代には、アメリカには世界秩序を自由に構想する余地はほとんどなかった。ユーラシア大陸の多くをソ連が支配し、自由民主主義国といえるのは、北米、西欧と日本くらいであった。西側はソ連の周辺地域で少しずつ勢力を切り崩していく以上のことはできなかったのである。しかしいまや、世界システムは流動的で柔軟なものとなった。今後一〇年の間にワシントンでなされた決定は、次の一〇〇年の行く末に影響を与える可能性がある。

同様のことは、技術的、経済的変化のめまぐるしいスピードについてもいえる。それらは、世界を見渡す作業を難しくしている。しかし同時に、アメリカはかつてないほどの影響力と支配のための新しい道具を手に入れた。NATOを率いて戦争すること、インターネット上に情報を広めること、資本の国際移動の管理、あるいは世界の主要国際組織への加入の可否、これらすべてにおいて、アメリカが采配を振るっている。このような広範な影響力は、大きなチャンスをもたらすとともに、重い責任を負わせる。

新しい世界地図を設計するという作業を、これまでにすでにほかの論者によって提示されている論点を検証することからはじめよう。アメリカ政府も市民もあまり関心をもっていないが、何人かのアメリカの戦略家は新しい世界環境を整理しようと試みてきた。いくつかの競合するビジョンを検討し、それぞれの長所と短所を明らかにすることは、アメリカのグランド・ストラテジーの研究に適切な出発点となり、これからどこへ進むのかを明らかにしてくれるだろう。

五つの世界地図

アメリカの知識人によって、これまで五つの世界地図が提起されてきた。

現在、ジョンズ・ホプキンス大学国際問題高等研究所教授のフランシス・フクヤマは、ちょうど冷戦が終結しつつあった一九八九年にその議論をはじめている。『ナショナル・インタレスト』誌に掲載された論文「歴史の終わり?」と、続く著作『歴史の終わり』[7]のなかで、フクヤマは、ソ連の崩壊と民主主義の勝利は、歴史を終焉に向かわせつつあると論じた。彼は、同じような価値観をもった穏健な民主主義諸国がともに安定的で平和な世界秩序を構成するというような、歴史の最終段階に世界が到達しつつあることを論じた。そのうちに、主要な断層線は、民主主義国と非民主主義国の国境沿いに生じるようになるであろうから、フクヤマはアメリカがその外交政策を、そのような断層線沿いに生じる紛争を回避させ、世界中に民主主義を広めるという目的に集中させるべきであると主張した。

シカゴ大学教授のジョン・ミアシャイマーが続いて、冷戦終結後に出現するであろう秩序についての見解を示した。彼は一九九〇年の論文、「われわれがすぐに冷戦を懐かしむようになる理由」(『アトランティック・マンスリー』誌)や「バック・トゥ・ザ・フューチャー：冷戦後のヨーロッパの不安定」[8](『インターナショナル・セキュリティー』誌)において、フクヤマよりもはるかに悲観的な予測をした。彼は東西対立の消滅を嘆き、それが生んだパワーの二極配分こそが、過去数十年におよぶ平和の維持に中心的な役割を果たしたのだと論じた。東欧からのソ連軍の撤退、ワルシャワ条約機構の解体、その結果としてのヨーロッパにおけるアメリカの戦略的役割の低下は、欧州大陸にあらたな競争関係をもたらすことになる。多極世界への回帰とともに断層線が国民国家間に復活することにより、ヨーロッパの未来はその不幸な過去に似たものとなろう。安定のための最良の希望は、核兵器の管理された拡散によって侵略行為への抑止を強化することである。またミアシャイマーの東アジアについての予測も、同様に悲観的なものであった。

ハーバード大学教授のサミュエル・ハンチントンは、一九九三年『フォーリン・アフェアーズ』誌に掲載され、高い評価を得た論文「文明の衝突？」と、続く『文明の衝突』という著作において、将来の中心的な断層線が世界の主要文明の交わるところに出現すると説いた。[9] 異なった文化は、国内秩序についても国際秩序についても相容れない見解をもつために、衝突が運命づけられている。ハンチントンの世界地図によれば、ユダヤ＝キリスト教、東方正教会、イスラム教、儒教という四つのブロックが支配権をめぐって競合する。彼は、アメリカとヨーロッパがともに手をたずさえ、ほかの文明との戦いに備えるように忠告した。

ポール・ケネディとロバート・カプランは、別々にではあるが、カギとなる未来の断層線について四番目の議論を提起している。ケネディは、一九九四年に『アトランティック・マンスリー』誌に掲載されたマシュー・コネリーとの共著論文「西洋とその他文明の衝突は不可避か？」において、もっとも簡潔に持論を展開している。[10] カプランは、この問題に関する最初の論文「来たるべき無秩序」を一九九四年に同じく『アトランティック・マンスリー』誌に載せ、後に同じタイトルの本を出版した。[11] ケネディとカプランがそれぞれ描く世界秩序によると、世界は、社会経済的な断層線によって分断される。豊かで健全な産業国と貧しい発展途上国がそれぞれ別個にブロックを形成し、この二つのブロック間に主たる断層線が生じるという。彼らの議論に従うと、北の豊かな国々は、南で生じるさまざまな問題から逃れることはできないであろう。難民、環境破壊、伝染病、犯罪と汚職、あるいは経済破綻した国家などの問題が、世界のもっとも先進的な国家にさえも最終的には脅威を与えることになる。豊かな国々は、この悪夢をふりはらうように努めないと、やがてカオスにのみ込まれてしまうであろう。

『ニューヨーク・タイムズ』紙のジャーナリストであるトーマス・フリードマンは、彼のコラムと、一九九九年の著作『レクサスとオリーブの木』で、グローバリゼーションこそが新しい世紀の支配的な地政学的特徴であると論じた。[12] モノ、資本、生産の世界市場の拡大は世界を変化させ、すべての国家が同じルールのもとに行動するように要求するとフリードマンは主張した。マーケットは、経済を自由化・民主化した国家には報いるが、対照的に、経済と政治の中央集権的支配を継続しようとする国家に対してはきびしく、彼らの株式市場、通貨、社会を罰する。フリードマンの描く世界地図によれば、未来の中心的な断層線は、グローバル化したデジタル経済のルールに従う国家と、それに対抗しようとする国家との間に生じるであろう。国家が保有する戦車や戦闘機の数ではなく、コンピュータの普及率こそが、この新しい地政学システムのどこに国家が位置するかを決定するのである。

以下で、これらの競合する世界地図をもっと詳しく見てみよう。

フランシス・フクヤマの世界地図

フランシス・フクヤマによれば、歴史はたえず前進してきた。もちろん、逆もどりする瞬間もあり、ときには曲がりくねることもあったが、しかし、新しい時代はつねに前の時代の到達点の上に築かれ、人間の生活の質を向上させてきたといえる。科学技術上の発見こそが、経済的成長と社会的発展の主要因である。蒸気エンジン、ペニシリン、コンピュータ・チップ、インターネット――これらの技術革新が、人類の物質的幸福における重要な改善を可能にしてきたのである。

しかし、人間は、たんに物質的快適さだけではなく、精神的満足をも求めるものである。この精神的幸福は、アリストテレスがテューモス（気概）とよんだ、尊厳や自己価値の認識としてあらわれる。科学の進歩が富の拡大と快適さの向上をもたらしたとしても、人間は、認知と尊厳を求めて戦いつづけるであろう。フクヤマによれば、このテューモスへの欲求こそが、人類の血なまぐさい歴史のおもな原因であるという。威信とステイタスを追い求めて、国家は、優越をめぐる恐ろしい競争を繰り返し行ってきた。そして国内では、奴隷や農奴が、彼らの尊厳や自律を拒む厳格な社会のヒエラルキーに対して、何世紀にもわたって戦いを挑んできたのである。

フクヤマにとって自由民主主義は政治的な最終段階を意味するものであった。なぜならばそれは、人間がその歴史を通して求めつづけてきた自己価値を個人に認めるものだからである。参政権、法のもとの平等、成文化された自由――これらは自由民主主義の特徴であり、したがってそれは「人類のイデオロギー的進化の最終地点」となり、「統治の最終形態」となる。[13] 相互認知が自由民主主義的な秩序の中核にあるため、人々はもはや尊厳を求めて争う必要がないのである。

フクヤマは、ソビエト共産主義の崩壊と民主主義の勝利が歴史の終わりを意味することを論じるなかで、一九世紀のドイツの哲学者、フリードリッヒ・ヘーゲルの著作を引いている。ヘーゲルは、アメリカ独立革命とフランス革命のなかに歴史の終わりを予見していた。この双子の革命と、それが生んだ新しい政治システムによって、「ヘーゲルは歴史が終わりを迎えたと論じた。なぜならば、歴史のプロセスを突き動かしてきた願望、すなわち認知への欲求が、普遍的かつ相互的な認知によって特徴づけられる社会のなかで満足させられつつあるからである。人類の社会制度のなかでこれ以上にこの願望を満たすことができるものはなく、したがってこれ以上の歴史的進化は不可能である」[14]。アメリカ独立革命とフランス革命を歴史の終わりの端緒とするならば、現代は、そのプロセスの完了を意味する。自由民主主義への主たる挑戦者であるファシズム、社会主義、共産主義は、すべて敗北した。ごく少数の国家はいまだに歴史のなかにとどまり、過去にしがみついている。しかし、その国々もやがて最後にはしぶしぶと同意し、自由市場と自由民主主義の道を進むであろう。

対立と競争の消失

歴史の終わりからアメリカの新しい世界地図へと議論を進めるために、フクヤマはふたたび、高名なドイツ人思想家、イマニュエル・カントを引用する。カントは、共和制政府の出現は、世界の国々の間に永続的な平和を約束すると論じていた。民意を反映する政府と、国民の戦争への反対によって、攻撃的な行動は監視されるようになるだろう。カントはまた、民主主義国家は、まるで家族のように、互いの親近感を高めるようになるとも信じていた。

現代の学者は、そこにはフクヤマも含まれるが、民主主義国が平和裏に共存できる可能性が高いということを理解している。いわゆる民主的平和《デモクラティック・ピース》のロジックは、歴史の終わりのロジックと似ている[15]。自由民主主義国が尊厳を求める市民の願望を自然に満足させるように、自由民主主義国家は永続的平和の基礎となる認知と相互尊重を自動的に認めるものである。威信とステイタスを求めて行う戦争は、歴史の教科書のなかに追いやられるであろう。フクヤマの言葉を借りれば、「自由民主主義は、他者よりも偉大に見られたいという非合理な欲望の代わりに、同等に認められたいという合理的な欲望をもたらす。したがって、自由民主主義国で構成された世界は、戦争への動機が少ないはずである。なぜなら、すべての国家が互いの正統性を相互に認め合うからである[16]」。

その上でフクヤマは、世界を二つの国家グループに分けている。一つは、自由民主主義国家のグループであり、歴史の終わりを達成し、他国との戦略的競争にもはや関与しない国々である。このポスト歴史世界では、「諸国家間の相互作用の主軸は経済的なものとなり、リアルポリティークの古いルールは適切でなくなっていくだろう。……ポスト歴史世界は依然として国民国家に分断されているだろうが、それぞれのナショナリズムはリベラリズムと折り合いをつけ、ますます私的空間でしか語られなくなるだろう[17]」。民主主義国家のなかでは、対立と競争という伝統的な地政学は永遠に消え失せるのである。

世界の新しい断層線

地政学的分断の他方の側には非民主主義国がいる。非民主主義国同士、あるいは非民主主義国と

民主主義国との関係では、非民主主義国は過去にとらわれ、威信とステイタスの追求に依然として駆り立てられている。その意味で非民主主義国はいまだに厄介で手に負えない存在であり、伝統的なパワー・ポリティクスのルールに従っている。フクヤマの主張によれば、世界の新しい断層線は、ポスト歴史世界（民主主義）と歴史世界（非民主主義）の交差するところに存在する。たとえ自由民主主義と民主的平和の領域が拡大したとしても、「これは、けっして国際紛争そのものの終結を意味しない。その時点での世界が、歴史的な部分とポスト歴史的な部分に分断されただけでしかないからである。まだ歴史のなかにいる国家間の紛争や、そうした国家と歴史の終わりを迎えた国家間の紛争は、いまだ起こりうるのである[18]」。

フクヤマによれば、アメリカのグランド・ストラテジーの最優先事項は、民主主義を拡大し、それによって世界に唯一残っている断層線を消し去り、歴史を終結に向かわせるプロセスを完了させることであるという。世界市場の拡大と、政治的自由化を促進するために経済の自由化を用いることは、この作業の達成を約束してくれる。同時に、アメリカとそのほかの民主主義国は、自らがポスト歴史時代を謳歌しているとしても、いまだ歴史のなかにいる諸国家からの潜在的脅威に備えつづけなくてはならない。

フクヤマによると、世界地図を変え、歴史を再度動かす可能性のある展開は二つあるという。結局のところ、歴史の終わりが退屈で均一なものでしかないことに気づいた自由民主主義国の市民は、新しい挑戦へと進んでいくようになるかもしれない。尊厳と自己価値の追求は、飽くことを知らず、人間の経験に根源的なものであるだろう。歴史を完了させる満足感は別にして、闘争のない人生はたんに活気のないものになるかもしれない。逆に、科学の進歩と、遺伝子コードを組み換えるというバイオテクノロジー技術の発展によって、人間と、人間の行動を形成する諸動因が変化するかもしれない。[19]もし科学が人間の本質を変化させるのであれば、すべての賭けは終わってしまう。このようなかなり過激な展開を除けば、民主主義は拡大しつづけ、歴史の終わりは近づき、そしてすべての地政学的世界地図は灰の山のなかに残されることになるだろう、とフクヤマは論じている。

多極世界の復活

ミアシャイマーは筋金入りのリアリストであり、「軍事的パワーの分布と性質こそが、戦争と平和を決定づける」という立場を断固として守っている。[20]彼によれば、冷戦終結から生じたパワー分布によって、最終的には多極世界の復活がもたらされるという。アメリカの世界的関与を誘うような大きな敵がいないため、アメリカはヨーロッパと東アジアから最終的には撤退し、両地域内部に競争を生じさせるだろう。[21]ヨーロッパではドイツがふたたび支配的な存在となり、ロシアが撤退したために生じたドイツの東側に広がる真空状態を埋めようとして、周辺諸国を動揺させることになるだろう。国境線や少数民族をめぐる紛争が中欧で噴出し、これに影響された諸国家は外部の助けを求めて、「諸大国を地域的紛争に引きずり込もうとする強いインセンティブ」をもつことになるだろう。ナショナリスティックな感情が目を覚まし、ヨーロッパは「侵略への強いインセンティブをつくり出すような、かつての国家システム」にただちにもどってしまう危険性が高いと、ミアシャイマーは論じる。[22]彼は東アジアにおいても、国家間の競争関係が同じように復活するだろうと予測している。

ミアシャイマーが冷戦の終結を嘆くのは、東西対立によって生じる二極システムは、次に来るであろう多極システムよりも、本質的に安定的であると考えていたからである。彼は、二極が好ましいという理由を三つあげる。二ブロックの世界にはただ一つの断層線しかないが、多ブロックの世界では断層線が複雑になってしまう。二極は、固定化された同盟間におおよその力の均衡を生じさせやすいが、多極では、同盟関係が変化するなかで不均衡が生まれる。そして二極システムは、多極システムほど複雑で予見不可能なものではないので、誤算や意図しない紛争の可能性が少なくなる。

一九四五年以前の国際システムで頻発していた戦争は、おもに「多極世界と、多極システムで大国間に頻発する力の不均衡」の産物であった。[23] したがって、「われわれはすぐに冷戦を懐かしむことになるだろう」という懸念をもっていたミアシャイマーの見通しからすれば、東西分断の終結と多極世界の復活はよいニュースではない。彼の描く未来地図は、したがって、冷戦以前の時代の地図に酷似しており、断層線は世界の主要な国民国家間に存在し、国際システムは紛争がちなものとなるのである。

ジョン・ミアシャイマーの世界地図

ミアシャイマーは、フクヤマや「ヨーロッパにおける武力紛争が問題外となったと考える」人たちは、「的外れな楽観主義で未来を見ている」とたしなめる。[24] 民主主義国同士は戦争をしないという主張には十分な歴史的な裏づけがないとし、また、選挙で選ばれた政府と平和的行動の関係について理論的に批判した。「大衆というものは、民主主義であろうとなかろうと、ナショナリスティックな、あるいは宗教的な熱情に深くとらわれ、攻撃的姿勢を支持するが、コストにはまったく無関心である[25]」。

彼はまた、EUがヨーロッパ主要国民国家間の協調を維持するという考えも否定した。ヨーロッパ統合はソ連の脅威とアメリカの西欧への安全保障によって可能になったのであり、「ソ連という共通の脅威と、アメリカという夜警がいなければ、西欧諸国は冷戦がはじまる何世紀も前からやってきたことをただ繰り返し、消えることのない猜疑心《さいぎしん》を互いに抱きつづけるだろう[26]」。ヨーロッパに対するアメリカの関心が薄れることで、統合は強まるどころかむしろ、EUはばらばらとなり、「ドイツ、フランス、イギリス、そしておそらくイタリアは、大国の地位を求めるようになるだろう[27]」。

このような未来への悲観的展望を前に、ミアシャイマーは、二極世界を続けるための手段として、アメリカは、たとえもっとも弱い敵対関係であっても冷戦的対立を維持する道を探るべきだと論じる。このような議論が政策立案者の支持をほとんど得られないであろうという認識のもと、彼は、管理された核兵器拡散によって抑止を強化し、多極世界を安定させるように主張している。彼によると、「核拡散は、理想的にはドイツでとどまるべきである。なぜならば核兵器がなければ、ドイツはまちがいなく不安感をつのらせ、その強力な通常兵力によってヨーロッパの平穏を乱すことになるからである[28]」。しかし、もし核拡散が抑制できないならば、アメリカやそのほかの核保有国は、安全な核開発を行おうとしている国々に対して技術的な支援を行うべきであろう。ミアシャイマーはまた、「攻撃的な国家が登場したときに、それに能動的かつ効果的に対抗するために」、アメリカとイギリスはヨーロッパ大陸に介入できるだけの通常兵力を維持すべきであるとも論じている。[29]

サミュエル・ハンチントンの世界地図

サミュエル・ハンチントンは、伝統的な国民国家間の対立関係が復活するとは予想していないが、しかし、未来に対するミアシャイマーの悲観主義を共有している。フクヤマと同様にハンチントンは、アメリカ型自由民主主義の擁護者であり、それが永遠に続くものと考えているが、西側の価値観と政治を西洋以外へ広めることについては、フクヤマと意見を異にする。彼は、自由民主主義の魅力を普遍的なものとは考えず、西洋以外の文化はそれぞれの道を歩み、イメージに合わせて世界をつくり変えようとするアメリカに対して、しだいに反感をもつようになるだろうと考える。これらの国々は、自由民主主義陣営へ先を争って加わったり、民主的平和《デモクラティック・ピース》の領域を拡大するよりもむしろ、西洋に対抗して結束するだろう。文化的な分断線が、地政学的な断層線となるのである。「歴史の終わり」ではなく、「文明の衝突」が待っている。

ハンチントンによれば、文明とは「人を文化的に分類する最上位の範疇《はんちゅう》であり、人類をほかの種と区別する特徴を除けば、人のもつ文化的アイデンティティのもっとも広いレベルを構成している」[30]。文明と文化はどちらも、人間の生活の全体的なあり方に関するものである。同じ文明に属する個人は、価値観、規範、思考様式を共有する。文明は、時代によって変化するとはいえ、強い耐久力をもち、「人間集団のなかでもっとも永続的なもの」である。[31] 現在、世界の人々は、八つの主要文化グループに分けられる。それは、西洋、儒教、日本、イスラム、ヒンドゥー、東方正教会、ラテンアメリカ、そしてアフリカである。ハンチントンは、「未来におけるもっとも主要な対立は、各文明を隔てる文化的な断層線に沿って起こるであろう[32]」と警告している。

ハンチントンによると、二つの理由から文明の地政学的重要性が高まっているという。第一に、二つの対立するブロックに世界が分断されることによってこれまで隠されてきた、基本的な文化の相違が、冷戦期のイデオロギー対立が消滅したことで明らかになった。ハンチントンの言葉を借りれば、「文化のビロードのカーテン」が「イデオロギーの鉄のカーテン」にとって代わったのである。[33] 冷戦のイデオロギー的制約が過去へと遠のくことによって、国家も人々も、自らの文化に根づいた価値観や思考様式に従って行動するようになるが、これらの文化的鋳型は文明によって大きく異なっている。西洋がはぐくんできた基本的価値である、自由、個人主義、憲法による保護、人権などは、世界のほとんどの文明では実を結ばない。異なった文化的背景をもつ人々は、まさに異なっているのである。

第二に、世界的なトレンドは、異なった文明を結びつけるのではなく、対立する方向に導いている。経済の近代化、インターネット、あるいは世界市場といったものは、世界の多くの地域で生活の質を向上させているかもしれないが、グローバリゼーションとそれにともなう変化のスピードは、方向を見失わせ、混乱を生じさせている。世界がより小さくなり、より速く動くようになると、人々はなじみのない周囲の状況によって脅かされるように感じる。自らの拠り所を見つけるため、人々が身近な伝統にたよるようになると、宗教の復活やルーツへの回帰などが起こる。イスラム世界でイスラム原理主義が魅力をもつようになったり、東南アジアで「アジア的やり方」が再発見されたり、ロシアで「ヨーロッパ」アイデンティティが開拓されたりすることは、すべて文化と政治の間にリンクが再生している兆しである。グローバリゼーションは、この数年のうちに文化と宗教への回帰を推し進めるので、「文明の衝突が政治を支配する」ことは確実である。ハンチントンの描く世界地図によれば、「文明間の断層線は、未来の最前線になる[34]」。

ハンチントンの警告

ハンチントンの悲観主義は、異なる文明がただ衝突するというのではなく、とくに西洋と衝突するように運命づけられているという主張によって強調される。西洋は、最強の文明であるだけでなく、自らの文化と価値観をほかのすべての人たちに押しつけようとする。「民主主義と自由主義を普遍的価値として広め、軍事的優越を維持し、経済利益を拡大しようという西洋の努力は、対抗しようという反応をほかの文明に生じさせる[35]」。ハンチントンはとくに、儒教社会とイスラム社会が手を結ぶことを懸念する。勃興する中国がイスラム世界の反西側体制と同盟すれば、強力な組み合わせになるだろう。「近未来の紛争に関しては、西洋とイスラム=儒教国家が中心的焦点となるだろう」とハンチントンは警告している[36]。

アメリカはすべての挑戦者から西洋を守ることを主目的としつつ、同時に、主要な文明間の断層線沿いに起こる紛争の回避を模索しながら、グランド・ストラテジーを構築すべきであるとハンチントンは説く。「西洋の存亡は、アメリカ人が西洋としてのアイデンティティを再確認し、また、西洋文明の人々が、自らの文明が普遍的なものではなくユニークなものであることを認め、非西洋社会からの挑戦に対して、これを守り存続させるために団結できるか否かにかかっている」[37]。さらに彼は、あらたな儒教＝イスラム連合に対抗するためには、アメリカは中国とイスラム諸国の軍事力を制限し、この二文明間の政治的、文化的相違につけいる機会を捉えるべきであると論じる。同時に、アメリカはほかの文化を理解するためにもっと努力すべきであり、「どの文明も他文明と共存することを学ばなければならない」[38]。結局のところ、文明というものは永続的で堅固なものであり、それらを隔てる断層線が消え去ることはないであろう。アメリカが求めうる最良の成果は、もちろん道のりは遠いが、相互寛容と平和的共存である。

ケネディとカプランの世界地図

ポール・ケネディとロバート・カプランは異色の組み合わせである。イエール大学の著名な学者であるケネディは、大英帝国の外交史と軍事史についての世界的な権威であり、ベストセラー『大国の興亡』をはじめとして数多くの著作がある。ケネディが優雅なイエール大学の研究室にいるのとは対照的に、ロバート・カプランは、地球上でもっとも貧しい地域の汚い貧民街を歩きまわっている。カプランは、アフリカ、中東、ヨーロッパ、アジアのどこからレポートするときであろうとも、そこにいる貧民、病人、絶望した人々の苦境を記録する。『バルカンの亡霊』や『地の果て』などの彼の有名な旅行記の数々は、広く賞賛を受けてきた[39]。

ケネディとカプランは、このような相違にもかかわらず、アメリカのあらたな世界地図がどのようなものになるべきかという点について類似した見解を提起している。彼らは次の断層線を、北の豊かな国々と南の貧困国との間の分断として捉えている。ケネディ（と共著者のマシュー・コネリー）によると、われわれは「北と南という、分断された不平等な二つの『キャンプ』からなる世界」に向かっているという。断層線の一方の側には、「豊かで満ち足りており、人口統計的には停滞した比較的少数の社会」があり、他方には、「貧困にあえぎ、資源は枯渇した多くの国々があり、その人口は二五年もかからずに倍増している。……このような、地域ないしは大陸間に広がる裂け目の両側にいる人々が、いかに関係を結ぶかという問題の大きさは、世界情勢のほかの諸問題をかすませるほどである」[40]。この最大の課題に対して、ケネディはまったく楽観せず、「地球が、人口が爆発的に増加する地域と、テクノロジーが爆発的に発展する地域に分裂してしまうことは、国際秩序の安定にとってよい事態ではない」[41]と警告している。

カプランもまた、「北」と「南」の間」に断層線を予測し、「世界の残りの地域が欲しがるようなモノやサービスを生み出すわれわれのような社会と、カオスというぬかるみにはまり込んでしまった社会に分断された世界」を予見する。[42]彼はあらたな世界地図を描写するため、政治学者トーマス・フレイザー・ホーマー＝ディクソンを引用している。「物乞いをするホームレスが暮らすニューヨークのでこぼこ道を走る、リムジンを想像して欲しい。エアコンのきいたリムジンのなかは、貿易サミットやコンピュータ・インフォメーション・ハイウェイで結ばれた、北米、ヨーロッパ、あるいは最近伸張めざましい環太平洋地域やそのほかいくつかの孤立した場所からなる、脱産業化した地域である。車の外にいるのは、残りの人類であり、彼らはまったく異なった方向に向かっている」[43]。

北の豊かな国々は、南の貧しい国々に背を向けることができると考えるかもしれないが、ケネディとカプランの意見は違う。南の国々は、飢餓、疫病《えきびょう》、犯罪による国家の最終的な崩壊によって地政学的地図から消え去るのではなく、産業化された世界に重大な戦略的脅威を突きつけることになる。社会経済的な分断であったものがいかにして地政学的な断層線となるのかについて、彼らはいくつかの論点を提起している。

南と北の断層線

ケネディは、少なくとも最初の論文「西洋対その他なのか？」では、おもに大規模な移民について懸念を示している。人口は増えつづけ、すぐにその地域の資源を枯渇させ環境悪化を招くだろう。多くのアフリカ諸国で生活条件が劣悪化するにつれ、住民はさっさとその場を去るだろう。彼らは、食糧と水、それに家や車を期待できる場所、すなわち北へ向かう。いかだやバスや車の荷台に乗って、あるいは徒歩でやってくる、それも何百万という数で。先進国には、選択肢が二つしかない。侵入されるか、武力を使って移民の波を追い払うかである。ケネディの言葉を借りれば、「大量の移民がわれわれすべてを圧倒しないためには、富める人々は戦い、貧しい人々は死ななければならない」[44]。

ケネディの二番目の著作では、彼は（共著者であるロバート・チェイスとエミリー・ヒルとともに）難民の大群についてはあまり警戒していないようである。その代わりにケネディは、不安定さの拡散にともなって、いわゆる中枢国家とよばれる地域の大国が崩壊するという問題に焦点をあてている。中枢国家は、地域の中心に位置している広大な国家であり、国内の騒乱によって足元をすくわれるようなことにでもなれば、「その地域の運命を決めるだけでなく、国際社会の安定にも影響を与えるような厄介な問題」になるであろう。[45] 国内の騒乱の原因になりうるのは、人口過剰、移民、環境破壊、疫病、犯罪などのありふれたものである。中枢国家といえるのは、メキシコ、ブラジル、アルジェリア、エジプト、南アフリカ、トルコ、インド、パキスタン、インドネシアであろう。これらの国のうち一つでも崩壊という事態に陥ったならば、その戦略的な影響があまりにも重大なため、アメリカやほかの先進国はただ黙って見ているわけにはいかない。したがって、南北の境界が、将来の地政学的断層線になるのである。

カプランのいう来るべきアナーキーも、崩壊した国家から大量移民と不安定さが拡散するという点では同様である。カプランはおもな原因として、はびこる犯罪と、環境上の欠乏（水不足はとくに激しいものとなろう）を指摘する。彼のいうように、「犯罪的アナーキー」が地平線にかすかに見えはじめ、環境問題は「まさに二一世紀初頭の国家安全保障問題」なのである。[46] これに、あらたに宗教的、民族的過激主義という悪性の圧力が加わり、また、たんにカオスに陥るだけではなく、怒りを抱き、復讐を求めるような第三世界が出現する。したがって、カプランのいうアナーキーは、ハンチントン的な、反西洋という含みをもっており、「怒れるアナーキー」とでもよぶのがふさわしいかもしれない。

あらたな南北合意の可能性

政策への処方箋として、ケネディは、アメリカとその主要パートナーがただちに行動に移るならば、南の国々がカオスへ転落するのをとめることは可能かもしれないという。北に住むという幸運に恵まれた人々は、その指導者を説得し、「世界的問題の巨大さと相互に関連した性質を認識させ、人類の創意、機智、エネルギーのすべての要素を働かせ、世界規模の人口的、環境的な圧力を和らげ、できるならば逆転させるようにするべきである」[47]。アメリカはあらたな南北合意をつくるために指導力を発揮すべきである。その合意の重要な部分は、南への経済支援を拡大し、新しいエネルギー源や食糧生産方法の研究を行い、第三世界全域で家族計画を推進し、医療を改善することであり、また、紛争の予防や解決に関して国連をもっと効果的な機構とすることである。

経済援助の有効性について、カプランはより懐疑的である。「開発援助が歴史を大きく変えることはほとんどない」と彼はいう。「援助がサハラ以南のアフリカ諸国を根本的に変えることができると考えることは……エリート知識人以外の人々はまず賛成しないような立場である」[48]。それでも、カプランはときに援助が意味をもつことは認めているし、たとえ効果がないとしても、「より結びつきの強くなった世界のなかの一つの国として、われわれ自身をつくり替えるのに役立つのである」[49]。彼はまた、アメリカが、第三世界に早期警戒メカニズムを構築することに努力すべきだとも主張する。なぜなら、危機に対処する最高のタイミングは、それがはじまる前だからである。しかし、予防的措置が失敗したとき、アメリカは直接的な介入には非常に慎重でなくてはならない。

戦略的利益が高く、かつ見込まれるコストが低いというような例外的な状況においてのみ、アメリカは軍事介入を検討すべきであろう。カプランによれば「われわれは関与しつづけなくてはならないが、それは厳格な制約のなかで行われる必要がある」[50]。

トーマス・フリードマンの世界地図

トーマス・フリードマンは、アメリカにおけるグローバリゼーション論の先駆者であった。彼は、『ニューヨーク・タイムズ』紙の外交問題コラムニストという立場から、読者に一つの重要なメッセージを伝えてきた。それは、デジタル時代が、マーケットの拡大とともに、国際システムを変化させつつあるということであった。

フクヤマ同様、彼も、繁栄、民主主義、そして平和を促進するグローバリゼーションの潜在力と未来の可能性について基本的に楽観的である。彼はその著書『レクサスとオリーブの木』のなかで、次のように説明している。「冷戦システムの象徴が人々を分断していた「壁」であるならば、グローバリゼーション・システムの象徴は、人々をつなぐ「ＷＷＷ（ワールド・ワイド・ウェブ）」である」。グローバリゼーションは、繁栄を望む国家を同じルールに基づいて行動させることで、「事実上すべての国家の国内政治と外交関係」を決定づける。国内市場を開放し、政治をクリーンにする国は成長し、そうでない国は世界経済からとり残されるであろう。

フリードマンによると、グローバリゼーションは「これまで誰も経験したことがないレベルでの、マーケット、国民国家、テクノロジーの情け容赦ない統合である」[51]。世界市場と、そのインフラであるデジタル技術（レクサス〔訳注：トヨタの高級車〕がそのメタファー）だけが国際システムの形成要素ではない。人と国家（オリーブの木）間の伝統的な論争もいまだに意味をもっている。しかし、結局のところ、グローバリゼーションはもっとも重要な要素であり、新時代の決定的特徴となるだろう。フリードマンの言葉を借りれば、「グローバリゼーションは今日の世界の出来事に影響を与える唯一のものではないが、北極星のように世界の指標になる存在があるとするならば、それはこのシステムなのである[52]」。

国際投資家や企業のエクゼクティブたち――フリードマンの用語では「電脳集団」――が、主要な仲介者となることによって、モノと資本の世界市場が国家を変化させ、相互に影響し合うのである。そのメカニズムは単純である。国家が繁栄を望むならば、国際資本を引きつける必要がある。ある国家に投資するか否かを決めるときに、「電脳集団」が実際に検討するのは、「その国が、どれくらいインターネットに接続しており、どのレベルのオペーション・システムやソフトウェアを使うことができ、さらに、政府が個人財産を保護することができるかどうか」という点だけである[53]。そのテストに通れば、「電脳集団」がマウスのクリック一つで、その国の成長に必要な資本を与えてくれる。もしテストに落ちたならば、十分に気をつけなくてはならない。マレーシアは、新興マーケット投資信託のお気に入りであったが、ある日突然、投資家が逃げ出したため、通貨が事実上のフリーフォール状態となった。「電脳集団」は迅速で、無慈悲である。

フリードマンは、グローバリゼーションがすべての国家に「黄金の拘束服」を押しつけているという。それは、オープンなビジネス慣行を支持し、標準的会計手続を採用し、腐敗を一掃し、そして自由民主主義へ移行させるものである。「電脳集団」は、黄金の拘束服を身につけ、それをぴったり着込もうとする国家にはやさしく微笑んでくれるが、それに抵抗する国家は容赦なく処罰される。グローバリゼーションの情け容赦のないロジックとそれにともなう黄金の拘束服から逃れるすべはない。「もしあなたの国がまだピッタリしないとしても、すぐにそうなるだろう」[54]とフリードマンは論じる。

グローバリゼーションのロジック

フリードマンのグローバリゼーションについての見解は、国際制度が意見の集約と協力を推進する能力をもつという議論と共通点が大きい。フリードマンが市場を統合の主たる推進力と考えているのに対して、制度主義者は、NATOや国連あるいはWTO（世界貿易機構）のような機構が、国家を共存の方向へ進ませることを強調する。なかには、国際制度が国際的合意の拘束力を強め、約束を守らない国家を罰するといったことに関心をもつ学者もいるし、[55]国際組織へともに参加することによって、やがて共通規範が生まれ、国境を超えた提携が進展すると論じるものもいる。[56]さらに、制度が「ソフトパワー」を行使する、すなわち文化的影響力を拡大するための道具であると考えるものもいる。[57]協力と平和の源泉がどこにあるかについてのこの見解は、市場よりも制度のグローバル化を強調している。しかし、フリードマンの描く世界地図にも見られるように、中心となる論点は、グローバルなネットワークが国家を包囲し、強力なインセンティブでもって共通のルールに従って行動させる、というものである。

グローバリゼーションのインパクトは、すべての国家が多かれ少なかれ同じように見えたり、行動したりすることにとどまらない。黄金の拘束服はまた、地政学的に強いインプリケーションをもつ。フリードマンの提唱する「紛争防止の黄金のアーチ理論」〔訳注：マクドナルドのロゴ・マークのこと〕を見てみよう。それは、「電脳集団」がある国を思いどおりにすることができれば、その国はほかの国と戦争することにほとんど利益を見出さないというものである。「ある国の経済が、マクドナルドのチェーン展開を支えられるくらい大勢の中産階級があらわれるレベルまで発展すると、これはマクドナルドの国になる。マクドナルドの国の国民は、もはや戦争をしたがらない。むしろハンバーガーを求めて列に並ぶほうを選ぶ」とフリードマンはいう。フクヤマは民主的平和《デモクラティック・ピース》を予見したが、フリードマンは資本主義の平和を期待した。それは、グローバリゼーションは「近代史上のどんな時代よりも戦争をしないインセンティブを増やし、戦争をはじめるコストを増大させている」という考えに基づいている。[58]

グローバリゼーションへの抵抗

フリードマンは、すべての国家がこの策略に乗ってくるわけではないことは認識している。「電脳集団」によって罰せられることがわかっていても、少数の国家はグローバリゼーションに抵抗するであろう。伝統文化への脅威があまりに大きいことに気づき、防御体制を固める国もあれば、腐敗した官僚組織や彼らの基盤となる仲間《クローニー》の権威が損なわれてしまうのを避けるために、政治的、経済的改革の実行を拒む国もある。少なくとも一時的には、あらたな地政学的な断層線は、グローバル・マーケットから利益を得る国家と、自由化を拒否して戦う国家の間に生じることになる。「今日では、第一世界、第二世界、第三世界は、もはや存在しない。いま存在しているのは『速い世界』、開かれた広い平原の世界と、『遅い世界』すなわち速い世界から落伍するか、あるいは速い世界の平原を離れ、どこか遠い峡谷に壁をめぐらし、自分たちだけで暮らす道を選んだ人々の世界だ。この人々は、高速世界は速すぎるとか、恐ろしすぎるとか、均質化が進みすぎている、あるいは押しつけがましいという判断を下している」[59]。

しかしフリードマンは、こうした脱落者たちはやがては情報ハイウェイの「路上轢死者《れきし》」になると確信している。「自由市場は残されたただ一つの選択肢である。一本道。スピードは異なるが、一本道だ」[60]。結局、グローバリゼーションが生み出すのは、共通の利益を追い求める、動きの速い人、資本家、インターネットの専門家、民主主義国家からなる世界なのである。

フリードマンはまた、グローバリゼーションが国家の内部に第二の断層線を生じさせるかもしれないことを認識していた。グローバル経済への統合は、インターネットを活用する勝者と、ただ傍観するだけで、怒りをつのらせるしかない敗者を生む。その結果、「グローバリゼーション賛成派と反対派、それぞれの社会でのグローバリストとローカリスト、変化や新しいシステムから利益を得るものと、そこからとり残されるように感じるもの、それぞれの間に起きる内戦」になってしまうかもしれない[61]。さらに、「強大な力を得た怒れる男」が、破壊的なコンピュータ・ウイルスをまき散らすためにインターネットを用いるなど、彼が怒りを覚えるシステムを破壊するために、そのシステムそのものを利用することもありえる。二〇〇一年九月のテロ攻撃は、このフリードマンの最悪の懸念を現実にした。「強大な力を得た怒れる人々は……最新鋭の民間機を手動の精密誘導巡航ミサイルへと変えた。彼らの狂信とわれわれのテクノロジーが悲劇的に結合したのである」[62]。

しかしフリードマンは、適切な政策がこれらの脅威を制御できるという点で楽観的である。レクサスとオリーブの木の間にちょうどよい均衡を見つけることで——それは、社会的セーフティーネットの整備や、グローバル経済に統合されながらも自国の文化を守ること、あるいは環境保護などである——国際社会は潜在的なコストを背負いこむことなく、グローバリゼーションの恩恵を享受することができるはずである。

3　アメリカ一極時代の終わりと新しい世界地図

フクヤマ、ミアシャイマー、ハンチントン、ケネディ、カプラン、そしてフリードマンは、新しい不安定な時代のなかでアメリカの進路を見定めようと、それぞれ熟慮を重ね、現在の重大問題にとり組んだことはたしかである。しかし、彼らの世界地図はすべてまちがった方向を向いているか、あるいは少なくとも、短命すぎて信頼性にかける。彼らはそれぞれ、現在の国際システムの重要な要素を捉えてはいるが、カギとなる未来の断層線を考えるに際して、すべて的をはずしている。ミアシャイマーは、過去にとらわれ、彼の掲げる展望からは、世界政治で進行している重大な変化が見落とされている。それ以外の説は現在にとらわれているため、その展望ではほんの束の間の現象しか説明できない。それは、彼らの描く世界地図が、現代世界のある一つの根本的特徴の副産物にすぎないことを、彼ら自身が理解していないためである。それは、アメリカのパワーの優越性である。

現在の地政学環境の特徴

本書が提示する世界地図では、現在の地政学環境の主たる特徴は、アメリカの優位性にある。国際システムの性質は、パワーの配分状況と、競合する極がいくつあるかによって決定される。なぜならば、大国はその性質から優越性を求めて争うからである。アメリカの力のおよぶ範囲を見れば、現在の世界には一つの極しかないことがわかるが、それはつまり、優越性をめぐる競争がないということである。一極世界がほかのどの形態よりも安定し、戦争へ向かう確率が低いのは、まさにこの理由による。一極世界とは、しばしば多くの国々が――ときには暴力的な形で――アメリカに思い起こさせるように、とくに平等主義の世界をつくるものではない。しかし、それは、大国の対立関係をなくすという意味では、すべての国にとって利益であろう。

結局、歴史上のもっとも大規模な戦争は、その時代の大国が優越性をめぐって争ったときに起きた。二〇世紀の流血の記録を思い出してみよう。第一次世界大戦は、ドイツが多極的欧州での覇権をねらったことから生じた。第二次世界大戦も、日本の勃興が東アジアを戦争に巻き込んだという点を除いて、ほぼ同様のダイナミズムから起きている。冷戦とは、二大ブロックがそれぞれ支配的立場を得ようとしのぎをけずり合ったものであった。大国が争うなかで平和の維持に挑むことほど、歴史を通して政治家をつねに苦しめてきたものはない。

対照的に、一極時代は、歴史のなかでもっとも平和であった時代と符合する。ローマ帝国の卓越性は、ヨーロッパと地中海世界に何世紀にもわたる平和をもたらした。もちろんローマの軍団は帝国の境界を拡張するために多くの血を流した。しかし、ローマ支配の拡大によって、潜在的なライバルは押さえ込まれ、結果的に、ヨーロッパの経済と文化が急速に発展した。一九世紀の大英帝国の覇権も、同様に平和と繁栄の時代に重なる。国際的な対立関係は、ほとんどの場合抑えられ、世界経済はより開放的で力強いものとなり、科学と産業が発達した。

アメリカの一極時代

われわれはいま、アメリカの一極時代にいる。アメリカは、世界のほかの主要大国を合わせたよりも多くの額を防衛に費やし、世界中の国を合わせたよりも多くの額を、防衛分野の研究開発に注ぎ込んでいる。アメリカ経済の規模は、ナンバーツーの日本の二倍以上ある。マイクロソフト、ゼネラル・エレクトリックなどの会社の市場価値は、多くの国の国家経済規模よりも大きい。ハリウッドはあまりにも圧倒的である。あのフランスでさえ、アメリカの文化的な魅力が、苦闘する自国のエンターテインメント産業をつぶしてしまわないように、アメリカのテレビ番組や映画への保護障壁を法制化せざるをえなくなった。このような非対称性の結果、大国間の競争は最小限に抑えられ、世界の多くの地域が平和を享受している。国境や宗教、民族をめぐる紛争はなくならないが、しかしそれらは一定の地域内にとどまる傾向にある。世界経済はすばらしい発展の時期を迎えている。バイオテクノロジーや情報システムの分野では、大きな躍進が定期的に起こっている。

現在の比較的安定した世界は、アメリカが自由にできる諸資源からのみ生まれたのではなく、それを用いようという意志からも生じている。アメリカは、世界のほぼすべての地域に関与し、紛争を収めてきた。アメリカ軍は、韓国を北の脅威から守り、中国と日本の緊張関係を抑え、中国を刺激することなく台湾の事実上の独立を支援することで、東アジアのぎこちない平和を維持している。アメリカはいまだにヨーロッパにかなりの数の軍隊を駐留させ、欧州大陸の安定を保証しようとしている。バルカン半島が一九九〇年代に民族紛争の犠牲になったとき、助けにきたのは結局アメリカであった。過去一〇年間のイラク封じ込めは、おもにアメリカの肩にかかっていた。アメリカは、二〇〇一年にアフガニスタンで、テロリスト・ネットワークとその支援者たちの責任追及の先頭に立った。さらには中東、北アイルランド、キプロス、エリトリアやそのほか多くの紛争地域において、アメリカ政府は、平和を希求する中心的なプレーヤーであった。

公然と表に出ないときには、アメリカは舞台裏から采配を振るい、ルールを決めてきた。NATO、国際通貨基金（IMF）、世界銀行、アジア太平洋経済協力会議（APEC）、世界貿易機構（WTO）などはすべて、多くのメンバーを抱えた複合的な機構であり、決定ルールを苦心してつくり上げてきた。しかしアメリカはそれらに対しても支配的影響力をひそかに行使している。クリントン政権は、NATOがメンバーシップを拡大すべきだと考え、数年後、ポーランド、ハンガリー、チェコの加盟式典がワシントンで行われることになった。中国は近年、WTO加盟に手をあげた。WTOには一〇〇を超える国が参加しており、それぞれが平等な発言権を有していることになっている。しかし、中国の加盟の可能性は、ある一つの問題に強く依存していた。それは、アメリカの上下両院が中国との永続的な貿易協約を承認するかどうかであった（二〇〇〇年に承認された）。アジア金融危機が一九九七年から九八年にかけて起こったとき、日本は、通貨安定のための特別なアジア銀行創設を提案した。せっかくだが、とアメリカ政府が日本に通告してきた。この問題は、ＩＭＦが扱うことになる、と。ＩＭＦはアメリカがほかのどの国よりも発言権をもつ組織である。

アメリカの優越性はまた、ほかの世界的トレンドから平和促進効果を引き出すことで安定を促進してきた。一極は上部構造であり、国際システムを形成する主要因を決定する。構造自体が安定を強化し対立を和らげるならば、二次要因もまた同様の効果をもつのである。

アメリカニゼーション

グローバリゼーションを考えてみよう。グローバル経済は、浮き沈みはあるにしろ、冷戦終結以降、急速に拡大し、貿易と資本の世界規模の流れに加わった多くの国々に繁栄をもたらしてきた。世界市場への統合は、それに続いて経済と政治の自由化を促進させる。しかし、グローバリゼーションのプラスの側面はアメリカのパワーとは切り離せない。アメリカが、国際経済をデザイン、マネージし、そして保証すること。このすべてがグローバリゼーションの魅力に大きく関係している。ドルは支配的な準備外貨である。世界のトップ一〇〇の企業のうち半分以上がアメリカ企業である。[63] アメリカ財務省は多くの国の経済に対して、その国の金融担当大臣よりも強い影響力を与えられる。グローバリゼーションとはすなわちアメリカニゼーションなのだ。

同じことが民主主義にもいえる。民主主義的な統治はもちろんほかのあらゆる選択肢よりも好ましいものであるし、固有の魅力をもっている。しかし、世界中で民主主義が席巻しているのは、世界の唯一の超大国が民主主義国であり、かつ狂信的な民主主義の伝道師だということが、少なくともある意味では理由として考えられるであろう。アメリカは意欲的な民主主義国に対しては、借款の供与やさまざまな種類の国際機構のメンバーシップを認めることで報いる。国務長官時代、マドレーン・オルブライトは民主主義こそが彼女の「道しるべ」であると宣言し、世界のすべての民主主義国を二〇〇〇年六月にワルシャワに招待した。[64] 他方で、民主主義体制への移行に消極的であったり拒否したりする国々は、制裁や孤立化に直面し、あるいはイラク、セルビア、アフガニスタンのようなケースでは、アメリカの爆撃を受けることになる。民主化もまた、アメリカニゼーションとは切り離せないものなのである。

人道的介入

一極体制のもう一つのポジティブな波及効果は、人道的介入である。アメリカとその同盟国は遠く離れた土地で起こっている流血や苦難をやめさせる機会を数多く見すごしてきた。一九九四年のルワンダでの大量虐殺に対して何もできなかったことは、おそらくもっともひどい事例といえよう。しかし、悲しいことだが、これが普通なのである。平和維持や人道支援を国是としている北欧の国々を除いて、ほとんどの政府は国家の安全保障が危機的な状況に陥らない限り、自国の市民の生命を危険にさらすようなことはしない。

過去一〇年の歴史がひときわ目立つのは、この理由からである。ソマリア、ハイチ、ボスニア、コソボ、東チモールといった相当数の事例で、国際社会は紛争をとめるために介入し、人道支援を行った。これらの努力はしばしば遅々としたものであり、功罪相半ばする結果であったとはいえ、少なくとも彼らは協力的であった。クリントン政権はまた、アフリカのエイズ危機をアメリカの外交政策の最優先課題にするために、最善を尽くした。

この気前のよさは、アメリカの過剰なパワーと、そこから生まれた世界的安定の産物であり、その時代を象徴するものであった。世界の主要大国は、相互競争という、昔からの関心事に悩まされることがなくなり、ほかの問題に注意を払うことができるようになった。当時のもっとも差し迫った安全保障上の脅威が、崩壊の瀬戸際でふらふらしている北朝鮮ぐらいしかなかったときには、東チモールに平和をもたらし、アフリカのエイズ拡散を押しとどめようとするのは不思議ではないだろう。

世界の風景を規定するもの

ニューヨークとワシントンへのテロ攻撃は、アメリカの優越性がけっしてその非脆弱性を保証するものではないことを明らかにしたが、しかし実際には、アメリカの浸透力をさらに確認する結果ともなった。アルカイダがアメリカに対して怒りの矛先を向けたのは、まさに、アメリカの遍在と富によって、アメリカがイスラム世界に降りかかるあらゆる不幸についての論理的なスケープゴートになったからである。サウジアラビアでの軍事的プレゼンスによって、アメリカは聖地を踏みにじる異教徒となった。イスラムの価値観と習慣を損なっているのは、アメリカ文化の退廃的な広まりのせいであった。パレスチナ人の苦境やイスラム世界をおおい尽くす極度の貧困について非難されるのもアメリカである。アメリカ一極時代が、宗教的狂信と社会的不満が混じり合って生まれた、復讐に燃えるイデオロギーの最高のターゲットに、アメリカを祭り上げたのである。その結果としてのテロ攻撃は破壊と衝撃をもたらしたが、しかしこれは、国際システムの基本的構造をなんら変化させるものではない。

したがって、アメリカの一極時代は、これからも世界情勢を規定しつづけるだろう。その結果、現在の地政学的世界地図には主要な断層線が存在しなくなる。テロは、攻撃計画が阻止され、実行犯が殺害または逮捕され、あるいは計画に必要な物資が枯渇《こかつ》したとしても、脅威であることに変わりはない。しかし、それよりもずっと危険な脅威である大国の競争関係は、いまのところ休止状態にある。アメリカはこの世界から相当の恩恵を受けているが、それはほかの多くの国々も同様である。これはよいニュースであろう。しかしまた悪いニュースも存在する。

アメリカの世紀

一極世界はいまたしかに存在しているが、しかしこれは長くは続かないだろう。数字はあてにならない。アメリカの経済力と軍事力はずば抜けたものである。その文化の浸透は尋常ではない。一九九〇年代後半、「美女と野獣」と「ベイウォッチ」［訳注：アメリカの人気テレビドラマ］が世界でもっとも人気のある番組の座を争っており、中国でのマイケル・ジョーダンの人気は毛沢東を上まわった。アメリカはまた、ベンチャーキャピタルと企業家精神が健全に結びつくことから生まれる革新によって、ハイテク革命をリードしつづけるようである。

しかし、将来を分析するものは、その予測にあたって、つねにある同じ過ちを犯しがちである。それは、現在に過度に依拠するということである。一九八〇年代後半、アメリカは衰退傾向にあった。日本がナンバーワンであり、その中央集権的経済はアメリカの統制のとれない消費主義を時代遅れなものとした。アジアの世紀がはじまろうとしていたのである。しかし、一九九〇年代後半までに、アメリカ・モデルにかけられていた嫌疑が晴れただけでなく、祝福さえ受けるようになった。アングロサクソン世界の自由放任マーケットが圧勝を収め、グローバリゼーションは、アメリカ的手法以外の選択肢をすべて消し去ってしまった。二一世紀も、二〇世紀と同様、アメリカの世紀となるであろう。

ここで問題となるのは、現在だけを切りとったスナップ写真は、未来のガイドにはほとんどなりえないということである。より有用なのは、歴史的なパターンと長期的な動向であり、それによれば、経済的優位性は、時代とともに、ある地政学的中心から別のところへと移動することが明らかになる。世界経済は、これからまちがいなく数多くの乱高下を経験するだろう。あるときにはアメリカは無敵に見え、次には下り坂ということもある。しかし、このような浮き沈みを経験しながら、徐々にアメリカの経済的優位は消え去っていくであろう。

パワーの拡散

二つのとめることのできない趨勢《すうせい》を見ると、アメリカの一極時代はあと一〇年ともたないであろう。趨勢の一つは、パワーの拡散である。優位性を永遠に維持できた覇権国など存在しない。時間の経過とともに、ほかの国々が追いついてくる。今日、このような経済力の拡散は、過去のどの時代よりも急速に起こるだろう。アメリカへの近い将来の挑戦者とは、追い上げに時間のかかる単独の国ではなく、各加盟国がすでに保持している目覚ましい経済資源の統合過程にあるＥＵである。個々に見れば、イギリスもフランスもドイツも、アメリカに追いつくことはおそらく不可能であろう。なぜならそれぞれの国が十分な人口と資源を欠いているからである。しかし、彼らの富を集結させ、一ダース以上もいるほかの欧州諸国の――おそらく、近いうちに復活するロシアも含むことになるだろう――資源を加えれば経済的巨人が姿をあらわすだろう。

もちろんＥＵは強力な中央政府をもった連邦国家ではないし、そうなることはないだろう。またヨーロッパは、その経済資源に匹敵するような軍事力をもっていない。しかし、五〇年にわたって経済と政治の統合に苦闘してきた結果、ヨーロッパは世界の舞台に登場しつつある。共通通貨をもった単一市場が達成されたいま、欧州全体の貿易と金融は、アメリカのそれと肩を並べるようになっている。ユーロはドルに押されてやや弱々しいスタートを切ったが、すでに立ち直りを見せ、世界の主要準備通貨の一つとなりそうである。さらに、ヨーロッパは共通の防衛政策を策定し、独自の作戦を遂行するのに必要な軍事力を獲得しつつある。

ＥＵの資源が増大し、ブリュッセルの統治機構が権限を拡大させるにつれて、影響力は大西洋の両側に等しく配分されるようになるであろう。ヨーロッパとアメリカは民主主義的伝統を共有しているかもしれないが、ヨーロッパが強くなりさらに統合を強化するようになると、ヨーロッパはその新しい地位にふさわしい発言権を求めるようになるだろう。アメリカが望むかどうかにかかわらず、ヨーロッパはグローバル・パワーの新しい中心になりつつあり、アメリカの影響力はそれにともなって縮小するであろう。

東アジア諸国が、ヨーロッパに平和と繁栄をもたらしたような統合の歴史的プロセスをはじめるには、かなりの歳月が必要だろう。しかし、この地域がもっている潜在的な経済力は強大である。日本はすでに、高度に教育され訓練された労働力、先進的な産業と技術の基礎、そして十分に発達した市場ネットワークをもっている。必要な改革さえ行われれば、長期化した経済停滞は驚異的な成長へと道を譲ることになるだろう。過去一〇年間、中国は毎年約一〇パーセントの経済成長率を記録してきた。世界銀行によれば、二〇二〇年までに「中国は世界第二位の輸出入国になっているかもしれない。その購買力は欧州全体を上まわる可能性がある。資本の受け入れと供給の双方において、世界金融市場への中国の参加規模はもっとも産業化の進んだ国々に匹敵するようになるだろう」[65]。二一世紀が進むにつれて、欧州同様に東アジアも、アメリカへの対抗勢力として登場するだろう。

アメリカの国際主義の変質

後々にではなく、近い将来に一極時代を終わらせるであろう第二の動向は、アメリカにおける国際主義の性格の変質である。一極世界は、優越性を享受するだけでなく、他国を同調させ、国際秩序を保証するためにその資源を使う用意のある国家が存在するかどうかにかかっている。もしアメリカが世界の最終保護者としての立場に疲れたならば、たとえその資源が最高の状態であったとしても一極システムは崩壊するであろう。

アメリカが、世界への関与――とくに多国間組織――に関心を失いつつあることは、国際環境の変化から直接生じたものである。歴史の大半を通して、アメリカは西半球の外での対立関係に直接関与することを避けてきた。その指導者たちは、遠くの土地での出来事に巻き込まれずに通商拡大を進めることが可能であると考えていた。重要な転機は、第二次世界大戦であった。ドイツと日本が世界的規模の侵略者となるのではないかという危惧《きぐ》から、新しい種類の国際主義が必要となり、ヨーロッパと東アジア双方で勢力を均衡させるためにアメリカの直接関与が要請されたのである。さらに、ソ連の脅威によって、二〇世紀の残りの時代、アメリカは大規模な海外へのコミットと組織的なかかわりを求められた。

冷戦が終わり、敵対する二ブロック間の断層線は消えた。主要な敵の存在しない世界で、アメリカは世界の守護者の役割を演じる必要性をもはや感じなくなるであろう。アメリカはその東西を大海に、南北を友好的な隣国に囲まれるという、防衛に適した自然の条件に恵まれている。このような条件下にあって、一八世紀の建国から一九四一年の真珠湾攻撃にいたるまで国際的な関与を抑制したのと同じ戦略的、政治的思考が、ふたたび目立ちはじめている。

アメリカの内向き傾向の徴候は、少しずつではあるが明らかになりつつある。民主、共和両党の指導者たちは、いつも通りに仕事を続けると見せかけながら、両者ともアメリカのリーダーシップと防衛支出を支持することで相手を出し抜こうとしている。九・一一のテロ攻撃は、世界覇権からのアメリカの撤退に待ったをかけた。しかしその間ずっと、政治の重心は、静かに、だが着実に、より制限された国際主義へと向かっていった。

ヨーロッパの守護者としてのアメリカ

過去五〇年間のアメリカ安全保障政策の核心であった、欧州におけるアメリカの戦略的プレゼンスについて見てみよう。アメリカはボスニアとコソボに介入し、ヨーロッパの平和維持者でありつづける意思を示した。しかし、表面下では、これとは違った事態が進行していた。民主的で豊かな欧州の平和については、自らの手でなんとかできるようにするべきだと、アメリカの市民と政治家たちが気づきはじめたのである。コソボ戦争に対してアメリカ上院が、欧州の防衛能力の「重大な欠点」を嘆き、EUに対して大西洋同盟内部の「全体的な不均衡」を修正するように要請する決議を全会一致で可決したのは、以上のような理由からである。[66]また、孤立主義者ではまったくないヘンリー・キッシンジャー元国務長官が、コソボ空爆のはじまる前に、「コソボへの（米軍の）派遣提案は、伝統的な解釈に従えば、アメリカの安全保障に対する脅威とは無関係である。……もしコソボが安全保障上の問題であるとするならば、紛争の結果、生じるかもしれない難民という理由から、それは、欧州にとってであろう。ハイチがヨーロッパにとって脅威でないのと同様に、コソボはアメリカの脅威とはいえないのである[67]」。空爆のみのアンビバレントなクリントン政権のコソボ戦争や、バルカン半島から米軍を撤退させたいというブッシュ政権の動向がはっきりと示唆《しさ》しているのは、ヨーロッパの主たる守護者としてのアメリカの役割が急速に終わりに近づいているということである。

アメリカの国際主義の消失は、政治の衰退の産物ではない。またそれは、過去において国の政策をひどく誤らせた、暗く、錯覚を起こさせるような孤立主義の復活を意味するわけでもない。それは、欧州やアジアでの覇権戦争ではなく、本土へのテロ攻撃こそが国家の安寧にとってもっとも緊急の脅威となっているような、時代と、アメリカの位置、そして戦略環境から生まれた論理的帰結である。政治が地政学的現実に追いつきつつあるといえよう。

同時に、国際主義の衰退は、危険な孤立主義へとつながる可能性もある。とくにアメリカの位置から生じる自然上の安全保障と、それを損なうようなコミットから撤退することでそうした安全を確保するという魅力、それに、建国以来アメリカの外交政策に影響を与えてきた孤立主義的制約などによって、アメリカの世界的役割が減少しすぎてしまう危険性をはらんでいる。アメリカが海外コミットを抑制するというのは、一つの問題ではある。それは不可避であるが、徐々に行うこともでき、また、それにともなうリスクを最小化するための準備を適切に進めることも可能である。しかし、世界情勢からアメリカが撤退するのは、まったく別の問題である。現在の世界の安定がアメリカのパワーと意志に完全にたよっているというまさにその理由で、それは悲惨な結末を迎えるかもしれない。

アメリカの単独行動主義

同様に懸念されるのは、アメリカの単独行動主義が増大することである。アメリカは、これから数年の国際秩序の維持に消極的になるだけでなく、関与するときには、単独行動主義的方法で行う可能性が高い。地球温暖化に関する京都議定書と、ＡＢＭ条約を例にとろう。ジョージ・Ｗ・ブッシュは就任直後の数ヶ月で、まず関係者に相談することもなく、アメリカがこの二つの条約から脱退すると宣言した。京都議定書の運命については、ブッシュは単独行動をする根本的な理由を隠そうともしなかった。「われわれは、自国経済を傷つけるようなことをするつもりはない。なぜなら、もっとも大切なのは、アメリカに住んでいる人々だからである」[68]。ＡＢＭ条約については、この軍備管理条約を廃棄する意図を明らかにしてから、政府は多くの国と協議を行った。しかしその後、ブッシュは、二〇〇一年八月、「われわれは、自らのタイムテーブルに従い、アメリカにとって都合のよいときに、ＡＢＭ条約から脱退するであろう」と世界に宣言するにいたった。[69] そして一二月、ブッシュはその言葉通りに行動した。

ヨーロッパの人々は、このような動きに対して、苦悩と怒りのまざった反応を示し、二〇〇一年夏にブッシュがヨーロッパをはじめて訪問したとき、その思いを大統領にぶつけたのである。あるプラカードには、「ブッシュは大気圏外へ、ミサイルはゴミ箱へ」[70]と書かれていた。フランス、ドイツ、イタリア、イギリスでその夏に行われた世論調査では、ブッシュの外交政策への強力かつ広範な反対が明らかとなった。およそ八五パーセントが京都議定書からのブッシュの撤退決定に批判的であり、ＡＢＭ条約を無効にし、ミサイル防衛システムを開発しようという彼の意図に対しては、七〇パーセント以上が反対した。七八パーセントが、ブッシュはヨーロッパを考慮に入れず、「アメリカの利益のためだけに」決定を行っていると回答した。[71] EUはたんにアメリカへの対抗勢力というだけでなく、アメリカに怒りをもった存在となりつつある。

過去と同様、アメリカの単独行動主義への性癖は、国際組織が国家の主権を侵害し、行動を制約するのではないかという恐れから生じている。この衝動が生まれた理由の一つには、冷戦という制約要素がなくなったことがある。選挙事情もまた意味をもっている。というのも、保守的な共和党員、とくにブッシュの主たる選挙区のアメリカ内陸部の人々は、単独行動主義的外交政策のもっとも強力な支持者だからである。さらにアメリカは、過去のようには自らの主張を押し通すことができないというフラストレーションから、単独行動主義に惹きつけられる。号令をかけることになれたアメリカは、他国がアメリカの指揮に従わないときには、自分だけでやることを好むであろうし、ヨーロッパやそのほかの国々は、力と自信をつけるにつれ、ますますアメリカに従わなくなるだろう。

二〇〇一年九月のテロ攻撃後、アメリカは多国間主義と国際主義を再発見したかに見えた。しかし、対テロ戦争は、持続的な同盟という性質のものではなかった。アメリカは印象的な同盟関係を急いでつくり上げたが、タリバンとアルカイダへの軍事行動はほとんど単独で行った。作戦開始から数日後、五六のイスラム国家がカタールに集まり、「われわれは、テロとの戦いという口実のもとに、いかなるイスラム・アラブ国家を攻撃目標とすることにも反対する」[72]というコミュニケを発表した。九月一一日以前にアメリカ、ヨーロッパ、ロシア、中国を分断していた諸問題が消えたわけではなかった。アメリカのイラクに対する孤独な戦争が明らかにしたように、それは一時的な連帯の名のもとに隠されていたにすぎない。テロとの長い戦いが続いたとしても、ならず者国家やテロ集団からの非対称的な脅威によって、アメリカは、ミサイル防衛、沿岸警備、国境管理そして本土安全保障の強化を通して、遠くの危険から自らを隔離することを求めるだろう。本土防衛が最優先課題となるにともなってアメリカでは、これまで以上にほかの任務から手を引き、海外における責務を軽減し、他国に負担増を求める傾向が強まっている。

アメリカのグランド・ストラテジーの課題

アメリカが向かっている単独行動主義と孤立主義の組み合わせは、危険なものになるだろう。ある日突然、アメリカは頑固でひとりよがりなやり方で同盟国から孤立するようになるかもしれない。次には、コントロールが難しくなった国際システムから手を引くことによって、彼らを見殺しにするかもしれない。山積する難問の解決に他国の助けが必要になったまさにその瞬間に、アメリカは世界での孤立に気づくのだろう。

アメリカと世界の国々が、新しく特異なアメリカ的国際主義に備えなければならないのは、まさにこのようなシナリオが現実のものとなる可能性からである。アメリカ政府にしてみれば、国民の支持を得られるような慎重で着実な国際主義を意図的に形成することは、単独行動主義と孤立主義の間を行ったり来たりするよりもはるかに望ましいことである。同様に、アメリカは同盟国に対して、できるかぎり長く現状維持にしがみつくという態度以上のことを期待しているという通告を行うべきであり、そうしてはじめて、ほとんど警告なしに関係を断ち切ることもできる。リベラル国際主義のこの新しい方向性を見つけ、国内で必要とされる国民の支持をとりつけ、安定を維持するために必要な国際組織を強化し、より対等なパートナーシップを自国と同盟国に準備するためには、アメリカはまず、その基礎作業をはじめなくてはならない。

欧州とアジアの勃興を、厄介なアメリカの国際主義の衰退と合わせてみれば、アメリカの一極時代が長くはないことが明らかとなる。アメリカの優越性や、その力を世界中に伝えたいという政治的欲求はピークを迎えてしまい、双方ともこの一〇年のうちに消えてなくなるだろう。一極世界が多極世界に変わるにつれて、いまはアメリカの優越性によって押しとどめられている戦略的競争が復活するだろう。もしアメリカの単独行動主義的衝動が抑えられなければ、それは非常に激しいものとなるだろう。アメリカの覇権がもはや安定したものでなくなれば、国際組織が効率的に機能するためにアメリカの指導力に依存している現在、グローバリゼーションと民主化のプロセスは弱体化する。その結果、地政学的断層線が、北米、欧州、東アジアの大国間にふたたびあらわれる。アメリカのグランド・ストラテジーの中心的な課題は、このような新しい断層線から生じる危険を管理し、飼いならすことになるだろう。

未来を導く世界地図

これに続く各章では、以上で明らかにした世界地図に基づき、これがなぜほかの地図と比べて未来のよりよき指針となるのかを説明する。しかし、先に進む前に、そのほかの世界地図のうちの三つを最初に除外することで、焦点を絞ることができよう。その三つとはハンチントン、ケネディとカプラン、そしてミアシャイマーの描く世界地図である。

①ハンチントンの弱点

文明は衝突したか

ハンチントンの世界地図にはいくつかの弱点がある。まずはじめに、過去一〇年にわたって、反アメリカを標榜する連合が形成される条件が、まさにこれ以上ないほどそろっていたにもかかわらず、ほかの文化が西洋と衝突するという主張を支持する証拠がほとんどない。アメリカがパワーの頂点にあり、先進民主主義国が世界のほとんどの地域よりもグローバリゼーションの恩恵を多く受けているのであるから、西洋への憤りは非西洋文明のなかに対抗同盟をかきたてたはずである。このような同盟が形成されていないことは、ハンチントンの見解にきつい一撃となっている。

正教会、儒教、イスラム世界のそれぞれから、一九九九年という年がどのように見えていたかを考えてみよう。アメリカはその軍事力をまさに世界中のあらゆるところで振りかざしていた。アメリカは、ロシアの口やかましい反対にもかかわらずNATOを拡大し、正教会ロシアの帝国喪失の痛みを激しいものとした。アメリカは、NATO軍を率いてセルビアとの戦いに参戦し、正教会スラブ世界へまたしても屈辱を与えた。さらに、NATOは国連の承認なしに行動し、法の精神とはいえないまでも、少なくとも法の文言には違反した。紛争の最中、アメリカ空軍機から発射された精密誘導ミサイルがベオグラードの中国大使館の一部をこなごなに破壊したが、その間アメリカは、中国政府の抑圧的行動と台湾への脅迫を非難していた。地球の裏側では、アメリカ軍機がイラクの標的を定期的に攻撃していたが、それは過去一〇年ほど続いてきたことであった。また、イスラエルのベンジャミン・ネタニエフ右派政権がパレスチナとの和平プロセスを台無しにしたときには、アメリカは、それほど熱心にとはいえないにしろ、彼らを支持する側にまわった。これはまぎれもなく、正教会、儒教、イスラムの人々の共通の怒りを引き出すものであったといえよう。

しかし、これらの傷つけられた文明は、怒れる反米同盟に結集しただろうか？ 残りの世界は、西洋との戦いに備え、その剣を研ぎ澄ましたのだろうか？ そう、まったく何も起こらなかったのである。ロシア人は、セルビアの同胞のために指一本動かそうとはせず、最後には、ミロシェビッチにコソボから軍を撤退させるように圧力をかけるのに、アメリカを手助けさえした。紛争終結後、数ヵ月もしないうちに、ロシアと中国の政府は、アメリカとの関係を改善しようと動き出している。さらに、ほとんどのアラブ諸国は、アメリカへの聖戦を組織するどころか、サダム・フセインと距離をとり、パレスチナ同胞を助けるためにほとんど何もしなかったのである。

文明の内部の問題

もしハンチントンの世界地図が正しいならば、いまはまた別の理由から、アメリカに対抗する文明集団を結成するときでもあろう。つまり、世界の発展途上地域は、もはや東西対立のターゲットではないからである。冷戦の間、アメリカとソ連は地域国家に代理戦争を行わせた。サウジアラビア対シリア、イラク対イラン、北朝鮮対韓国、日本対中国、エチオピア対ソマリア。冷戦は、似通った文化をもつ隣国と結び合うチャンスをしばしばつぶしてきた。アメリカとソ連はある同じ格言に従っていたのである。「分割して統治せよ」と。

ソ連が消滅するとともに、アメリカは地域紛争をあおるのではなく、解決のために仲介するようになった。とくにクリントン政権時代、アメリカの外交官は、地球上のあらゆる地域で紛争の仲介に関与していた。しかし、多くの地域紛争がやむことはなく、文化的類似という魅力は平和的効果も連帯的効果もほとんど示さなかった。朝鮮半島は分断されたままであり、政治的対立と民族的緊張がアフリカの多くの地域を苦しめ、イスラム世界は団結の兆しをまったく見せないどころか、中東諸国はしょっちゅう反目し合っている。つまり、冷戦の終結にもかかわらず、文明間ではなく、文明の内部により多くの問題が残ったのである。

ニューヨークとワシントンへのテロ攻撃は、多くの人々によって西洋とイスラム世界の間の衝突が近い証拠と考えられたが、じつはこの基本的解釈を確認したにすぎない。中東のほとんどの国々は、イランやリビアのような、アメリカに対する頑固な敵対者も含めて、テロを許すのではなく、この攻撃を公然と非難した。アフガニスタンへの報復攻撃の正当性を疑問視した同じイスラム会議が、アメリカへのテロ攻撃を非難し、テロがイスラムの教えにそむく行為であると主張した。イスラムの闘士からも尊敬されている権威ある人物を含むイスラム聖職者のあるグループが、ファトワ（宗教見解）を出し、テロ攻撃を非難するとともに、実行犯を捕らえるのを助けることはイスラム教徒の「義務」であると述べた。[73] ほぼすべてのイスラム諸国の政府にとって、アメリカに公然と協力することはリスクであるにもかかわらず、中東や南西アジアの多くの国々が、基地、軍事施設、領空をアメリカ軍が利用できるように提供を申し出た。そのような支援を見れば、テロ攻撃への報復としてアメリカがイスラム文明と戦っているというような考えは消え去るであろう。イスラムの人々を守るために、一九九〇年代に三回も、クウェートやボスニアやコソボでアメリカ軍が戦ったという事実もまた、文明の衝突という神話を否定するものである。

イスラム世界の内部分裂

オサマ・ビンラディンとその仲間のレトリックにもかかわらず、アメリカとイスラム過激派との戦いは、文明の衝突を意味するものではない。正反対に、中東で生まれるテロリズムをあおる最大の分裂は、アメリカとイスラムの間ではなく、イスラム世界そのもののなかにある。政権の非正統性、部族や派閥の対立、収入格差の大きさ、広がる貧困、歴史からとり残されてきたという感覚——これらがイスラム社会の不満の根本原因である。過激派集団や宗教的狂信者はこのような不満を食い物にし、それをアメリカや西洋に対する憎しみへと変えている。しかし、疎外の根本的な原因は、自分たちが育てた、政治と経済の停滞、そしてそれが生む社会の分裂なのである。

イスラム世界が反アメリカ感情を独占しているわけではないということが、この解釈を強化してくれる。アメリカへの憎悪はどこよりも中東に深く存在するであろうが、反アメリカの抗議行動は、フランス、ロシア、中国、あるいはラテンアメリカの多くの国々でも珍しいものではない。問題の核心は、アメリカの文化ではなく、パワーである。歴史上のすべての覇権国がそうであったように、優越性は反発をよび起こすのである。トップにいる国はつねに、とりわけ貧しい国、あるいは覇権国がとくに高圧的な行動をとる国からの不満のターゲットになりやすい。しかし、この憎悪は、内部的な分裂以上に強力なことはほとんどなく、そのため、文明間の衝突よりも、文明内の衝突をより大きなものにしてしまうことになる。

文明内部の和解と団結の著しい欠如には、一つの原因がある。パワーと安全保障についての関心による分裂効果が、通常、文化やイデオロギー上の類似性による潜在的な一体化効果に勝るのである。世界の紛争のほとんどは近隣国家間で起こっている。その理由は、近隣国はその近接性によって、しばしば互いの繁栄を脅かし、彼らが共有している文化や、民族性が生んだかもしれない類似性の感覚を圧倒してしまうからである。ある国家が敵を認識し、同盟国を選ぶとき、脅威は、文化やイデオロギーよりも強い決定要素となる。[74]

文化的な類似性をもつ国家間の潜在的パートナーシップは、安全保障上の競争関係によってたびたび侵食されてきた。シリアとエジプトは、汎《はん》アラブ主義の大志に導かれ、一九五八年にアラブ連合共和国を結成した。しかし、シリア政府は、エジプトのガマル・アブデル・ナセル大統領の影響力拡大を懸念し、一九六一年にこの合意を破棄した。イランとイラクの間でも同様に、イスラムの一体感は両国の戦略的対立関係を超えることができなかった。また、血族関係の意識でさえ、サダム・フセインのクウェート略奪をとめることはできなかった。パキスタンは、アフガニスタンのタリバン政権を何年にもわたって支援してきたが、アメリカと同盟して対テロ戦争に協力すれば、経済的、戦略的な利益を享受できるとの見通しに立つと、あっという間に政策を変更した。

同様の論理は、ほかの地域でも見られる。日本と中国は何世紀にもわたって文化的に結びついてきたが、この絆は、東アジアのこの二大国の間に横たわる政治的分断を改善するために現在、ほとんど役立っていない。同様に、文化的類似性よりも地政学的な関心のほうが強いという傾向は、まさに、勃興するヨーロッパと、その子孫であるアメリカが戦略的対立関係に陥りがちな理由である。競争関係が多発するであろうというハンチントンの説は正しいが、そうした競争関係は、文明間ではなく、大国のブロック間に生じるのである。

②ケネディとカプランの欠点

北と南の高い壁

ケネディとカプランの地図もまた、重大な欠点をもっている。発展途上地域、とくにアフリカが、差し迫った危機にさらされていることは疑いようがない。エイズ、飢餓、環境破壊、犯罪によって、この地域全体が荒れ地に変えられようとしている。映画『マッド・マックス』シリーズで描かれていた悲惨な無秩序が、まさに現実のものとなるかもしれない。

問題は、北の先進工業国が、発展途上国における苦悩と争いから自らを遮断できる力をほぼ際限なくもっていることである。アメリカは海外援助に対して、GNPの約〇・一パーセントという、ごくわずかな金額しか費やしてこなかった。それでも、毎年、議会でこのささやかな予算を通過させることは一大事であり、終わりのない論争と駆け引きを必要とした。

このような状態についての説明は単純なものである。ほとんどの発展途上国はごくわずかな産業的、財政的資源しかもっていないし、軍事力も同様にとるにたらないものである。そして、まさに彼らが経済的、戦略的にほとんど価値をもっていないからこそ、アメリカやほかの先進工業国は、彼らの苦境を無視することが可能であり、また、通常そうしているのである。たとえば二〇〇〇年の時点で、一五歳から四九歳までのボツワナ国民のうちの三六パーセントがＨＩＶ感染者であり、労働人口が壊滅状態にあることから、この国は本質的に崩壊を宣告されている。人道的悪夢としかいいようがないが、荒廃したボツワナは、経済的、戦略的な観点では、以前ほど問題にされることがなくなるであろう。ボツワナと西側との間には断層線は生まれない。なぜなら、この国はおそらく消え去るからである。

比較的大きな国が崩壊に向かうことがあるが、それは地域規模での不安定と苦境を生む可能性がある。しかし、過去そうしてきたように、先進工業国はこれに背を向けるであろう。難民の波が北を目指すだろうが、豊かな国々は彼らの行く手をふさぎ、本国へと送り返すだろう。そして、北と南の壁はより高いものとなるのである。

テロとの戦い

途上国の経済的、社会的混乱が、先進国に損害を与えたいと望む不満分子集団を生む土壌をさらに豊かなものにしてしまうというのは事実だろう。テロリストはすでに西側の障壁を突破する能力をもっている。大量破壊兵器の拡散の可能性は、将来のテロ攻撃がより深刻なものとなることを予測させる。そして、脅威を除去しようという最善の努力にもかかわらず、テロリストはときにはその存在を示すことができるのである。

したがって、南は、北にとって無視することのできない戦略的脅威となる。しかし、それは少数の個別の集団もしくはならず者国家から生じるものであって、発展途上世界全体から生まれるものではない。結果的に、アメリカはときどき、テロ集団やそれをかくまう国々を攻撃するだろう。アフガニスタンはまさにその事例である。しかし、これは、南北間の衝突ではなく、過激派集団や原理主義国家に対する個別的な攻撃でしかない。テロを根絶する闘いがある程度の成功を収めたとしても、その不確実で予測不可能な性質によって、南北間の障壁は存在しつづけるだろう。国境警備の強化、移民政策の引き締め、所属不明船舶を追い払ったり沈めたりする沿岸警備——これらは新しい地政学的断層線の徴候ではなく、南から迫り来る潜在的危険を遮断しようとして北が重ねた努力の証にすぎない。

さらに、もし南北の交流がおもにテロとの戦いという観点から考えられるようになると、そこには自滅的矛盾が生じる。アメリカは、テロとの戦いで、西側と同盟することに、より積極的な保守政権と手を結ぶことになるだろう。しかし、このような政権の多くは、サウジアラビアがいい例だが、地域の政治、経済的発展を阻害する深刻な存在でもある。つまり、アメリカの南との関係をテロ戦争として捉えると、それは、不満分子や過激派に道を開くような、非自由主義的政府や経済的不平等を強化してしまうというリスクを犯すことになる。西側がときおり、発展途上国に軍事介入することと考え合わせると、南北の分断を地政学的断層線と見なすことは、自己実現的な予言となる危険性がある。

過激派集団がアメリカに危害を加えるのを防ぐことは、国家にとって最優先課題であるべきだが、新しいグランド・ストラテジーや原則を立てるための基礎と誤解してはならない。そのような誤解は、テロリストに事実上の勝利を約束するものである。オサマ・ビンラディンは、アメリカが軍事国家となり、国内の自由を犠牲にするような事態を望んでいた。彼は、イスラム世界への軍事的報復の挑発を期待していたのであり、実際に、犯罪行為を新しい断層線や文明の衝突へと変えることに成功したのである。彼は、圧倒的な軍事優位がほとんど役に立たないような敵にアメリカを直面させることで、アメリカに挫折《ざせつ》感を味わわせ、後退させようと望んだ。しかし、アメリカはテロリストの術中にはまってはならない。テロとの戦いに必要なのは忍耐と警戒であり、新しい世界地図ではない。

南に差し迫った危機は、西側の注意と資源を引きつけることはまちがいない。しかし、南が全体として西側に突きつけているものは、人道上の緊急事態であって、戦略的脅威ではない。この戦いへ西側を関与させるためには、誤った地政学的議論を行うよりも、道徳的基盤で考えたほうがよい。もちろん北は、テロリスト集団がどこへ、いつ姿を見せようとも、鎮圧するために努力すべきである。しかし、西側が、発展途上国を、助けを必要としている苦境にある政府ではなく、テロの温床と見なすようになると、南北の分断は地政学的断層線となってしまうだろう。議会が中東やアフリカへの援助を承認するのは、アメリカの沿岸に押し寄せる絶望的な無秩序か、あるいは、アメリカに対して大量破壊兵器の照準を合わせている強大な力をもった怒れる人々の群れといったでっちあげられたお話ではなく、共感と罪悪感の混合によるところのほうが大きいだろう。北は、もちろん、眼前の苦境を防ぐためにできる限りのことをするべきである。しかし、それは、戦略的理由ではなく、人道的理由によるものでなければならない。

③ミアシャイマーの欠陥

本書の描く世界地図は、ミアシャイマーのそれと、分析的土台の多くを共有している。実際、リアリズムは共通の知的根源である。この根本的共通性によって、両方の世界地図は、世界の大国間で地政学的競争が最終的に復活することを予測する。しかし、ミアシャイマー流のリアリズムは、本書の各章で行われる議論を導くものとは、まったく異なっている。したがって、この相違を描き出すことで、彼の分析がどこで進路をはずれたかを概説し、この本の知的根源を明らかにするという二つの目的が達成できる。

リアリズムという競争論理

ミアシャイマーの分析の主たる欠点は、リアリズムという競争論理に対して、これを克服できないまでも修正する政治的選択の能力を認識できていないところにある。彼の世界地図を形づくる唯一の要素は、軍事力の配分と性質である。この出発点から、彼は多極世界の復活がもつ不利な地政学的結果を分析し、それに対する政策提言を行っている。すなわち、アメリカは、冷戦期の二極体制を維持するように努めるべきであり、それに失敗したときには、核兵器の拡散を推し進めるべきだというものである。ミアシャイマーの完全世界では、われわれに期待できる最善のものは、大国がバリケードの影に退却し、核兵器を互いに向け合い、戦争抑止のために相互破壊の脅威にたよるということである。

わかりやすさを追求する一方で、ミアシャイマーのリアリズムはあまりに単純すぎるものであり、したがって、彼の国際政治の説明はすぐに現実から乖離《かいり》したものとなる。本書のリアリズムは、極間の競争関係を常態と考えるが、それは、国際システムがその機能のままに行動するときに引きつけられる均衡である。歴史という反駁《はんばく》できない証拠から見れば、われわれにできることは、国際関係がこの状況に陥ってしまうのを見すごすだけではない。洞察力とリーダーシップこそが、システムをよりよい方向に導き、ミアシャイマーの世界では不可避とされる戦争を誘発するダイナミズムを相殺してくれる。

これを証明するには、それほど多くの事例を必要としないだろう。ミアシャイマーの現実主義によれば、アメリカの勃興は、当時の覇権国であるイギリスとの競争関係と衝突をもたらしていたはずである。しかし実際には、アメリカとイギリスは互いに譲歩し、調停によって紛争を解決することに同意し、強固な政治的結束を形成した。勃興する挑戦国と衰退する覇権国の間に戦争がなかったことは、相互抑止とはまったく無関係であった。同様に、ミアシャイマー流の現実主義の予言によれば、EUは、冷戦終結後のヨーロッパに起こるはずであった地政学的競争関係の犠牲となって、いまでは解体しているはずであった。現実に起こったのは、まったく正反対のことである。EUは成功を収め、東方へ拡大するにつれて、その集団的性質を深化させている。ドイツは、自己中心的な好戦性に回帰するのではなく、諸大国間の競争関係をほぼ消滅させるような「一つのヨーロッパ」実現の旗振り役となっている。

ミアシャイマーがこのような地政学的変化の事例を把握できなかったのは、まさに、彼の知的手法の欠陥のせいである。前世紀末のアメリカとイギリスは、互いにそれまでもっていた相手への認識を根本的に変えるような友好関係樹立を成し遂げ、二国間の戦争をほとんど考えられないものとした。EUがこのような現実主義の論理に抵抗することができたのは、ヨーロッパ諸国の国内的特質、統合と諸組織の調停的な役割、共通のヨーロッパ・アイデンティティの醸成による。これらはいずれも、ミアシャイマーの狭い概念枠組みの範囲外で作用する力である。理想主義のかけらももちあわせていないため、彼の現実主義は、これらの国際的な変化の根本的な原因を捉えきれないほど硬直化しているのである。

多極の復活という予測

ミアシャイマーは分析上の誤りによって、手近にあるチャンスを見落すような政策の提言を行うようになる。立ち向かうべき挑戦とは、勃興するいくつかのパワーの中心を分断するようなバリケードを上手に築くことではなく、一極の衰退によって生じる競争関係への移行に万全に備えることなのである。多極世界の復活が危険をともなうものであるという意味では、ミアシャイマーはまちがっていない。しかし、最初から負けを認め、核兵器にたよろうとするのは正しくない。そうではなくて、多極が復活するという予測は、概念的武装へのよびかけや、この新しい情勢がよび起こす競争的本能を抑えようとする緊急の努力の誘因となるべきであろう。現実主義の論理は影響力の大きなものであるが、しかし克服可能でもあるということが、ミアシャイマーの世界地図の有効性を制限し、また、本書の知的基盤かつ動機となる中心的な考察である。

フクヤマとフリードマンの議論はもっと複雑なものであり、彼らの民主主義とグローバリゼーションについての考察は、多極の登場が地政学的断層線の再現と世界的な競争関係の復活を意味するという本書の中心的な主張に対して真っ向からの挑戦となるものである。フクヤマは、心配することは何もないという。民主主義国家からなる世界は、それが多極世界であっても、温和で安定的な世界となるであろう。つまり、民主主義国家がお互いに地政学的紛争にかかわることはないのであるという。大国はそれぞれあまりに強く相互依存し、あまりに類似的で、またネットサーフィンにあまりに忙しいので、地政学的競争にかかわっていられないからである。フリードマンは、今日のグローバル化した世界では、多極は過去のような影響力をもたないという。

民主主義とグローバリゼーションの平和促進効果に自信をもちつづけている学者と政策決定者にとって、これは影響力のある議論であり、本書の世界地図とそこから生まれるグランド・ストラテジーを実行に移すためには、きちんと検討する必要がある。続く各章では、この作業を行っていく。

第三章 グローバリゼーションと民主主義

Paris, 2003. © Abbas / Magnum Photos

大恐慌を振り返る

大恐慌は、アメリカと世界にとって決定的な出来事であった。アメリカでは、一九二〇年代の自信と繁栄は、たいていのアメリカ人が予想だにしなかったほどの困窮と自信喪失に道を譲った。グローバル経済によって、ウォールストリート崩壊の衝撃はすぐにヨーロッパとアジアに伝播し、国から国へと景気悪化が拡大していった。国際貿易は急激に落ち込み、各国の貨幣は急落した。それに続く社会的混乱が、ドイツと日本で軍国主義とナショナリズムをあおるのに顕著な役割を果たし、この二国の攻撃的欲求は、やがて世界戦争を引き起こすことになった。

アメリカがふたたび、一九二九年の株価大暴落のような経験をすることはないだろうし、今日のグローバル経済は、一九三〇年代に比べると回復力が格段に増し、困難を切り抜けることができるようになっているといえるだろう。しかし、大恐慌を振り返ることで、現在への重要な教訓を見出すことができる。それは、一九九〇年代のマーケットの異常な上昇と一九二〇年代の危険な「にわか景気」がいかに類似しているかを示す。また、経済的な変化が予期せぬ政治的結果にただちにつながる可能性のあること、グローバリゼーションはもちろん万能薬などではなく、実際には、経済的な困窮を急速に拡大させる危険な媒介物になりうることを示している。さらに、民主主義のもろさだけでなく、民主主義とナショナリズムがゆがんだ方向に向かったときに起こる、数々の危険を明らかにもしてくれる。

I　過去を検証する

クーリッジ大統領の楽観

「一般教書を概観すると、今日ほど満足すべき展望のなかでアメリカ議会が開かれたことはない。国内には平穏と安らぎがあり、……繁栄の時代がこれほど長く続いたことはなかった。国外では、平和と相互理解から生じる善意が維持されている」[1]。このような快活な楽天主義は、ビル・クリントン大統領による八つの一般教書演説のどこかに出てきそうではあるが、しかしこれはクリントンの言葉ではなく、カルヴィン・クーリッジ大統領が一九二八年一二月四日に行った演説である。彼は、この演説を行った数ヶ月後に、株式市場の暴落がアメリカと世界を深い不況へと突き落とすことになるとは知るよしもなかった。国内では、繁栄と安らぎが貧困と絶望へと道を譲り、国外では、相互理解と平和がファシズムと戦争の犠牲となった。

しかし、一九二八年の時点では、アメリカは国内的にも対外的にも順調で、クーリッジによるバラ色の見通しは確かな根拠のあるものであった。アメリカ経済は二年以上にわたって好景気が続き、農業と工業の生産高はどちらもこれまで最高の状態に達していた。企業収益も軒並み増し、株式市場では未曾有の投資水準がもたらされた。一九二七、二八年を通して株価は急激に上昇し、この好景気は一九二九年まで続いた。この年の夏の三ヶ月、とくにアメリカのトップ企業の株はめざましい動きをした。ウェスティングハウスは一五一ドルから二八六ドル、ゼネラル・エレクトリックは二六八ドルから三九一ドル、AT&Tは二〇九ドルから三〇三ドルに、それぞれ上がった。

この株式市場の上昇は、無秩序なレベルの信用買いをかきたて、それがまた株の値上がりを促すことになった。信じられないほどの儲けの見込みに魅せられて、投資家たちはその投機を支えるために大きく借金をしていた。一九二九年の夏、ブローカーたちの借入金額は毎月およそ四億ドル増え、秋までにはトータルで七〇億ドルに達した。これは、一九二〇年代初頭のほぼ約七倍であった。資金需要が金利を押し上げ、多くの国際資本がニューヨーク市場に引き寄せられたため、ほかの信用市場が逼迫《ひっぱく》するようになった。貸出が積み重なりはじめたが、ニューヨークの銀行は連邦準備銀行から年利五パーセントで借り入れていたため、株式購入資金として一二パーセント以上の利率で貸し出すことができた。[2]

株価がその本来の価値を大きく超えて上昇し、信用買いが続いていたため、連邦準備制度理事会は当然不安を感じるようになっていた。夏期の値上がり前でさえ、理事会は商業銀行が「投機的貸出のために、あるいはそのような貸出を維持するために」連邦準備預金を引き出さないように警告した。[3] 市場は神経質になり、一九二九年春に株価上昇が一時的にとまった。しかし、理事会の沈黙と、銀行が投資家用の貸出準備を完了していたため、この小休止はすぐに終わった。アカデミックな専門家でさえ、いつもの警戒心を忘れていた。著名なイエール大学の経済学者、アービング・フィッシャーは一九二九年秋に、「株価は恒常的な高値安定ともいうべき状態に達している」と発表している。[4] ハーバード大学の経済学教授のクラブ、ハーバード・エコノミック・ソサエティは「一九二〇～二一年の深刻な不況は起こりえないであろう。われわれは債務の繰り延べには直面していない」と述べ、投資家を安心させた。[5]

株式市場の崩壊

投機バブルは一〇月にはじけた。抑制のない自信が野放しのパニックへ道を譲るのに、ほんの数日しかかからなかった。一〇月一九日土曜日と二一日月曜日の取引のなかで、マーケットは深刻な落ち込みをはじめた。崩壊の原因は、外貨の引き揚げ、信用市場の引き締めとブローカーの貸付の回収、そして株価の急落の可能性がウォール・ストリートでささやかれたことであった。その後、マーケットはその週に、ニューヨークのトップ銀行が株買い入れによって信用をとりもどす協調行動をとったことなどで、一時的に安定した。

一〇月二八日月曜日朝、売り注文がふたたび殺到しはじめた。今度は銀行は介入しないことに決めたため、売りは翌日も加速した。多くの株はどんなに値を下げても買い手を見つけることができず、株価は一ドル以下に落ち込んだ。売り注文の量と速さがすさまじかったため、相場の表示は数時間遅れとなり、投資家たちは、彼らの株価がどこまで落ち込んだか、ただ推測するしかなかった。ウェスティングハウスのような安定企業でさえ容赦されなかった。九月に二八六ドルだった株価は一二六ドルにまで下がった。今日のミューチュアル・ファンドに似た投資信託である、ゴールドマン・サックス・トレーディング・コーポレーションは、崩壊前に二二〇ドルだった終値で三五ドルになった。投機ブームをあおり立てていた貸付が、次々と返済を求められるようになった。マーケットは、トランプでつくった家のようにかんたんに崩れていった。

一九二九年の時点で株を保有していたアメリカ人は比較的少数であったとはいえ（一億二〇〇〇万の人口のうち、おそらく一五〇万人）[6]、株式市場崩壊の影響はすぐに国中を駆けめぐった。一〇月の暗黒の日々の前でさえ、アメリカ経済は過剰設備と過剰生産に苦しんでいた。賃金と物価は、供給と歩調をそろえていなかった。このような状況のなかで、ウォール・ストリート崩壊のデフレ効果は実体経済にすばやく波及した。信用は引き締められており、多くの人にとっては存在しないも同然だった。一九三〇年だけで、一三五二軒の銀行が倒産した。産業界は、生産、支出、在庫をカットし、何百万もの労働者をレイオフした。一九三二年まで、人口のおよそ四分の一が定期的な収入をもたなかった。[7]幸運にも仕事をもつものは賃金低下に見舞われた。アメリカ経済は着実に収縮し、国民総生産は一九二九年から三三年の間に三分の一も低下した。国民生産が一九二〇年代のレベルにもどるのは、一九四一年のことである。

通貨システムの破綻

ウォール・ストリートの崩壊は、アメリカを大恐慌に陥れた。そしてアメリカは世界を道連れにした。ヨーロッパの信用市場は好転したが、ニューヨークでの損失にいまだ浮き足だっていた銀行や投資家は、悲観的なビジネス環境のなかで適切な貸し手を見つけられずにいた。ニューヨーク株式市場の暴落の前でさえ、国際経済は農作物価格の低下、途上国での資本不足、ヨーロッパ経済成長の停滞に苦しんでいた。これにアメリカの大規模な経済縮小が加わり、国際貿易は一九二九年から三二年の間に六〇パーセント以上も落ち込んだ。[8] グローバル経済は、恒常的な下降スパイラルに入った。

事態を悪化させたのは、各国をおおっていた独善的な態度であった。この事態を食いとめるために協調して行動するのではなく、各国は国際市場に対する防波堤をつくろうとしたため、全体の危機状況を悪化させてしまった。最初に動いたのはアメリカだった。議会は一九三〇年にスムート・ホーリー関税法を成立させたため、海外で報復関税が多発した。一九三〇年代が進むにつれて、国際経済は、対抗的な保護貿易ブロックへと分割されていった。保護障壁は、政治家や国内生産者、あるいは労働組合にとって一時的な気休めにはなったかもしれないが、すでに破綻しつつあった国際経済に破壊的な影響をもたらした。

世界貿易システムを最初に崩したのはアメリカだったが、金融システムを最初に破綻させたのはイギリスであった。イギリスは一九三一年九月に金本位制から離脱した。それは当初、数ケ月間だけの予定で、それだけあれば、ポンドの緩やかな切り下げには十分であり、貿易を促進し経済成長を刺激してくれるはずであった。しかしポンドは三〇パーセントも下がりつづけ、世界の金融システムを大混乱させた。続いて日本がその年の後半に金本位制から離脱し、円はすぐに四〇パーセントも切り下がった。結果的にドル高が進み、アメリカの国際収支に不利益が生じたことで、アメリカ政府も追随することに決め、一九三三年に金本位制を放棄する。世界の経済大国のうちの三国が金本位制から抜けたことで、国際経済は実質的に管理するものがいなくなった。金融システムのアウトラインを描き、新しい為替レートを算出するために世界経済会議が開かれたが、アメリカは合意に従うことを拒み、国際経済の安定を犠牲にしてでも、ふたたび独自の道を歩もうとした。

国際経済をばらばらにした「生き残れるものだけが生き残れ」という精神は、すぐに政治の分野まで浸透した。苦しい時代環境のなかで、近視眼的な国家目標が、経済同様に安全保障の分野においても、長期的かつ全体的な福利を打ち負かしてしまう。同時代のある歴史家が記したように、保護関税とは「政治的孤立主義の、経済における現れである」[9]。大恐慌が、とくにドイツと日本で国内政治にもたらしたおそろしい犠牲という観点から考えれば、各国が自国のことだけを心配するのは、とりわけ危険だということがわかる。

ヒトラーの登場とドイツのナショナリズム

一九二九年の崩壊のかなり前から、ドイツ経済は八方塞がりの状況にあった。第一次世界大戦による破壊と、ベルサイユ講和会議で敗戦国ドイツに課せられた賠償金によって、迅速な復興はほぼ不可能であった。一九二〇年代初頭にはインフレが猛威を振るった。たとえば、一九二三年一月から一一月までの間に、ドルに対してマルクは、およそ一万八〇〇〇マルクから四兆マルクを超えるまでにはね上がった。店員は支払い金額をたしかめるために、札束の山を、数えるのではなく、はかりに載せるようになった。その当時それほど有名でもなかった国家主義的政治家アドルフ・ヒトラーは、平均的な自営業者の苦境について予言的な言葉を残している。「彼女の商売はめちゃくちゃとなり、その暮らしは完全に破壊された。物乞いするしかない。そして同じ絶望がすべての人々をとらえている。われわれは革命に直面しているのだ[10]」。

ドイツはその経済が疲弊していたため、ウォール・ストリートの崩壊と、それに続く国際貿易の縮少に対してとくに脆弱であった。失業者が増えはじめ、あっという間に国の失業保険基金は底をついた。あいつぐ危機を受けて、ハインリッヒ・ブリューニング首相は一九三〇年九月に選挙を行わざるをえなくなった。失業の増加とともにナチ党への支持は高くなり、ドイツ国会でそれまで一二議席しかもっていなかったナチスは、この選挙で一〇七議席へと躍進した。勢力を拡大していたナチ党からの圧力で、ブリューニング首相はより国家主義的な政策をとらざるをえなくなったが、これが外国資本の引き揚げを招き、さらに失業を増大させることになった。ドイツの銀行倒産が顕著になると、国際社会はドイツ経済を安定化させるための共同貸付を検討した。しかし、この計画はイギリスとアメリカの反対によって頓挫《とんざ》した。ハーバート・フーバー大統領は、アメリカの財政赤字が過去最高を記録するなか、ドイツ経済に割く時間も関心もほとんどもちあわせていなかったのである。

ドイツでのナショナリズムの勃興に恐れを感じるようになったイギリスとフランスは、一九三二年夏、それ以後の対ドイツ戦争賠償請求を実質的に放棄した。しかし、すでに手遅れであった。ドイツの工業生産は一九二九年以降四〇パーセント以上も落ち込み、労働人口の三分の一が失業していた。ナチスは激化する経済危機を利用しつづけた。大衆の意思（ナチスは一九三二年の総選挙で一九六議席を獲得していた）と舞台裏での工作によって、ヒトラーは一九三三年一月に首相となった。

彼はただちに再軍備を開始した。ベルサイユ条約は、ドイツ陸軍の兵力を七個師団、一〇万人に制限していた。一九三五年初頭、ヒトラーは三六個師団、五五万人の陸軍を要求した。ドイツの高まる野望と勢力は、反ユダヤ熱とあいまって、世界でも有数のコスモポリタン都市であり、二〇万人近いユダヤ人が暮らしていたベルリンを、ヨーロッパ・ユダヤ人の組織的絶滅計画のグラウンド・ゼロに変えた。

まちがえようのない注意信号にもかかわらず、フランス、イギリス、そしてアメリカはいずれも見て見ぬふりをした。経済的損失によって弱体化し自分のことで精一杯であった世界の主要民主主義国は、ヒトラーが再軍備、ラインラント進駐、オーストリア侵攻と併合、チェコスロバキア占領を進め、軍需品と軍事力を膨大にストックするのを、ただ黙って見すごすしかなかった。一九三九年九月にドイツがポーランドに侵攻してはじめて、イギリスとフランスは彼ら自身が次のターゲットかもしれず、宣戦布告する以外の選択肢がないという現実に直面した。それでもなおアメリカは、真珠湾で軍艦が沈められるまで、さらに二年間、戦争への直接的な関与を避けつづけた。

大恐慌と日本

東アジアでの一連の出来事は、顕著な類似を示している。相互依存的なグローバル経済によって、大恐慌は日本に伝播した。農作物価格の急落によって、この国の大規模な農業セクターは激しいダメージを受け、一九三〇年までに、米作農家の平均収入はすでに三分の一ほど減少していた。世界貿易の衰退と保護障壁の高まり――スムート・ホーリー関税はアメリカに輸入される日本製品の関税を平均二三パーセント上昇させた――によって多くの零細企業が倒産に追い込まれ、都市部では失業が増加し、労働不安をかきたてた。ドイツと同様に、経済的苦境が、まだ成熟していなかったこの国の民主的諸機構に迅速かつ重大な衝撃をもたらし、政党システム、指導者層、また経済を支配していた財閥の信頼を傷つけた。明治憲法に規定されたリベラルな諸原則は、伝統的諸価値への回帰、社会秩序、そして国家の強さを求める声にとって代わられた。

軍部は自らを、国家再生運動の先兵と任じた。名誉と自己犠牲という伝統的価値を信じる将校たちは、無能な政治家、腐敗した実業家、利己的な官僚によってもたらされた混乱から国を救おうとした。日本の大衆も、この大義に貢献しようと新しい愛国的団体や組織に参加した。国家の新しい使命を導くという名のもと、軍部は議会政治を攻撃し、国の支配権を政党から奪いとった。一九三二年五月、陸軍正規兵の一団が犬養毅《いぬかいつよし》首相を暗殺し、代わって海軍大将斎藤実《さいとうまこと》が政権を握ることになった。そのとき以来、将校たちは実質的に日本の支配権を握ったのである。

軍部の主導によって、日本の外交政策は表面的にも実質的にも、より攻撃的なものとなった。陸軍は一九三一年に満州を占領し、続いてこれを事実上併合した。これは、東アジアのほぼ全域へ日本の支配を確立するための第一歩であった。軍部の指導者は、すでに独自の権限で行動していた。南次郎《みなみじろう》陸相は政府に満州での事態の進展を知らせていたとはいえ、文民指導者に対して、陸軍は「内閣との協議なしに」行動でき、「彼が内閣の承認を求めるのは形式上のことである」とはっきりと告げていた。[11]一方、海軍も同様に文民統制に否定的であり、「南進」とアメリカ太平洋艦隊との対決に備え、大規模な軍備増強を計画していた。

世界の民主主義国は、ドイツが悪い方向へ進みはじめたときと同様に、軍部が日本を支配し、略奪への野心をむき出しにするのをただ眺めているだけであった。国際連盟は、日本の満州占領への共同対処を検討するために集まったが、一九三〇年代はじめの困難な時代には、日本の行動への非難決議以上のものは生み出せなかった。日本はこの非難に対して、国際連盟からの脱退をもってこたえ、ただちにアジア大陸へのさらなる侵略に突き進んでいった。国際連盟と、それが体現する集団安全保障の理念は、致命的なダメージを受けた。日本の侵略行為は、一九四一年の半ばにいたるまで、ほとんどなんの制約も受けなかったが、インドシナ侵攻と真珠湾への先制攻撃によって、アメリカとその同盟国には反撃以外の選択肢は残されていなかった。

大恐慌の教訓

したがって、大恐慌は、導火線の両端から火をつけたといえる。大恐慌は、ドイツと日本という未熟な民主主義国を無慈悲な侵略国に変えるとともに、安定した民主主義国を、互いに責任をなすりつけ合い、迫りくる悲劇を食い止めるために戦おうとしない、受身でうわの空の傍観者にしたのである。経済的なカオスは政治的堕落《だらく》になり、それが侵略国家を生み出しただけでなく、彼らが悪事を行うお膳立てをしたといえよう。

こうした歴史は、反省すべき教訓を与えてくれる。金融市場は、上昇するよりもずっと速く下降する可能性があることや、グローバル化した経済は、繁栄と同様に困窮をも簡単に伝播させること、そして、経済的な苦境は、国内政治と国際政治の双方に恐ろしい影響をもたらしたかもしれないことを歴史ははっきりと教えてくれる。もちろん、歴史は繰り返さないだろう。しかし、チャールズ・キンドルバーガーとジョン・ケネス・ガルブレイスというアメリカのもっとも著名な二人の経済史家が、大恐慌に関するそれぞれの古典的著作でいかに結論しているかは、考察に値する。

キンドルバーガーは一九七三年に、将来について彼がもっとも憂慮するいくつかのシナリオを示している。彼の第一の懸念は、「世界経済の主導権を争うアメリカとEEC」がグローバル経済の安定を損なうことであった[12]。いまや、欧州経済共同体は欧州連合となり、単一市場と共通通貨を達成し、地政学的野心を獲得しようとしている真っ最中であるから、キンドルバーガーは国際経済の将来的な安定性についてきっと安心するどころではないだろう。

ガルブレイスの主たる懸念は、アメリカそのものについてであり、アメリカがふたたびバブル景気とその崩壊という悪循環に陥る可能性であった。重要なことは、過去を思い出し、投機的バブルの源泉である自信過剰と過度の楽観主義を避けることであると彼は警告している。彼は一九五四年に次のように書いている。

爆発的な投機は、多かれ少なかれ免疫的な効果をもつ。その後の崩壊によって、投機が必要とする雰囲気そのものが自動的に破壊されるからである。投機は、したがって、次の爆発的な投機がすぐには起こらないという論理的な保証を与える。時間がたち、記憶が薄れることによって、その免疫効果はしだいに薄れていく。そして再発生が可能となる。一九三五年の株式市場でアメリカ人が投機的冒険に誘われる要因はなかっただろうが、一九五五年には、その可能性はかなり強くなっている[13]。

ガルブレイスが予測したように、アメリカの記憶は時とともにかすんでいった。一九九〇年代、投資家は、一九二九年以来見たことがないほどの危険な高値に株式市場をせり上げた。このもっとも最近の投機バブルは、すでに終わりをむかえている。何百万人ものアメリカ人が貯蓄を減少させたが、幸運にも、一九二〇年代のバブル景気後のような事態を見ることなくソフトランディングを果たした。

しかし、アメリカ経済に最近起こったことは、国際システム全体にも起こりえるであろう。アメリカ人が経済に関する歴史の教訓を簡単に忘れてしまったという事実は、彼らが地政学的問題についても同様のことをする可能性が十分にあることを示唆している。グローバリゼーションが、経済と地政学の境目をあいまいにし、断層線を永遠に消去するといわれる経済的相互依存を高めている現代において、このことはとくにあてはまる。しかし、一九九〇年代の株式市場ブームは一九二〇年代のそれとまったく同じように非合理的で危険なものであり、今日のグローバル化した経済は、その速度と範囲において、大恐慌を世界のあらゆるところに拡大させたときよりもずっと衝撃を伝播しやすくなっているという事実は、覚えておくべきだろう。

2　グローバリゼーション：万能薬か毒薬か

フリードマンのまちがい

トーマス・フリードマンは『レクサスとオリーブの木』の第一章で、自身のことを「気構えある旅行者」だと述べている。彼は、あちこち飛びまわり、見たことを伝えるという意味で旅行者である。また、彼に気構えがあるというのは、彼がある特定のレンズ、すなわちグローバリゼーションというレンズを通してすべてを解釈しようとしているからである。一九九〇年代後半、企業の重役室から人里離れた村まで（おもに前者であるが）、世界中を旅してすごしたフリードマンは、グローバリゼーションとは「ほぼすべての国家の国内政治と外交関係を規定する包括的な国際システム」であると結論を下している。[14]

グローバリゼーションについての主張のなかで、フリードマンは、新しい世界システムを計画しようとする人々がまちがいを犯すのは、「あまりにも多くを過去に、しかも過去のみに頼って、未来を予測しようとする」からだと論じた。しかし、フリードマンは正反対のまちがいを犯している。彼はあまりにも多くを現在に、しかも現在のみに頼って未来を予測しようとしている。その結果、彼は、歴史の試練に耐えられるようなひな型ではなく、過ぎ去る瞬間を写したスナップ写真を提示しているのである。

グローバリゼーションはきわめて新しい現象であり、この新しさが地政学的意味を徹底的に評価する際の根拠となっているというフリードマンの論点は正しい。貿易と資本の国際的な移動はかつてないレベルに達し、世界経済はこれまでになく相互依存の度を強めている。アメリカへの外国からの直接投資は、一九八五年から世紀の終わりまでに五〇〇パーセント以上増加した。アメリカのモノとサービスの輸出は、過去二〇年間に二〇〇パーセント以上伸びた。

グローバリゼーションはまた、質の面でも変化した。貿易と金融は何世紀にもわたって世界市場を舞台としてきたが、いまや生産活動自体がグローバルになっている。トヨタはアメリカで、フォードはメキシコで、フォルクスワーゲンはブラジルで、それぞれ、車を生産している。アメリカのソフトウェア開発者がシアトルで夜ぐっすり寝ているころ、インドのバンガロールにいる同僚が仕事のやり残しを引き継ぎ、できあがったプログラムを翌日の仕事のはじまりに間に合うようにメールで送る。生産拠点と知的資本のグローバル化は相互依存関係を高めている。インドネシアに数十億ドル投資している年金基金は一夜にして逃げ出すことが可能である。しかしインドネシアに二つの製造工場、調査開発研究所、何千人もの従業員を抱えるアメリカの会社は、その国の長期的な繁栄により深く関係しているといえよう。

インターネットと情報革命

インターネットと情報革命は、グローバリゼーションの性格を変化させ、より押しつけがましいものにしている。かつて世界市場は、金融と貿易の国家的中心となっている場所をつなぎ合わせることでおもに機能していた。ニューヨーク、ロンドン、フランクフルト、東京、香港《ホンコン》のような都市にいる銀行家や企業の経営者たちは世界的ネットワークでつながっていた。しかし、このような場所で働いていないほとんどの国民は、外国市場やその地元の代理人と直接的な接触はほとんどなかったのである。

CNN、携帯電話、インターネットの時代になって、状況は変わった。フリードマンがうまく説明したように、新しいテクノロジーは「個人、企業、あるいは国民国家が、これまで以上により遠く、より速く、より深く、そしてより安く、世界中にアクセスできるように」してくれる。[15]企業のエリートだけではなく平均的な市民ですら、いまや世界市場で働けるのである。情報テクノロジーの革命は、むしろそれに抵抗するであろう社会にまで浸透しつつある。上海《シャンハイ》は、携帯電話、インターネットの広告、放送塔であふれ返っている。それは、少なくとも名目上はいまだ中国共産党の管理下にある都市というよりは、未来映画のセットのようである。スロボダン・ミロシェビッチの失脚は、二〇〇〇年九月の選挙の前に反対勢力が、組織化と動員に携帯電話とインターネットを使っていたということが大きな理由であった。ミロシェビッチがどんなにがんばっても、情報のすべてのチャンネルを独占することは不可能であった。思想の自由な流通によって無力化された彼の政権は、すぐに崩壊した。

新しいテクノロジーは、国家に入ってくる情報を増加させるだけでなく、そこから出ていく情報も増大させる。どこかの国でほぼ毎日、スキャンダルが明らかになるのも偶然ではない。メディアやニューズレターを発行している多くの私企業による継続的な調査によって、秘密はほとんどなくなった。国際金融フローが、その規模やスピードにおいて、ほぼすべての国家を厳しい市場分析にさらすことで、国家がルールに従って行動することを促す。すなわち、その債券の評価が下がったり金利が突出したりしていないかを確認するのである。フリードマンの「黄金の拘束服」という概念は、グローバリゼーションが、開かれたビジネス慣行と適切な統治を諸国家に認めさせる力をもっていることについての適切な比喩《ひゆ》である。

したがって、彼の重大な過ちは、グローバリゼーションについての説得力のある説明にあるのではなく、彼の描く「包括的な国際システム」が、なんらかの別のシステムにいたるまでの束の間の移行期ではなく、将来の新しい世界そのものであるという想定にある。フリードマンは新聞記者であり、彼が見聞きしたことを書くのは当然である。しかし、彼のルポルタージュの表層を超えて、グローバリゼーションに対する温和な見解を広い歴史的視野のなかにおいてみると、彼の世界地図はばらばらに崩れはじめてしまう。

グローバル経済は安定か

一時的な繁栄とその平和促進効果を、より永続的な平和ととりちがえるという誤りを犯したのは、フリードマンがはじめてではない。一七九二年、著述家トーマス・ペインは「もし通商が地球規模で行われるならば、それは戦争のシステムを根絶するであろう」と書いている。[16] ジョン・スチュアート・ミルは一八四八年に「国際貿易のきわだった広がりと急速な増加は……世界平和の重要な担保である」といい切っている。[17] また、ノーマン・エンジェルは、そのタイミングの悪さという点だけからしても、おそらくもっともよく知られた楽観主義者だろう。一九一〇年、エンジェルは『大いなる幻想』を出版し、そのなかで、「占領の完全な経済的無益さ」によって大国間の戦争がまったく非合理的なものになったと主張している。エンジェルの主張では、「歴史においてかつてなかったほど」経済的な相互依存が進行中だという。それは、「速達郵便」によって可能になった状態であり、「電信によって金融や商業に関する情報がまたたく間に普及すること、そして一般的には、コミュニケーション速度が信じられないほど速くなること」であった。[18] しかし、一九一四年の夏までに、ヨーロッパは第一次世界大戦の苦悩に入り込んだ。

フリードマンの楽観論が、ペインやミル、エンジェルのそれと同様に幻想にすぎないと考えるのは、歴史の重みという理由からだけではない。グローバル経済が見掛けほどには安定的でないということは、すでに多くの証拠によって示されている。アメリカの株式市場は、たしかに一九九〇年代にかなりの強靭さを見せてくれた。二〇〇〇年後半にはじまった景気停滞に直面したときでさえ、過去一〇年間の市場パフォーマンスはこれまでで最高であった。しかし、この上昇は、経済的健全性と、政策決定者や投資家たちの卓越した能力と適切な判断のあらわれというよりは、不均衡と過剰の兆しであった。株価がその本来の価値を超えて上昇しているという強い証拠にもかかわらず、資金がマーケットに流れ込みつづけた。一九二九年の教訓にもかかわらず、ふたたび信用買いが横行し、過剰投機がはじまった。

連邦準備制度理事会議長のアラン・グリーンスパンと、アメリカ経済の底力のおかげで、危険な高値は、パニックに陥ることなく徐々に下がりはじめた。二〇〇一年九月のテロ攻撃によって引き起こされた大規模な相場の下落でさえも、秩序ある形で行われた。しかし、一九九〇年代の浮かれた日々は、当時の楽観論にもかかわらず、アメリカ経済を深刻なまでに脆弱にし、株式市場崩壊の危険にふたたび追い込んでいた。さらに、一九九七年から一九九八年にかけてのアジア金融危機が世界的な影響をもっていたことは、グローバリゼーションがときには繁栄の原動力となることはあっても、同時に、経済的な衝撃を伝播する役割を果たすことを明らかにしたのである。マレーシア、タイ、インドネシアという、経済的には比較的目立たない存在であり、世界の主要マーケットからは何千マイルも離れた三国ではじまった金融危機は、国際経済を媒介として世界中を駆けめぐり、もう少しで国際金融システムを破滅させてしまうところであった。

時代遅れの世界地図

たとえアメリカが長期的不況を避けられ、国際経済の適切な管理によって、各国を断続的に襲うであろう金融ショックの拡散を防いだとしても、グローバリゼーションが万能薬でないことはたしかである。グローバリゼーションがはぐくむ相互依存は、平和と繁栄を保証するものではないだけでなく、脆弱性と戦略的競争関係の原因ともなりうる。一九三〇年代、日本が地域の覇権への賭けに出たのは、結局のところ、自給自足を達成し、鉄鋼と石油の海外への依存を終わらせるためでもあった。さらに、グローバリゼーションは新しい富を世界の多くの地域にもたらしてくれるかもしれないが、同時に、国内および国家間の経済不平等を拡大させる。これは、反アメリカ感情を高め、過激派グループがアメリカ市民や領土に対して直接的な暴力を向けるのに一役買ってしまうようなスピルオーバー効果である。経済の新しい中心としてのヨーロッパの勃興もまた、グローバリゼーションの性格を大きく変えるかもしれない。アメリカは自らの思うようにグローバル経済を構想し、管理しつづけるだろう。しかし、ワシントンの政策決定者の影響力が衰え、それがヨーロッパ、最終的にはアジアに移っていくにつれて、一極支配にともなう安定は、グローバル経済の深刻な混乱にとって代わられるかもしれない。

したがって、グローバリゼーションの現実的な評価をするためには、フリードマンの世界地図を時代遅れにしてしまうであろう、二つのシナリオを直視しなくてはならない。第一のシナリオは、深刻な景気の下降がグローバル経済を直撃するというものである。一九九〇年代には世界経済を活気あふれるものにした光ファイバーや衛星、証券取引所などが、国から国へと今度は景気の下降を伝えてしまう。第二は、グローバル市場が最終的には回復力を発揮し、すばらしい成果を見せるが、回復にともなう成長とその政治的な帰結によって、そもそもグローバリゼーションにポジティブな効果を与えてきた諸条件を台無しにしてしまうというものである。

過剰投機の危険性

アメリカ経済の健全性評価は、当然、国家の経済パフォーマンスに影響される。雰囲気が重要なのである。景気下降時には、アナリストはあらゆる場所に問題点を見つけ出すものであり、景気上昇時には、いいニュースばかりが入ってくる。たとえば、一九八〇年代の停滞時には、手に負えないアメリカの経済的苦境で人々の頭はいっぱいになっていたが、一九九〇年代のめざましい成長によって、ほとんど抑えきれないほどの自信がアメリカ経済に生まれた。ダウジョーンズ平均株価指数がさらに高値をつけつづけることを予測する本が定期的に出版され、デジタル時代は、ついに景気循環の変動を克服したと宣言するアナリストもあらわれた。

そのような楽観主義は、毎年のすばらしい経済成長とあいまって、アメリカの株式市場に劇的な上昇をもたらした。一九八九年一二月二九日、ダウは二七五三、ナスダックは四五四で終わった。それが、一九九九年の一二月三一日になると、ダウは三〇〇パーセント以上も上がって一万一四九七となり、ナスダックはおよそ八〇〇パーセント上昇の四〇六九にまでなった。相当な利益をあげるという予測に魅せられて、そしてそれが現実のものになることによって、かつてないほどの数のアメリカ人が株に投資するようになった。この一〇年の終わりまでに、アメリカ世帯のおよそ半分が株を所有し、平均的な世帯の資産の四〇パーセント以上が株式で占められた。連邦準備銀行は、一九九九年終わりの時点で、アメリカ人の保有する株式は、前年比二六パーセント増の一三兆三〇〇〇億ドルと推計している。[19] 一九八〇年代初頭、ミューチュアル・ファンドの口座数は六〇〇万ほどであったが、一九九八年までには一億二〇〇〇万に増え、およそ一つの家庭で二つの口座をもっていることになる。[20] ４０１Ｋ年金計画の拡大と、多くの労働者が固定収入方式ではなく、年金を株式に投資することを選んだため、マーケットは急発展した。無限に続くサイクルが順調に進んでいた。投資家が株を買うことで株価を押し上げ、それによって投資家は、マーケットにさらなる信用と資金を注ぎ込むことになった。

しかし、繁栄のただ中にもかかわらず、一九九〇年代後半のマーケットは、一九二〇年代後半のそれにきわめて類似するようになりはじめた。株価の健全な上昇は、過去一〇年間の着実な経済拡張によってまちがいなく保証されていた。企業の収入、利益、生産性は上昇しつづけ、株価の値上がりは正当化された。しかし、マーケットは経済全体よりも速く上昇し、多くの企業の株価はその収益よりも急カーブで上がった。歴史的基準から見て、株価収益率は危険な値に達し、何百万ものアメリカ人は企業の潜在価値をはるかに超えた額面で株を買っていたのである。

これに警鐘をならそうとした人々も、少数だが存在した。イエール大学の経済学者、ロバート・シーラーは著書の『非合理的な繁栄』のなかで、「現在の株式市場は投機的バブルの典型的な特徴を示している。そこでは、実際の価値を堅実に評価するのではなく、おもに投資家の熱狂によって高値が一時的に維持されている」[21]と警告している。シーラーの主張の根拠になったのは、株価が収益に比べていかに高くなっているかを示すショッキングなデータであった。図1は、一九九〇年代に株価が、収益よりもずっと速く、急激に上昇したことを示している。図2は、株価収益率を追ったものであり、ここでも、歴史的基準から考えていかに株価が異常な値となっていたかが明らかにされている。株価がこれほど急速に収益とかけ離れたのは、一九二九年九月に三二・六に達した一九二〇年代後半だけであった（これはつまり、S&P株価指数にある会社の株価が、一株あたり平均、収益の三二・六倍で取引されていることを示している）。S&P指数の実際の価値は、次の三年間で八〇パーセントも減少する。二〇〇〇年一月、株価収益率の平均は四四・三に達した。[22]過去の事態の推移を考えれば、マーケットは明らかに危険な高値に突入していた。

期待と恐怖による変動

株価と実際の価値との乖離は、個々の企業の信じられないような運命を見ればはっきりする。マーケットの人気企業のなかには、実際には利益がまったくない企業もあった。オンライン書店であり、ミュージック・ストアでもあるアマゾンドットコムは、まだ収益を出すにはいたっていなかった。それにもかかわらず、その市場価値は、一九九七年五月に株式公開をしたときにはおよそ四億三〇〇〇万ドルだったが、一九九九年の終わりには三五〇億ドルを超えた。このような膨れ上がった値は、業績数字への異常な過敏さを意味するものだった。収益悪化の報告は、爆弾にも等しかった。二〇〇〇年九月二八日にマーケットの終了後、アップル・コンピュータは、第4四半期の利益が予想よりも約一〇パーセント下がるだろうと発表した。当該会計年度でアップルは、一株あたりの利益が一・八七ドルではなく、一・七一ドルになるだろうということである。もし株価が株価収益率に合致して動くならば、アップルの株価は一〇パーセントほど低下していいはずである。しかし、九月二九日の株価は、およそ五三ドルから二六ドルにまで下がり、価値を五〇パーセント失い、一九九〇年代初頭と同様の株価でその日の取引を終えた。マーケットが、健全な経済分析ではなく、期待と恐怖によって変動しているという、これ以上の証拠があろうか。

一九九〇年代のバブルは、ほかの厄介な側面からも、まぎれもなく一九二〇年代の強気のマーケットに似ている。二〇年代には、ダウ指数の上昇傾向が信用買いの急上昇をもたらした。借金のコストをはるかに上まわる利益の予測に引き寄せられて、一九九〇年代の投資家は株を購入するために借入に大きく頼っていた。ニューヨーク証券取引会員企業への負債は、一九九八年一二月から一

図１　1871年～2000年の株価と収益

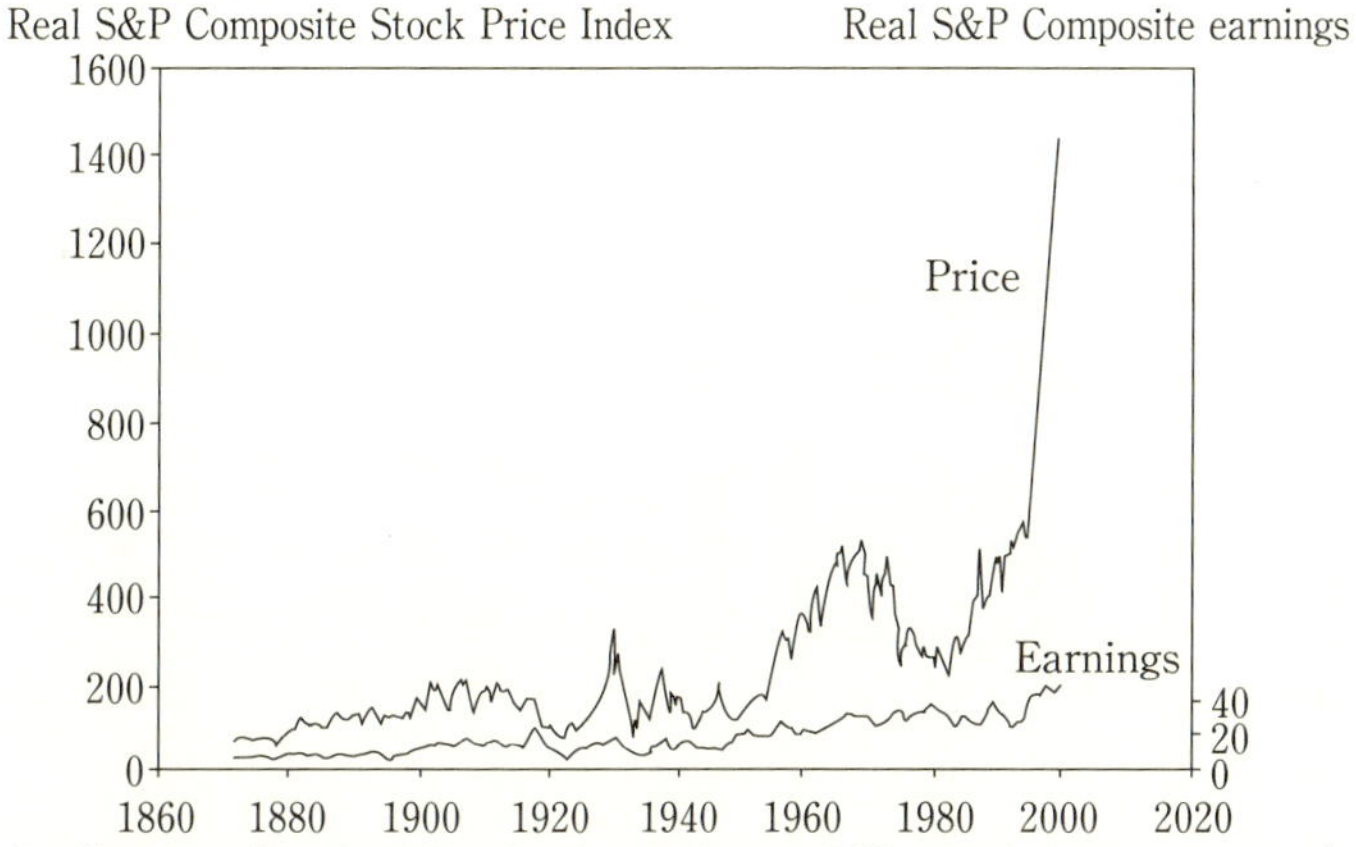

上の線は，1871年１月から2000年１月にかけての，月間のreal(inflation corrected) S&P Composite Stock Price Index. 下の線は，1871年１月から1999年９月にかけてのreal S&P Composite earnings.（出典：Robert J. Shiller, *Irrational Exuberance* [Princeton: Princeton University Press, 2000],p.6 ）

図２　1881年～2000年の株価収益率

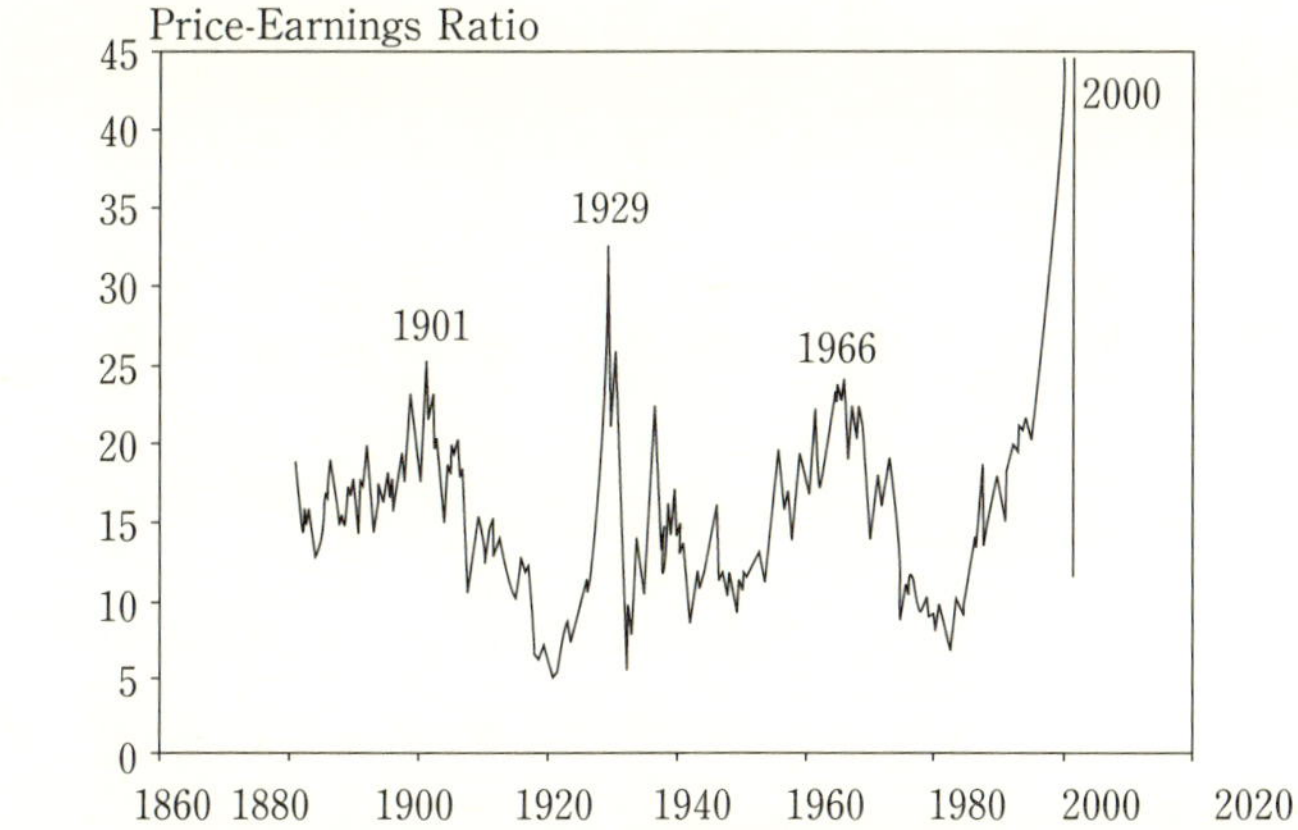

1881年１月から2000年１月にかけての，月間の株価収益率. Numerator: real(inflation corrected) S&P Composite Stock Price Index, January. Denominator: moving average over preceding ten years of real S&P Composite earnings. ピークの年が図中に示されている.（出典：Robert J. Shiller, *Irrational Exuberance* [Princeton: Princeton University Press, 2000],p.8)

で九九九年一二月までの間に六二パーセント上昇し、一三〇〇億ドルに達した。二〇〇〇年九月までに、証拠金負債はさらに一〇パーセント上がった（一九九八年の終わりから七八パーセントの増加）。二〇〇〇年三月、信用借し付けは消費者借入金の総額の一六パーセントであり、それに比べて九五年は七パーセントであった。オンライン証券会社のなかでは、証拠金負債が市場価値の割合として、一九九五年から二〇〇〇年にかけて四五九パーセント上昇したと推計されている。[23]ニューヨーク選出の上院議員チャールズ・シュマーが二〇〇〇年三月二一日の議会の銀行金融サービス委員会で述べたところによると、「今日、証拠金負債が株式時価総額全体に占める割合が、大恐慌以来もっとも高くなっている[24]」。

市場はふたたび借入金によって押し上げられており、債権者が懸念を強めれば崩壊の危険があった。二〇〇〇年春とその年の後半に起きたテクノロジー株の急落は、債務返却のために資産を現金に換える必要が生じた投資家が株を売却したことが理由の一つであった。ナスダックは、バーゲン・ハンターが介入したために結果的に安定したが、ほぼ四〇パーセント下落した。テクノロジー企業はとくに大きな打撃を受け、四月のはじめから五月の末にかけて、クアルコムは五五パーセント、シスコは三五パーセント、アメリカオンラインは二一パーセントの下げ幅を記録した。株の下落はその年の後半にふたたびはじまり、債務の回収がまたも急降下を招いた。翌年の四月までに、ナスダックはその絶頂期から七〇パーセント近く下げ、五一〇〇から一六四〇になった。春の下落を乗り切ったオラクル株は、二〇〇〇年九月から二〇〇一年四月の間に六五パーセント以上も下がった。アマゾンの市場価値は四月までに五〇億ドルとなり、一九九九年の終わりからは約三〇〇億ドルの下落であった。

国際的な不均衡の拡大

アメリカ株式市場のバブルと経済成長に刺激された資本需要が、外国資本の流入につながった点も一九二〇年代に類似している。世界金融へのアメリカ経済の影響は、実際のところ、スポンジのようなものであった。一九九〇年代初頭、経常勘定が黒字であった国（輸入よりも、モノやサービスの輸出が多い国）から、総資本の約二〇パーセントがアメリカの資本市場へ移った。一九九〇年代の終わりまでには、その数字はほぼ七〇パーセントにまで達した。一九九五年から九九年までの間、外国資本によるアメリカ企業債購入は三倍に、アメリカ株購入はほぼ一〇倍に増加している。九〇年代の終わりまでには、外国人によるアメリカへの金融的請求権はおよそ六兆五〇〇〇億ドルに達し、国債市場の約三五パーセント、企業債の二〇パーセントを占めていた[25]。外国の投資家は、アメリカ経済を非常に魅力に感じ、株式市場の好景気とバブルを支えていた。

しかし、アメリカへの世界的な投資集中は、コストもともなった。アメリカ市場のまばゆいばかりのパフォーマンスのなかに隠されてはいたが、国際的な不均衡の拡大によって、重大な衝撃に対するグローバル経済の脆弱性は高くなっていた。アメリカへ流入した資本の多くはヨーロッパからであり、一九九九年から二〇〇〇年にかけてユーロの価値が二五パーセント下落したことに影響した。ユーロ安はヨーロッパの輸出物を割安にし、すでに東アジア金融危機とその地域の通貨の切り下げによってふくらんでいたアメリカの貿易赤字を大幅に悪化させることになった。アメリカの貿易赤字は、一九九八年に一六七〇億ドル、九九年に二六二〇億ドル、二〇〇〇年には三七六〇億ドルにまで上昇した。

アメリカがこの貿易赤字を埋めるために外国資本に依存したことは、ドル高を招き、問題を悪化させ、悪循環を生むだけとなった。ユーロは落ち込み、さらなるユーロ安の可能性をヘッジしようと、ヨーロッパ人がアメリカに投資したため、ドルは強くなった。アメリカ貿易赤字は増加し、さらなる外国資本の需要を刺激したため、ユーロはさらに安くなる。このサイクルは、外国人投資家にとってのアメリカ経済の魅力とあいまって、アメリカがなぜこれほどまで外国からの投資に依存し、外国人投資家がどうやって、アメリカのGDPの六〇パーセントを超える六兆五〇〇〇億ドルもの金融的請求権をアメリカでもつようになったのかを説明する。これだけ多くの対外債務を短期で運用することによって、アメリカ経済は支えられ、日々の生活の質も向上したのである。しかしこの国は、その収入を超えた生活をし、将来の資産を食いつぶしつづけるような類の負債を蓄積していたのであった。

バブル市場には、もう一つ別の困った影響があった。アメリカでの年間個人貯蓄率は戦後最低を記録した。二〇〇〇年には一パーセントであり、一九三三年以来最低のレベルであった。生活レベルの拡大がすすめられた時代だったこともあってアメリカ人の貯蓄は少なかった。低貯蓄が成長を阻害するという効果は、企業投資と外国からの資本流入によって隠されていたが、アメリカ経済が鈍化するにつれて、企業は投資を控え、外国資本はほかへ向かうようになり、アメリカ人はここにいたって、消費好き、貯蓄嫌いの国民性の影響を認識しはじめた。

アメリカ経済は、一九九〇年代を通して世界のモデルと喧伝《けんでん》されてきたが、一皮むけば、深刻な危機にさらされていた。アメリカ株式市場は危険なまでに過大評価されており、その目もくらむような高さからの下落は、バラバラの一時的な売り攻勢によるものだったとはいえ、過去数年の記録を見れば、投機的バブルとその崩壊の可能性はあまりに明らかであった。同時に、巨大な貿易赤字とドルの過大評価の結果でもあり、また原因でもある対外債務が増加した。さらに悪いことに、この二つの経済的断層線は交差していた。株式市場が過大評価されたのは、外国人が直接投資をし、また、投資しやすい環境にするために信用市場に流動性を供給したからである。またドルが過大評価されたのは、株式市場が強く、アメリカの株、国債、債券に投資することがふさわしかったからである。もし株式市場とドルが同時に下がりはじめたら、一方の下落は他方の下落をさらに押し進め、双方とも大暴落にいたる可能性があるだろう。

不景気の伝播

株式市場と経済全体は、一九九〇年代の行きすぎからすれば、歓迎すべき落ち着きをとりもどした。二〇〇一年の春までに、S&Pインデックスの平均的な株価収益率は、危険性の低いところに落ち着いた。しかし、過去の例が明らかに示してくれるように、多くの予期しない展開が、比較的おだやかな環境を経済的大混乱に変えていたかもしれない。そして、苦境にあるアメリカ経済の影響は、グローバル経済全体に確実に波及していただろう。スピード、深度、範囲、そして低コストなどの、フリードマンが非常に魅力的だと考えたグローバリゼーションの特徴こそが、アメリカの不景気を残りの世界に驚くべき速さで伝えるのである。

ここに重要な問題がある。グローバリゼーションそのものは、グローバル経済のインフラ拡大によって可能になった中立的な現象である。好景気のときには、このインフラは繁栄と安定を、すばやく伝播させる。しかし、不景気のときにも、困窮と不安定を、同じようにすばやく伝播してしまう。グローバリゼーションの効果は、その伝導性の高く広いパイプのなかを何が通っているかによってすべて決まるのである。

われわれは東アジア金融危機の際に、混乱がグローバル経済を通して、いかに迅速かつ無慈悲に拡大するかを目の当たりにした。混乱は、タイで一九九七年半ばにはじまった。タイ経済が過大評価されオーバーヒートしているのではないかという懸念が生まれた結果、資本逃避が発生したのである。タイのバーツの価値はすぐに、約二〇パーセント近く落ち込んだ。フィリピンのペソが次に下落し、何週間もたたないうちに、マレーシアのリンギットとインドネシアのルピーが同じように下落しはじめた。ルピーは二ヶ月のうちに三〇パーセントも価値を下げた。危機は、秋には北東アジアにまで拡大した。台湾は一〇月に通貨を切り下げ、その後、香港ドルに対する投機がすぐに続いた。大規模な通貨準備と適切な管理によって、金融当局は通貨の価値を維持することが可能であった。しかし、そのために、銀行間貸出利率を三〇〇パーセントにまで引き上げることが要求され、それによって香港の株式市場は大暴落し、四日間で約二五パーセントも急降下した。韓国ウォンが次の犠牲者となり、一一月半ばまでに、一ドルに対して八五〇ウォンから一〇〇〇ウォンを越える値に下がった。

この危機の最初の原因については学者の見解は一致していないが、危機が迅速かつ広範囲に拡大したのは、まさにグローバル経済という効率的なパイプを通ったからだという点では完全に意見の一致を見ている。カリフォルニア大学サンディエゴ校の教授でアジア経済の第一人者であるステファン・ハガードは次のようにいっている。

経済統合をより強めるというプロセスこそが、危機発生の必要条件であったといえる。……このような危機がある一国で発生すると、競合的な通貨切り下げに対する懸念や多様な金融的連繋など、それが他国へと伝播するためのさまざまなチャンネルが存在している。……タイからインドネシアとマレーシアへ。台湾の通貨切り下げが一〇月の終わりの香港市場の大暴落へ。暴落は韓国から、ついで一九九七年の終わりには東南アジア市場へと反響していった。[26]

デフォルトに陥ったロシア

混乱はすぐに東アジアの外へ波及した。翌五月までには、世界中の投資家がロシアから撤退しはじめたため、株式と債券市場の急落を招いた。中央銀行は金利を一五〇パーセントにまで上げ、IMFは緊急融資によってルーブルと市場を支えた。しかしそれは一時的にすぎなかった。八月までには、ロシアの株式市場はふたたび下降しはじめ、今度はルーブルも同時に下げた。八月一七日、ロシア政府はルーブルの切り下げと対外債務の返済停止を宣言した。ロシアがデフォルト（債務不履行）に陥ったというニュースは、世界の株式市場を動揺させた。平均的ロシア人の日常生活への影響はすさまじかった。ルーブルは一ドルに対しておよそ六ルーブルから一八ルーブルへと下落した。貧困ライン以下で生活しているロシア人の割合は、一九九七年から九九年までの間にほぼ倍となった。固定収入で暮らしている年金生活者はとくに打撃が大きく、彼らの多くは、まだまともな生活を送っていた共産主義時代への回帰を叫んだ。

ロシアのデフォルトによって、世界中の新興市場が崩壊するのではないかという恐れが生まれ、投資家はラテンアメリカから資金を引き揚げはじめた。ブラジル中央銀行は、資本逃避を食いとめようと、九月に金利を五〇パーセントまで引き上げたが、投資家は資本の撤退を続けた。国際的な救済政策が市場を落ち着かせたが、これもまた一時的なものでしかなかった。ブラジル市場の混乱は一二月まで続いたため、政府は一月に通貨レアルを変動相場制へと移行させた。翌月になっても、レアルはドルに対して一・二五レアルから二・一五レアルまで下がっている。

アメリカでさえも、この危機と無関係ではいられなかった。一九九七年一〇月後半、東アジアの混乱が、(クリントン大統領が当初よんだような)たんなる「路上の故障」ではないことが明らかになると、ダウジョーンズ平均指数は五五四ポイントも下がった。それは、一日の下げ記録としては史上最高のものであった。ロシアの状況悪化に対応して、翌八月に急下落が起こった。ブラジルの災難はウォール・ストリートの懸念を深め、その結果、またダウを急降下させることになった。アメリカ最大のヘッジファンドの一つ、ロング・ターム・キャピタル・マネージメント(LTCM)が破綻寸前だというニュースが、さらに市場を驚愕《きょうがく》させた。ニューヨーク連邦準備銀行の後押しで、アメリカのトップ銀行と投資会社の連合がLTCMに三五億ドルの財政援助を決めたことで、やっと落ち着きがとりもどされた。連邦準備銀行当局と民間企業は、ＬＴＣＭが破綻すると、世界中のトップ銀行への債務ゆえに、国際的な銀行システムが大混乱に陥っていたかもしれないという点で一致した。アメリカ政府関係者は、一九九八年九月後半の時点で、世界の金融システムは流動性危機とメルトダウンの、数時間前とはいえないまでも、数日前の状態にあったと認めている。

これは、統合の進む世界市場に付随する、相互的で不可避の脆弱性を明らかにした恐怖のシナリオである。東南アジアの小規模な危機が、グローバル経済へと拡大し、アジアの奇跡をアジアの悪夢へと変え、ロシアとブラジルの通貨を使いものにならなくし、アメリカをほぼ屈服させたのである。この危機が好景気のときに発生したということが、この話をよりいっそう気がかりなものにしている。

脆弱なグローバル経済

グローバルな成長の時期であってさえも、国際経済は衝撃に対してこれほどまでに脆弱であるのだから、不景気であれば、いったい何が起こるだろう。たとえば、グローバル経済の周縁域であるタイではなく、その中核であるアメリカで危機が発生したならば、どうなるのだろうか。タイバーツとバンコク証券取引所ではなく、アメリカドルとウォール・ストリートが地すべりをはじめるだろう。投資家が損失を抑えるために、ドル建て資産を投売りしようとするので、暴落が加速する。その影響が外国の株式市場に拡大することをわれわれはすでに知っている。アメリカ株式市場は世界市場の約四〇パーセントを占めているため、外国為替は事実上、ウォール・ストリートから合図をうけている。もしダウとナスダックが下落すれば、ロンドン、フランクフルト、東京、シンガポール、そのほかどこの市場でも下落が生じる。それも、ほぼ瞬時に。ニューヨークのトレーダーがウォール・ストリートでの仕事を終えて帰宅するまでに、すでに東京で急落がはじまっている。東京の投資家がまだその損害を計算している間に、ヨーロッパの市場がすでに下落をはじめているだろう。

また、世界の中心ではじまる金融危機は、コントロールがさらに困難であろう。グローバル経済が一九九〇年代にかなりの安定を維持できたのは、アメリカの操縦によるところが大きい。アメリカが多かれ少なかれルールを決め、そのルールの執行と監視を行う機関を実質的に動かし、緊急事態の発生に対応していた。一九九四年にメキシコ経済がつまずきはじめたとき、ペソ安定のために介入したのは、アメリカであった。アジア危機が拡大しはじめたとき、事態を管理したいという日本の提案を慎重に断わり、責任を負ったのはアメリカ政府であった。そして、世界資本市場の悪化によってLTCMが破綻の瀬戸際にいたときに援助を組織したのは、ニューヨーク連邦準備銀行であった。財務省のロバート・ルービンとローレンス・サマーズのような人たちの適切な判断が、バブルの最中のアメリカが生んだ富の助けを借りて、グローバル経済への潜在的な脅威を押しとどめた。

しかし、よき時代とともに、ルービンとサマーズも去っていった。ジョージ・ブッシュが最初に選んだ財務長官であるポール・オニールは、国際経済の管理にまったく異なったアプローチで臨むと明言した。それは、マーケットのなすがままにするという非干渉戦略であった。オニールによれば、経済危機は「資本主義の失敗とはなんら関係のないものである。それは資本主義の不在が問題なのだ」。救済措置やそのほかの国際的介入への期待は、解決の一助ではなく、問題の一部である。なぜならば、リスクを減らすことによって無謀な行動を奨励することになるからである。「なぜ介入しなければならないのか？　とくに、危機的状況に介入しなければならないのは、なぜか？」とオニールは就任直後に語っている。[27] 彼はこれらの疑念に目をつぶって、二〇〇一年、トルコ、ブラジル、アルゼンチンへのＩＭＦ支援に同意した。しかし、もしオニールが一九九八年に指揮権をもっていたならば、東アジアの危機はさらに広範かつ重大なものとなっていた可能性は十分ある。

「生き残れるものだけが生き残れ」

経済後退期の真っただ中にあるアメリカは、国際経済を管理する哲学だけでなく、その政治をも劇的に変化させる。たとえ財務省が積極介入派の支配下にあったとしても、彼らの行動は、一九九〇年代とは異なった政治によって制約されるであろう。好調な株式市場と史上最高の財政黒字がなければ、アメリカ政府はペソ救済やバーツ安定のために資源を割くことにずっと消極的となろう。実際に、一九九七年、アメリカは国内の反対によって、アジア救済への貢献を当初は拒否したのである。アメリカが政策を変更したのは、危機の深刻さが明らかとなってからであった。

好景気の時代でさえ、このような消極さが政策を支配していたのならば、不況時にはアメリカ政府は、いったいどのように反応するだろう。かつての経済危機のときのように、国際経済から自国を隔離するため、アメリカは保護貿易政策と非干渉主義の貨幣政策にもどる可能性が十分にある。

これまでアメリカは、グローバリゼーションから大きな恩恵を被ってきたので、その主要な支持者であり管理人であった。しかし、アメリカが世界市場を受容してきたのは、その享受している恩恵の直接的な結果なのである。経済と雇用がともに着実に上昇しているときには、工場のメキシコ移転によって職を失ったアメリカ人労働者も、ときにはより高い賃金で新しい仕事を見つけることが難しくなかった。しかし、アメリカ経済が不景気となり、労働者がレイオフされ、条件のよい新しい仕事を見つけることができなくなれば、アメリカのグローバリゼーションへの熱意は弱まるだろう。不景気が広がり、グローバリゼーションが雇用や経済成長ではなく、失業と安価な輸入品の原因と考えられるようになるならば、アメリカはそこから最初に抜け出そうとするだろう。経済停滞の拡大は「生き残れるものだけが生き残れ」という精神とあいまって、世界経済をただちに混乱に陥れかねない。これがまさに、一九三〇年代に起こったことなのである。

時代遅れになる経済モデル

楽観主義者は、このシナリオが不自然だと考える。彼らは、われわれがいまやグローバル経済について十分な知識をもっており、アメリカが世界不況の発信源となった一九三〇年代の事態を繰り返さないための効果的な安全装置をもっていると主張する。金融市場の規制は、たしかに、その当時よりも改善されている。一九四〇年の投資会社法によって、今日のミューチュアル・ファンドは一九二〇年代の投資信託よりもずっと安全なものになっている。ブレーカーと自動制御装置は、とくに不安定な時代には、市場の乱高下を抑える働きをする。また、連邦準備銀行と証券取引委員会は、それがいかに不十分であろうと、信用買いを制限する方法を少なくともいくつか導入してきた。[28]

もちろん、そのような改善は助けとなっているが、しかし、歓迎されない事態につながるかもしれない、よく知られた過剰投資や知られざる弱点に対して市場に耐性をつけることはほとんどない。市場が好調なとき、グリーンスパン連邦準備制度理事会議長とルービン財務長官は、株価が危険な高値をつけるのではないかと心配していたことを認めている。一九九六年一二月、グリーンスパンは「いつ不合理な繁栄が、この一〇年の日本で起きたような予期しない長期不況につながるほど不当に価値をつり上げたのかを、どうしてわれわれが知ることができようか」と用心深く述べている。[29]ルービンは在任中はかなり慎重であったが、財務省を去るとすぐに懸念の声をあげた。「アメリカの株式市場が過小評価されているということもできるのかもしれないが、伝統的な基準による慣例からすれば、たしかに高値のように思える」とルービンは、二〇〇〇年六月に行われたチャーリー・ローズとのインタビューで注意深く語っている。彼はさらに続けて、アメリカ市場の強さは「一連の過剰投資が互いを支え合っている」結果であり、「本当の深刻なリスクは……ほとんどの人が金融に関する判断を行う際に過小評価されている」[30]と述べている。デイトレーダーへの証券取引委員会による規制と制御が、最悪の不安定さと投機過剰を緩和するかもしれない。しかし、実際の価値と株価を同調させることの大切さを見失ってしまった市場を抑えることはほとんどできなかった。

デジタル革命とその結果としての金融フローの速さと範囲はまた、市場の管理をさらに困難にしている。インターネットと「ニューエコノミー」はたしかに、グローバリゼーションと、そこから生まれる相互依存に貢献している。しかし、グローバリゼーションの新しさとすばやく変化する性質のせいで、最高の経済モデルや制御テクニックでさえも、それが実施されるときには時代遅れになってしまう。たとえば、LTCMでは、二人の著名な経済学者（ロバート・メートンとミロン・ショールは二人ともノーベル賞受賞者である）が、現在もっとも洗練された分析手法をいくつか使っていた。アメリカの最高の頭脳が、彼ら自身の会社を破綻に追い込むようなモデルを生み出したのである。

経済学者と政策決定者は、いずれも政策の基本問題に関して途方にくれている。東アジア金融危機の原因について、いかなる合意も存在していない。問題の核心は、経済の、とくに為替レートの管理ミスだと論じる専門家もいれば、投機とその悪影響が下降スパイラルをはじめたというものもいる。また、ＩＭＦの介入が、危機を緩和したのか、それとも悪化させただけなのかについても、合意はない。その抑制的な財政・金融政策が状況を安定させたと主張するものもいれば、ＩＭＦの反応が下落を深刻なものにしたというものもいる。[31] なぜロシアの経済改革がうまくいかず、経済を不景気に陥れたのかについても混乱がある。ロシアが民営化と自由化を急ぎすぎたという経済学者もいれば、その速度が十分でなかったというものもいる。このような意見の根本的な相違は、例外ではなく、よく見られることなのである。

次の経済危機にどう備えるか

基本的な諸問題についてさえほとんどはっきりしていない状況で、アメリカとその主要パートナーが、世界の金融構造の改革についてほとんどなんの進展も見ていないというのは驚くことではないだろう。グローバル経済は脆弱性に満ちており、不安定さを伝播させてしまう可能性があるということについては、官僚、エコノミスト、投資サイド、すべての意見が一致している。しかし、どうすればいいのかについては、だれもはっきりとわかっていない。グリーンスパンは、現在の金融構造の弱点についての懸念をふたたび率直に述べている。二〇〇〇年七月、彼は「グローバル・ファイナンスの拡大を加速させるためには……金融仲介のこれまでになく新しい形式と段階が必要とされているようだ」と嘆き、それに関して、「この新しいシステムに固有の安定性についての疑問」を提示している。グリーンスパンは、将来の不安定性を避けるための新しい金融メカニズムの創設を主張するなかで、「繰り返されることのありえない過去の危機をあたかも防ごうとするかのような金融のマジノラインをつくるのではなく、予測できない次の危機に柔軟に対応できるような諸機関をつくること」の必要性を訴えた。[32] しかし、彼は具体的な提案は示さなかった。

世界各国の財務担当大臣と中央銀行総裁が、危機管理・予防について進展をもたらそうとの決意のもと、二〇〇〇年秋にプラハに集まった。しかし、数日間の長い議論の後、彼らはなんの成果もなく帰路についた。「いまいえることは、多少は改良したというのがせいぜいであろう」とあるアメリカ人当局者は語っている。彼らが、将来の経済危機を管理するための機構づくりについて何か進展をもたらしたのかという点について、バークレーのバリー・アイケングリーン教授は「及第点をつけることさえ難しい」と述べている。[33] 国際経済についての著名な研究者であるプリンストンのロバート・ギルピン教授は、「国際資本移動と金融問題を管理するための効果的な規制を作成しようとする努力は、ゼロではなかったとしてもほとんど進展しなかった」と認めている。[34]

最新かつ、もっと即応性の高い世界金融構造が今後まったく必要とされないということも、もちろんありえる。しかし、その可能性は低いだろう。次の衝撃にどのように備えればいいのか誰もわかっていないが、それが遠い未来のものではないということについては、ほとんど疑うものはいない。アメリカは、一九九〇年代の主要な金融危機を制御するという難局に対処し、賞賛すべき仕事を行った。しかし、アメリカがグローバル市場の保護者としての意志や能力に欠けているときに、もしも大きな不安定状況が生じたならば、その結果はまったく違ったものとなるであろう。今日のグローバル化した経済では、災難はなんの警告もなく発生し、信じられないほどのスピードで拡大するのである。

グローバリゼーションが軌道をはずれてしまえば、地政学がもつ意味は、一九三〇年代のときとそれほど異なったものにはならないだろう。ロシアと中国の脆弱な体制は、経済的な衝撃によって、軍事的かつ国家主義的な体制に道を譲る可能性が十分にある。この両国は、大恐慌に襲われたときにファシズムの犠牲になった脆弱な民主主義国と類似する点をもっている。アメリカ、イギリス、フランス、ドイツ、日本などの世界のほかの主要国は、安定した民主体制を数十年にわたって享受してきており、過去の危険な政治に逆もどりすることにはおそらく耐性ができているだろう。しかし、これらの国々は、一九三〇年代にドイツと日本に対峙した大西洋の民主主義国のように、困難に直面したときに、少なくとも見て見ぬふりをする可能性は十分にある。

経済的相互依存の不確かな効果

たとえ自己規制的なグローバル市場が安定を維持し、経済的断層線についての前述のような議論が無用な心配であったことが明らかになったとしても、グローバリゼーションが平和と繁栄への確実な道であるという主張には異議を唱える必要がある。なぜなら、フリードマンがその平和促進効果についてかなり誇張しているからである。グローバリゼーションのもっとも有力な平和達成要因は、それが促進する経済的相互依存だとその提唱者たちは主張する。その基本論理はわかりやすいものである。二国間の貿易と投資が増加すれば、平和的関係を維持することへの相互の利益も大きくなる。つまり、グローバリゼーションは、平和の利益と戦争のコストの双方を上昇させる。相互依存する世界経済のなかの国家は、互いに対して武力を用いるよりもましな方策をもっている。

この論理は表面的には申し分ないが、地政学を考慮に入れたとたんに、この議論の説得力は弱くなる。経済的相互依存は共通の利益を促進するが、同時に共通の脆弱性も生じさせる。相互的な依存関係が、諸国家の動きを型にはまったものにするのか、あるいは恐怖と自立への欲求をあおりたてるのかは、その相互依存がどのような政治的文脈に位置しているかによる。信頼すべきパートナーとの貿易であれば、より深い経済的なつながりが自然に強化されていくであろうし、両者は最低のリスクで互いに利益を得ることになり、さらなる利益のために依存関係は維持されるだろう。しかし、潜在的な敵国との貿易では、相互依存の増加は、しばしば安全保障の低下といい換えられる。敵対的文脈においては、共通の利益ではなく、一方的な搾取の可能性が生まれる。

一九三〇年代に、まさに日本はこのような考えから、経済的な自給自足を目指し、結果として真珠湾攻撃にいたった。日本人は、アメリカからの輸入に依存することを、アメリカとの良好な関係の源泉ではなく、脆弱さだと考えた。ほかのすべての条件が対等ならば、相互依存の増大は望ましい。しかし、そのほかのすべての条件が対等であることはほとんどない。結局のところ、地政学的な要請が、つねに経済的な機会を圧倒するのである。もしそうでなければ、ペイン、ミル、エンジェルが正しかったと証明されたであろうし、戦争はとっくに時代遅れとなっていただろう。

歴史的記録はまた、たとえ国家が高度な経済的相互依存を生じさせるほど互いに満足していたとしても、結果的として生じるつながりは、永続的な調和を保証するものではないということを明らかにしてくれる。経済統合によって結び合わされた国際的な共同体は、驚くほどのスピードでほぐれてしまうことがある。第一次世界大戦前のヨーロッパを考えてみよう。ヨーロッパ内での貿易と投資は、国家経済の規模と比較すると、現在よりも一〇〇年前のほうが大きかった。ドイツはイギリスにとって、アメリカに次ぐ、二番目に重要な貿易相手国であり、イギリスは、ドイツの輸出市場としてトップの位置にあった。もし両国が戦争になれば、大英艦隊が沈めようとすることになるドイツの艦船の保険をいちばん引き受けていたのは、ロンドンのロイドであった。[35] 一九〇〇年代はじめの国境はフリーパスであり、ヨーロッパ人は、パスポートをもたずに、出入国管理に煩わされることなく自由に国から国へと移動していた。

しかし、このような緊密な相互依存関係は、ヨーロッパが急速に第一次世界大戦へと突き進んでいくのをとめることはできなかった。ドイツは、優位性を求めた賭けと、それに続く地政学的競争によって、経済統合から生じる相互利益をなんなく圧倒してしまった。経済の相互依存が一九一四年にヨーロッパを戦争から救えなかったのならば、グローバリゼーションが今日の安定的な平和を維持するためにもっと効果があると強く信じる理由はどこにもないだろう。歴史の示すところによれば、大西洋をはさんで流通する大量のモノと資本は、アメリカと勃興するヨーロッパの間の地政学的な競争関係を抑える保証にはならないのである。

近年の多民族国家の崩壊もまた、政治的情熱が経済的利害を打ち負かすことを証明している。一九九〇年代を通して、ナショナリスティックな熱情の覚醒《かくせい》の前では、経済的相互依存はほとんど意味をもたなかった。スロバキア人は、経済的困難に直面することが明白であったにもかかわらず、チェコスロバキアからの分離独立を求めた。スロベニア、クロアチア、ボスニア、コソボ、マケドニアは、経済的混乱が予測されたにもかかわらず、ユーゴスラビアからの分離を求めた。ボスニア紛争の終結以来、セルビア人、クロアチア人、イスラム教徒は、お互いに経済的なつながりを再建することを避けている。彼らは、敵と貿易するよりも貧困を選んでいるのである。旧ソビエト共和国の多くは、ロシア経済からの離脱によって深刻な困難に直面してきた。それでも彼らは、さらなる自立を求めたのである。相互依存が信頼を生むのか、憤りを浸透させるのかは、経済統合がどのような政治的文脈のなかにあるかに完全に依拠している。

情報革命の不確かな効果

情報革命の政治的意義を過大に評価することは、グローバリゼーションの平和促進効果をさらに誇張することになった。デジタル技術によって、国家が外部の思想から社会を隔離し、グローバル市場の浸透に抵抗することは、まちがいなくずっと困難になった。ファックス、携帯電話、インターネット、衛星放送やラジオ、高解像度の衛星写真などの発明は、同時に国家を情報で攻撃し、外部世界が国家の内部情勢を調査できるようになったのである。

この影響は深遠なものだった。ソ連の解体と冷戦の終結は、情報の流れを共産党がコントロールできなくなったことが大きな理由である。その結果、最後には、クレムリンの政治的腐敗とイデオロギーの破綻があばかれたのである。ミロシェビッチが引きずり下ろされたのも、同じく、情報の自由な流れによって人々の抵抗運動が盛り上がったからである。思想の自由な流れにじゃまされ、大きなダメージを与える前に主張をやめた人もたくさんいる。ロシアのウラジミール・ジリノフスキーやハンガリーのチュルカ・イシュトヴァーンのような危険なイデオローグは、過去一〇年ほど、ナショナリスト神話をいいふらすことで自らの政治的立場を高めようとしてきた。しかし、彼らは、このようなネガティブな政治的本能へのアピールを中和してしまう思想の自由市場によってじゃまされた。

このような幸運な事例はともかくとして、情報革命が、同じような考えをもった自由民主主義国からなる世界を生み出しつつあると考えるのは誤りであろう。新しい情報技術はミロシェビッチを失脚させるのに役立ったかもしれないが、同時に、ユーゴスラビア解体にともなう流血を激化させるのにも重要な役割を果たしたのである。ミロシェビッチとクロアチアのフラニ・ツジマン大統領は、ともに、ナショナリスト的情熱をあおりたてるためにメディアを容赦なく用いた。一九九〇年代の大半、メディアは民族浄化の道具であり、行きすぎへのチェックとしては働かなかったのである。[36]

中国では、インターネットと携帯電話が急速に普及している。しかし、共産党は統制を維持し、いくつかのウェブサイト（たとえば『ニューヨーク・タイムズ』紙のサイト）へのアクセスを遮断し、つねに電話を盗聴している。新しい遠距離通信技術が中東に平和をもたらしたということもない。携帯電話の使用は、アラビア半島の石油産出国でも普通になっているが、その結果、民主主義が普及したとはいいがたい。イスラエルはかなり以前から世界のハイテク中心地の一つだが、イスラエルとパレスチナの紛争は相変わらず膠着《こうちゃく》したままである。パレスチナ当局は、最新のデスクトップパブリッシングのプログラムを使って新しい教科書を用意しているかもしれない。しかし、もしこの教科書が中東紛争について歪んだ歴史記述で教えるならば、それは、疎外され、憤慨したパレスチナ人の次の世代をさらに再生産するだけでしかない。

ここでいいたいのは、デジタル革命は結局、不安定を促進する、ということではない。そうではなくて、ある環境のもとでの情報の自由な流れは、益よりも害をもたらすことがあり、ましてや、寛容と民主的統治の守護者などではないということである。新しい情報技術によって無責任な指導者は、悪意に満ちたイデオロギーを増殖させる手段を得た。そして、大規模な大衆動員に屈してしまうのは、ミロシェビッチのような人物に統治された不幸な国家だけとは限らない。もしアメリカと中国がある日、敵対的関係に陥ったとしたら、メディアが大衆の激情に訴えかけるようになることはまったく想像に難くない。二〇〇一年四月の、アメリカ偵察機の空中衝突と中国への緊急着陸のあと、米中両政府は、メディアが事故を国際的な危機に転換させてしまう危険性に十分に配慮して、この事故を意図的に軽く扱った。結局のところ、ハリー・トルーマンが一九四七年三月一二日の演説でトルーマン・ドクトリンを明らかにしたとき——ほとんどのアメリカ人がテレビをもつ以前のことであったが——彼は、それが後のマッカーシズムと行きすぎた反共産主義運動の土台となるとは、思いもしなかったであろう。情報革命の国際的な影響は、経済的相互依存のそれに似て、これらの技術が用いられる政治的な広い文脈に依拠するものなのである。

デジタル革命からの排除

世界人口のうち、新しいコミュニケーション技術を現実に使うことができるのは、ほんの少数にすぎないという事実は、情報革命の地政学的影響の恩恵をさらにかすませてしまう。デジタル時代は、地球村を誕生させたといえるだろう。しかし、その小さな村には、幸運にも国際市場につながった国に生まれた人々しか暮らしていない。現在、インターネットにアクセスできるのは世界人口の六パーセントにすぎず、そのほとんどが北米と西欧に暮らしている。持てるものと持たざるものの格差は日に日に広がっている。金持ち国に住む世界人口の五分の一と最貧国の五分の一の人々との間の収入格差は、一九六〇年の三〇対一から、九七年には七四対一になっている。世界人口の五分の四は、世界の収入の五分の一しか得られない国々に住んでいる。

世界の裕福な国々は、現在、北と南の間に巨大な不平等が存在していても、まったく問題なく暮らしていくことができる。地球の大部分がデジタル革命からこれまで除外されてきたことに、アメリカ、ヨーロッパ、あるいは日本ではだれも気にとめないだろう。同時に、この革命は、拡大する不平等についての関心を高める重要なスピルオーバー効果をもっている。発展途上国に技術が徐々に拡散していくと、先進世界にダメージを与えられる新しい能力が生じる。世界の石油供給のほとんどを支配していることが、これまで、北に対する南側の主要な影響力であった。しかし、究極的には知識が、物質資源よりも重要な武器となるだろう。

インターネットと情報利用の拡大は、大量破壊兵器とその運搬システムの技術的詳細を手に入れようとするものたちにとって事態を容易にしてくれるものである。インターネット自体は、それを発明し構築した国を攻撃することもありうる。ペンタゴンのネットワークに侵入し、マイクロソフトの最新ソフトウェアプログラムを使って、あるいは世界の情報インフラをめちゃくちゃにすることができるEメールのウィルスをばらまくことで（これらのすべては最近、実際に起こったことだが）、孤独で、不満を抱えたハッカーが、アメリカに多大なる損害を与えることが可能なのである。二〇〇〇年五月、二人のフィリピン人プログラマーが「ラブ・バグ」ウィルスをばらまき、二四時間以内に、世界中の一〇〇〇万台のコンピュータに感染し、一〇〇億ドル分のデータを破壊した。持たざるものは、とり残された憤りを発散させるために、過去にないほどの力を行使することができるのである。

国家内部の不平等

国家間の不平等と少なくとも同様にやっかいな問題は、国家内部の不平等の拡大である。多くの国には、いまや二つの分離した経済が存在している。一つは、選ばれた少数のための高く上昇する経済であり、もう一つは、それ以外の人々の、下落し、停滞した経済である。上海は携帯電話とインターネットの広告であふれ返っているかもしれないが、中国の人口の多くは、村民が基本的サービスさえ受けられないような内陸部に住んでいる。モスクワの大通りの一つ、トヴェルスカヤ通りには世界の流行の最先端の店が多く立ち並んでいる。しかし、それらは、外国人か、モスクワのウルトラリッチしか相手にしていない。この町に住むものの多くは、その日を生きるのに必死なのである。

一人当たりの収入では比較的豊かなイスラエルでさえ、かつてないほどの社会的分断に直面している。テルアビブの北の郊外にあるヘルズリーナは、ミニ・シリコンバレーになりつつある。イスラエルの人口の一部は、ここのハイテク部門で働き、インターネットに完全につながり、その便益を享受している。しかし、地域人口の多くは、イスラエル経済のこの部分からはじかれている。たいていの急進的正統派ユダヤ教徒は、グローバリゼーションとそれにともなう世俗化への関与を避けているし、北アフリカの国々からきたユダヤ移民たちには、ハイテク部門で働くために必要な教育のチャンスがほとんどなかった。そして、運のいいときには低賃金労働力としてイスラエルに入ることを許されているパレスチナ人は、羨望と怒りの入り混じった感情で眺める以上のことは何もできないのである。

このような不平等は、問題を続発させる可能性を秘めている。中国は、すでに、沿岸都市と農村内陸部の間の危険な分断に直面している。この二地域をつなぐ道や鉄道は貧弱で、社会的、文化的格差は拡大している。もし内陸部での生活が生存最低限のレベルにとどまる一方で、沿岸部が爆発的に成長すれば、中国の一体性が危機にさらされかねない。国家へのダメージを防ごうという認識から、中国は、すでに政治システムの自由化へ消極的となっており、このことは今度は、よりコスモポリタン的な都市住民の憤りを買う危険もある。

ロシアでは、共産主義の崩壊以来、生活水準が低下しただけでなく、人々は、あらたなエリートがかなりの国家の富をもち逃げするのを目の当たりにしている。ロシアから消えている資産は金だけではない。ロシア最高の頭脳の多くが、彼らの才能を生かせるような国へと移民している。労働市場のグローバル化によって、ロシアは、政治的安定の基盤としてどうしても必要な中産階級を確立することが困難になっているのである。そして、イスラエルでは、経済的不平等の拡大は、しばしば、民族の境界線に沿って生じており、アシュケナージ（東欧系ユダヤ人）とセファルディ（スペイン系ユダヤ人）を、宗教と世俗を、アラブとユダヤをそれぞれ分断している。その結果、イスラエル社会はとくに分極化が激しくなり、和平プロセスを進展させることがさらに困難となってしまっている。

不平等の憤怒

不満をもつものの怒りは、彼らよりも幸せな人々に対してだけでなく、グローバリゼーションそのものにも向かっている。マレーシアのマハティール・モハンマド首相は、大勢の人々を代弁して、世界市場によって押しつけられる不平等と困窮が国際金融業者たちの責任だと非難した。ロシア人の多くは、いまや、資本主義と腐敗を同一視している。ロシアの新しい寡頭《かとう》制支配者たちが、武装した護衛に守られて、ピカピカのリムジンでモスクワを駆け抜けるのを人々が見るとき、当然、金持ちは貧乏人を犠牲にして金儲けをしていると信じるのも無理はない。何百万ものモスクワ市民は、グローバリゼーションの恩恵に浴していないし、彼らが入ろうとも思わない店の前を通りすぎるときに、その恩恵のかけらを垣間見るにすぎないのである。その結果、のけものにされた人々は怒り、彼らはグローバリゼーションをアメリカと結びつけて考えているために、その怒りの多くは、アメリカに向けられることになる。

二〇〇一年九月一一日のテロ攻撃は、グローバリゼーションへのはね返りがどれだけ執念深いものになりうるかを明確に示した。オサマ・ビンラディンとその仲間は、多くの問題について怒っていた。それは、サウジアラビアへのアメリカ軍の駐留、西洋の文化的影響力、アラブ・イスラエル紛争、イスラム人民の貧困である。中東の諸国家間の不平等、そして中東と西側との不平等は、そうした怒りに対する絶好の温床となった。二一世紀のはじめに、世界の先進諸国の平均収入は二万七四五〇ドルであり、モロッコからバングラディッシュにいたるイスラム圏では三七〇〇ドルである。[37] 全体としてビンラディンの不満は、イスラム社会が歴史からとり残され、その人民と諸価値が衰弱させられてきたという感覚が広まることから生じたものである。そして、その使命は、この弱体化の原因とされるアメリカの経済力と軍事力に対して打撃を加えることであった。したがって、世界貿易センターとペンタゴンという象徴的な響きをもつものが攻撃の対象となったのである。また、この攻撃はほぼ全世界的に非難されたとはいえ、発展途上世界の多くに蔓延《まんえん》する反アメリカ感情の強い流れに乗ったのであった。

オサマ・ビンラディンはたんにグローバリゼーションと戦っているわけではなく、それを利用していた。二〇〇一年九月のテロ攻撃を実行したテロリストの多くは、ヨーロッパで教育を受けたハイジャックした飛行機を操縦したテロリストは、アメリカの飛行学校で十分に訓練を受けた。攻撃の計画にあたって、実行犯は連絡のため、しばしば公共図書館のコンピュータ端末からメールを送り合ったという。テロリストたちは、アメリカの穴だらけの国境と、緩んだ移民政策、近代的なコミュニケーション用インフラ、安全を犠牲にして効率性を高めている空港の乗り継ぎシステムなどを、驚くほど上手に利用したのである。

グローバリゼーションの否定的側面

フリードマンもグローバリゼーションのこの否定的な側面に気づいていないわけではない。実際、彼は、強大な力をもった怒れる人を、グローバリゼーション時代の産物であるとも、重大な脅威であるとも認識している。しかし、テロとの戦いを「第三次世界大戦に匹敵するもの」であり、その長期的な地政学的結果が「新しい秩序と分断」を生むだろうと宣言しているのは、やりすぎである。[38]テロ攻撃は、もちろん重大な損害をもたらすことができる。それは、恐怖、衝撃、憎悪を生み出し、テロを防ぐためには、強力な対抗手段が必要となる。しかし、テロとの戦いと類推するのに適切なのは、ナチス・ドイツやソ連との戦いではなく、麻薬戦争あるいは組織犯罪との戦いである。テロと地政学の関係は、強風と地理学の関係に似ている。それは、力強く、劇的かつ破壊的な要素ではあるが、表面的な特徴に影響を与えるだけで、基礎をなす構造上の力や断層線の位置には影響しない。

国家ではなく、犯罪集団がテロの実行犯であるということも、その地政学的影響の限界に関係している。もしグローバリゼーションが、個人ではなく、強大な力をもった怒れる国家を生み出したとしたら、それは、地政学的により重要な意味をもつようになるだろう。この観点も、残念ながら、完全には否定できない問題ではある。

国家やその市民は、世界市場の見えない力に敗北することは好まない。しかしそれは、世界の為替市場で平均して一日に一兆五〇〇〇億ドルがやりとりされるような国際経済の論理的帰結である。それは、世界貿易の一日の取引額の約四八倍であり、フランスの年間経済生産に匹敵する額である。[39] 国家やその市民は、彼らの福利が何千マイルも離れた国に住む見知らぬ人の恩義を受けることは好まない。しかしそれは、平均的アメリカ人が家にいながらにして、マウスのクリック一つで、海外に投資したミューチュアル・ファンドから資金を引き揚げることができるという国際経済の論理的帰結なのである。アメリカ人が、納税者や有権者である市民よりもマレーシア経済への発言力をもっているときには、グローバリゼーションには反民主主義的な効果があるという主張に論駁《ろんぱく》することは難しいだろう。

ここでの危険は、国家やその市民がグローバル経済を押し返しはじめる前に、あまりにも多くの打撃を受けてしまうのではないかということである。たとえ、ある国の経済が全体としてはグローバル市場につながっていることから利益を受けていたとしても、その国の当局者が、統制を失い、国内支持が急落していると見たならば、それを打ち切ることは十分ありうる。さらに悪いことには、中央集権化を進め、高圧的な支配をしようとするかもしれず、それは、あらたな権威主義国家の出現を招く危険がある。カール・ポランニーは、二〇世紀のファシズム台頭の古典的解説である『大転換――市場社会の形成と崩壊』のなかで、全体主義政府の起源を、金本位制と、それが国家をグローバル経済の予測不能で絶え間のない全面攻撃に、どの程度さらしてきたのかという問題にまでさかのぼって論じた[40]。それに付随する社会的混乱によって報復的な政治的反動が生まれ、最終的には、ドイツ、イタリア、日本においてファシスト体制という形になったのだと、ポランニーは説得力のある議論を行った。

今日のグローバル経済は、諸国に「黄金の拘束服」を強制することで、少なくとも二〇世紀初頭の市場と同様に押しつけがましいものになっている。この影響力のある性格によってこそ、グローバリゼーションは、リベラルな改革を促進し、すべての国家に自由放任主義経済を採用させるのである。しかし、その拘束服はまた、正反対に、経済ナショナリズムと戦略的競争関係によって動かされる、大衆扇動的で国家主義的な体制を生み出す可能性がある。グローバリゼーションの成功が自らの衰退の種をまくことも、十分にありうる。

アメリカニゼーションなしのグローバリゼーション

最後に、グローバリゼーションとアメリカニゼーションの関係についてとり上げよう。グローバリゼーション批判の多くは、グローバリゼーションに対するさらなる反動の可能性は、グローバリゼーションがアメリカニゼーションと分離できないという誤解から生じているとする。フランスの農家は、グローバル経済がフランスの伝統文化をだめにしているという抗議を、マクドナルドに投石することによって行った。反グローバリゼーションの運動家が、世界経済フォーラムに集まった経済エリートを攻撃するためにスイスのダボスに群がったとき、彼らもまた「黄金の門〔訳注：マクドナルドのこと〕」を標的にした。マハティールがグローバル投資家を非難したとき、彼はロンドンで働いている多くのヘッジ・ファンドのマネージャーではなく、ニューヨークのジョージ・ソロスを名指しした。オサマ・ビンラディンが攻撃するときには、彼はまずアメリカのターゲットをねらった。グローバル経済が進むにつれて、アメリカの経済、文化的進出は、グローバリゼーションをその場に押しとどめることに関心をもつものたちをよび寄せつづけるだろうと議論されている。

この点に厄介な問題が存在するが、しかし、これは一般的な理解からわかることとは正反対である。アメリカニゼーションはグローバリゼーションを妨げはしない。反対に、国際経済がこれほどの勢いで拡大してきたのは、まさにアメリカニゼーションと切り離せないからである。グローバル市場の強さと安定は、それを構想し、マネージしようというアメリカのやる気の直接的な副産物であった。世界の多くの国がある共通のビジネス慣行や経済イデオロギーのまわりに収束したのは、それらの固有の魅力のゆえではなく、その慣行やイデオロギーが世界唯一の超大国によって広められてきたという理由によるものである。アメリカはルールを設定してきたし、世界をそのイメージ通りにつくり替えるためにグローバリゼーションをあからさまに用いてきた。ほとんどの国がアメリカについてきたのは、それ以外に選択肢がなかったからである。現時点で国家は、（たまたまアメリカで仕立てられた）「黄金の拘束服」を着るか、情報ハイウェイの「路上轢死者」になるかのどちらかしかないというフリードマンの指摘は正しい。

この観点からすると、長期的にもっとも深刻な脅威は、グローバリゼーションとアメリカニゼーションのリンクではなく、この二つがすぐに道を分かつだろうという予測から生じる。テロの脅威によって、グローバリゼーションに対する反動から生じる反アメリカ感情を、あらたに、緊急に懸念しなければならなくなった。しかし、国際秩序へのもっと大きな脅威は、グローバリゼーションがヨーロッパとアジアの勃興を促すことで、アメリカ・モデルがその輝きを失いはじめるだろうという可能性から生じる。この二つの地域は、アメリカとは異なるタイプの資本主義を実践している。金融や産業と国家は、ヨーロッパとアジアではアメリカよりも密接にリンクしているし、アジアが投資と貯蓄に重きをおく一方で、アメリカは、見事に対照的に消費に重点をおく。ヨーロッパとアジアが力をもったとき、彼らはアメリカ的やり方の支配だけでなく、その論理にも対抗するだろう。マーティン・ウォルフが『フィナンシャル・タイムズ』紙で抜かりなく論じたように、「アメリカ的方法は成功したが、それだけが先進経済を体系化するために使える方法とはいえそうもない[41]」。

経済秩序の耐久性

パワーが世界により平等に分配されれば、国際金融システム、金融取引、モノとサービスの流れを管理する基本原則について、意見の相違がもっと出てくるだろう。そして、実質的には合意ができたとしても、リーダーシップとステータスをめぐる競争がもっと激しくなるだろう。国際経済を支配するだけの覇権国が存在しなかった戦間期が、ふたたびよい教訓を与えてくれる。アメリカ連邦準備銀行とイングランド銀行の政策の相違について、同時代の歴史家は次のように述べている。「政策問題についてのこのような相違の背景には、政治的競争関係もまた存在した。大英帝国とアメリカの特別な関係は、いつもそれほど特別であったわけではない。なぜならば彼らは、グローバル金融ネットワークの支配という問題に関していえば、ライバルだったからである[42]」。「アメリカとEECが世界経済のリーダーシップを張り合う」ことへのキンドルバーガーの懸念は、まったく正しいものだったといえるかもしれない。

地政学的風景と同様にグローバル経済も、すぐに、過剰なアメリカではなく、過小なアメリカという問題に苦しむことになろう。ヨーロッパとアジアが勃興すると、彼らのアメリカへの怒りは収まるかもしれないが、国際市場の安定性もまた低下するだろう。アメリカの卓越性はグローバル経済の最良の状態である。一極が衰退すれば、グローバリゼーションの有益な効果も衰えるだろう。

したがって、現在の経済秩序の耐久性は、錯覚にすぎないのかもしれない。アメリカ経済は、一九九〇年代の無敵さが誤りであったことを、すでに明らかにしている。たとえアメリカが、避けられないと歴史が示唆するような周期的な長期後退を回避したとしても、国際経済は富と影響力を他国に伝播させ、すぐに国家間と国家内部の不平等を拡大し、アメリカの卓越性やグローバリゼーションの制御能力を傷つけるだろう。どちらにせよ、フリードマンの世界地図は、すぐに時代遅れとなってしまうのである。

3　民主主義とナショナリズム

民主主義の平和促進効果

　グローバリゼーションがおだやかな未来を保証してくれないのならば、次にわれわれは、平和の諸要因についての一連の最後の議論、すなわち、フクヤマの主張する民主主義の平和促進効果についで見てみよう。フクヤマは、自由民主主義の達成が国家間戦争を世界から一掃する歴史の終着点となるという議論のなかで、多くの先行研究を引いている。イマニュエル・カントは、共和制政府の成立が「恒久平和」を促進する可能性をもつという点について、体系的な議論を構築した先駆者である。[43]現代の学者の多くはカントの着想にヒントを得て、「民主的平和《デモクラティック・ピース》」学派とよばれるものを形成している。[44]この学派は実際、アメリカの政策に重要な影響を与えており、ビル・クリントンは繰り返し「民主主義の習慣は平和の習慣につながる」と主張することによって、民主主義の輸出がアメリカの利益になるとした。[45]

　民主的平和論《デモクラティック・ピース》の支持者は、民主的な政府が平和をもたらすことは歴史が証明していると論じている。民主主義は一八世紀に受け入れられはじめたものである。現在世界には一二〇以上の民主主義国が存在し、かつ、暴力的紛争の事例には事欠かないにもかかわらず（過去一〇年間で、毎年平均二八件の大規模武力紛争が発生している）、民主主義国同士の戦争はいまだに起こっていない。学者たちは、この歴史解釈を支持するために、いくつかの論理的な説明を行っている。民主主義国家同士が戦争する傾向が減少するのは、紛争のコストを負担する大衆の反対（権威主義的国家と異なって、兵士は有権者でもある）と、民主的討論が中道的で穏健な政策を導く傾向にあるからである。加えて、国内で法の支配に従っている国家は、外交政策の実施においても、確立された行動規範を守る傾向にあるために、民主主義は、互いを尊重し、ある種の親和力を生じさせるようになるのである。

民主的平和《デモクラティック・ピース》学派の論者による歴史解釈の妥当性に反論があるのは当然であろう。[46] 単純にいって、決定的な結論を下せるほど、民主主義は長い歴史をもっているわけではない。二〇世紀の後半まで、民主主義国はまれな存在だったのであり、その間で戦争が起きる可能性は限りなくゼロに近いだろう。民主主義国間の戦争が見られないからといって、何かを証明したことにはならないのである。

さらに、問題となる歴史事例もいくつかある。アメリカとイギリスでの民主主義的な機構と慣例が当時まだ初期段階にあったとはいえ、一八一二年の戦争で両国は衝突している。一国内の紛争ではあるが、アメリカの南北戦争もまた、民主的な軍隊同士は戦火を交えないという命題に反する。これらの事例や、あるいはそのほかの疑わしい事例は、はっきりとした反証にはならないが、歴史事例の曖昧さは判断を保留する理由となるし、少なくとも、その主張の信頼性を減ずることにはなろう。過去の事例からは決定的な教訓は得られないので、民主主義の平和促進効果のもっとも適切な事例を得るためには、中道的政策を追求し、通常以上の相互信頼と親和力を養うという民主国家の傾向を論理的に議論するしかない。

まさにこの相互信頼の問題こそが、フクヤマの議論が民主的平和《デモクラティック・ピース》学派と交差するところである。

フクヤマの論理を思い出してみると、「自由民主主義によって、他者よりも偉大だと認識されたいという非合理的な願望が、対等だと認識されたいという合理的願望におき換わる。自由民主主義国で構成された世界は、したがって、すべての国家がそれぞれの正統性を互いに認め合うであろうから、戦争へのインセンティブが低くなる」といっている。[47] 民主主義が普遍的なものとなれば、満足した国家は互いの存在と尊厳をすべて認め合うので、最終的には戦争は根絶される。

フクヤマの誤認識

民主主義国家での諸個人の相互信頼と、国際システムのなかでの民主主義国家間の相互信頼を結びつけることで、フクヤマは、国内政治を平和に治める民主主義の能力は国家間の政治にも適応されると主張できるのである。これは鮮やかな分析手法であり、これによって彼は、自由民主主義が伝統的な地政学的競争関係を消失させ、したがって歴史の終わりをもたらすと主張したのである。しかし、フクヤマの議論には重要な誤認識もある。

たとえ完全に自由民主主義国から構成されるようになったとしても、国際システムは、それ自身は民主的でも平等主義的でもない。強力で豊かな国は、弱く貧しい国よりも国際問題への影響力が強い。アメリカとノルウェーはともに民主主義国家であるが、国際舞台での両者の地位と重要性はまったく平等ではない。中国は民主主義国ではないが、多くの民主主義国よりも強い発言力をもっている。国内とは異なって、国際システムには、一国一票を保証し、すべての国家の平等な権利を明文化し、公平で正当な統治の諸原則を構想するような憲法も権利の章典も存在しない。反対に、国際システムは気ままで不平等であり、民主主義統治によって従順化し、平等化する以前の国内政治にとてもよく似ている。

封建国家におけるのと同様に、国際システムの秩序は正義ではなく力に基づいている。世界は危険で、競争的かつ不平等である。世界政府の仕組みにもっとも近いところにいる国連でさえ、平等主義ではまったくない。国連安全保障理事会は本質的に大国クラブであって、常任理事国はほかのすべての国よりも大きな影響力を行使できる。国連の構想者たちは最初から、大国に対して、それが望む特権を認めるべきだと考えていた。そうしなければ、国連は無意味な存在に貶《おとし》められていただろう。そのような特権的地位にもかかわらず、アメリカは、国連で重要な役目を果たすことがほとんどなかった。なぜならばアメリカは、手続きや組織的チェックによって、行動の自由が制約されることを望まなかったからである。

自由民主主義は、認知と地位に対する人間の願望を十分に満足させるかもしれないが、しかし国際システムは、まさにそれが自由民主主義のルールで動いていないために、尊重と平等に対する国民国家の同様の願望を満足させることができない。国家は、その構成員であり統治者である人間とまさに同じ種類の願望を多くもっている。国家は、たんなる物質的快適さ以上のものを欲する。また、精神的な満足をも求める。そのような精神的欲求は、ナショナリズムの形をとってあらわれる。すべての国家に対して、それらが求める権利と地位を与えることができるような民主的な国際システムが存在せず、ナショナリズムによって、彼らは認知を求める闘争を継続するので、競争の特有の原因になるのである。

フクヤマは、ナショナリズムが彼のヴィジョンへの挑戦者になるということは理解していたようである。しかし彼は問題を回避し、現代世界のナショナリズムは勢いと、政治的重要性を失うだろうと論じた。フクヤマは「歴史後の世界は、いまだ国民国家に分断されたままだろう」ことは認めているが、しかし世界の「個々のナショナリズムは、自由主義と和解しているだろう」と主張する。[48]ここでフクヤマは、同時代のほかのドイツ人哲学者を無視して、ヘーゲルに大きく依拠している。ヘルダーやフィヒテ、あるいはそのほかの、現代ナショナリズムの父たちの意見を参考にしていれば、彼は、自由民主主義の到来とナショナリズムの高まりの間にある密接な関係を見ることができたかもしれない。[49]フクヤマが歴史の終わりをもたらすと論じたのと同じ政治的要因――自由民主主義――が、ナショナリストの熱情を動かし、結果として、自由民主主義の平和促進効果を否定するのである。

想像の政治共同体と国民意識

国民意識の誕生が合意政治の登場の論理的帰結であるというのは、ある一つの単純な理由による。普通の人々が政治に積極的に参加するためには、その国に対してなんらかの感情的なつながりがなければならない。個々の家族や封建領主に焦点を絞ったものでしかなかったアイデンティティや忠誠心は、もっと幅広いものにならなければならず、それがすなわち、人々の集団的意志を体現する国民国家であった。ナショナリズムはそのための道具として登場し、民族、文化、言語、歴史によってつなぎ合わされた想像の政治共同体をつくることとなった。この国民意識が根づいてくると、自由民主主義国家の結合にとって非常に重要な、アイデンティティや運命の共有が生まれることになる。それはまた、帰属意識と忠誠心を強く教え込むことになるが、これは、国民国家が祖国防衛に命をかけることをその市民に要求するようになるため、重要な意味をもっていた。大衆の徴兵は、その大衆が国家との一体化を感じることによって可能になった。それは、情熱と自己犠牲を呼び起こす集団的な使命に市民を駆り立て、国民レベルでの政治共同体の創設を強化する助けとなった。

フランス革命と、アメリカの連邦国家としての建国によって拍車をかけられたナショナリズムは、ときには過激に、民主主義とともに広まった。この二つは、一九世紀の双子姉妹であったといえる。ナショナリズムはそれ以来、近代民主主義の接着剤でありつづけ、合意政治の形成に重要な社会の結合と共通の目的をつくりあげた。国民意識は発展途上世界で根をおろすことで、自決権への要求が高まり、やがて植民地帝国の時代の終わりをもたらすことになった。

しかし、ナショナリズムはまた、有害な副作用をもっている。国家は、その正統性のイデオロギーを国民とその優位性に依拠するが、そのために、それぞれ固有の正統なナショナル・アイデンティティをもつほかの国々との競争関係に陥ってしまう。ある人々にとっての国は、結局、ほかの国と区別されることによってのみ意味ある政治共同体となるのである。ナショナリズムは、たんにどの共同体に人が所属するのかだけではなく、どの共同体に所属「しないのか」をも決めるのである。したがってそれは、お互いに線引きをして、当然のように、明確で利己的な国民のグループ分けを行うのである。つまりナショナリズムは、世界の第一義的な政治単位の源泉であり、また同時に、それらの間の競争の原因ともなる。ナショナリズムは国家内部の政治に平和をもたらすかもしれないが、国家間の政治においては正反対の影響をもたらすのである。

理想の国家

国民国家の登場以前、歴史上の大戦争は、おもに富と権力を奪い合うものでしかなかった。ナショナリズムの誕生以来、世界の主要な戦争は、イデオロギーおよび競合する理想の国家をめぐるものとなった。ナポレオン戦争、第一次、第二次世界大戦、冷戦――これらの大規模紛争は、ナショナリズムから生まれ、国内社会と国際社会の双方における秩序の形成について競合する概念を互いに競った。ユーゴスラビアの暴力的な解体は、国民意識が政治に浸透してできた世界で起きた、もっとも最近の事例にすぎないのである。

自由民主主義は、ナショナリズムなしでは機能できない。ナショナリズムは、神話的な国民意識との融合によって顔のない国家に生命を吹き込む重要な要素である。その結果、国民国家は、感情に訴える魅力によって、その市民を包み込むことができるようになるのである。しかし、ナショナリズムは、まさにそれが生命を吹き込んだ国民国家同士の競争関係の永続的な源泉でもある。フクヤマは、ナショナリズムの二つの機能が分離できることをわれわれに信じ込ませた。ナショナリズムが、対外的な競争の原因となることなく、国内的な社会の結びつきを保証できることで、「個々のナショナリズムは、ますます、私的領域においてのみあらわれるようになってきている」と彼はいう。[50]

しかし、これは不可能である。ナショナリズムは、その本質において公的な問題である。それは、私的分野と公的分野を結びつけるものである。もし、ナショナリズムがたんなる私的生活の一部になるならば、自由民主主義のイデオロギー的基礎を否定し、合意政治を実行可能にしている共同体意識や所属意識を台無しにしてしまうであろう。集団的で公的なナショナリズムは、自由民主主義の中心なのである。フクヤマが、この二つが分離できないということを理解できなかったことが、彼の世界地図の中心的な誤りである。自由民主主義とナショナリズムの消すことのできない関連は、歴史がすぐには終わることがないというおもな理由の一つでもある。

民主主義の拡大

民主主義は今後さらに拡大するかもしれないが、それは、世界の大国が彼らの国家的野心をぶつけることのできる非民主主義国家を見つけられなくなるということを意味している。しかし、ナショナリズムのロジックによれば、これらの民主主義国は、やがてその競争エネルギーを互いにぶつけ合い、民主的平和《デモクラティック・ピース》学説を熱心に擁護してきた多くの学者や政治家を失望させることになろう。ヨーロッパの勃興は、この観点からとくに問題を提起することになるかもしれない。ヨーロッパが、国家ではなく、地域を統合する新しい政治共同体の建設途上であることによって、EUは、新しく野心的な汎ヨーロッパ的ナショナリズムを普及させることが、必須ではないにしても望ましいと考えるようになるかもしれない。もしそうならば、アメリカとヨーロッパが忠実な友人でありつづけることを当然と考えることはできなくなる。フクヤマが人間活動の中心として正しく認識した認知と地位を求める闘争が、大西洋を介した結びつきをあらたな競争の軸に変えてしまう可能性がある。

民主主義には、少なくともいくらかの平和促進効果があるように見える。自由民主主義国間に大規模な戦争が起きていないことは、民主制が普及することで戦争がより起こりにくくなるという楽観主義に、決定的ではないにしろ、論拠を与えている。民主的平和《デモクラティック・ピース》の概念もまた、論理的魅力をもっている。民主主義国家は、その欠点がチェックされにくい独裁者や権威主義的支配集団によってコントロールされた国よりも、中道的かつ穏健で、分別のある体制である。さらに、オープンで透明性の高い政治体制は、閉鎖的で不透明な体制よりも、互いに緊密な関係を構築することが可能だろう。

問題は、民主主義の平和促進効果が、国際システムを反対の方向に進ませようとする傾向に勝つことができないであろうということである。ナショナリズムは、国際システムの構造変化と、その変化が生む地政学の構造的な諸力と同様に、民主的平和《デモクラティック・ピース》を圧倒しないまでも、それに対抗することはありうる。多極の復活が競争的本能を活発化させることは確実であり、それは、民主主義の恩恵を簡単に押しつぶしてしまうかもしれない。少なくとも、民主的統治の拡大が、アメリカの一極時代の終わりによって生じる地政学的緊張に対する十分な解決策と確信することはできない。

第四章 ヨーロッパの勃興

Europe, 2001. © Stuart Franklin / Magnum Photos

ヨーロッパの選択肢

ヨーロッパが極として登場し、その勃興がアメリカの一極時代の終焉を早めるという主張は、一般的理解とは異なった二つの理由に依拠している。一つは、グローバルなパワー配分の変化が生じる道筋についてである。ほとんどの学者は、不均等な経済成長が国際的変化の主たる原動力だと考えている。革新と生産の拠点は移り変わり、それによって、俊敏な新参国が疲弊した覇権国についにはとって代わることが可能になる。[1]

しかし、この説明は、今日の変化の主要因を捉えていない。ヨーロッパはすぐにアメリカに追いつくだろうが、それは、経済や技術の基盤が優位に立ったからではなく、すでにその構成諸国が保持しているかなりの資源と知的資本を統合しつつあるからである。ヨーロッパの政治統合はグローバルな風景を変えつつある。

一般理解に反する第二の主張は、ヨーロッパの勃興が対米関係に与える影響についてである。ほとんどの政策決定者や学者は一様に、大西洋西岸の民主主義諸国間の友好が永遠の真実であり、共通の歴史と価値観から生まれる不変のものと捉えているので、EUとアメリカが道を分かつかもしれないとは、ほとんど考えない。[2]

本書は、これとは異なった立場をとる。冷戦期を通して、アメリカとヨーロッパは「西側」という事実上一つの極を構成していた。価値観の共有が、この政治共同体の強靭さに貢献していたことはいうまでもない。しかし、ヨーロッパとアメリカがこの五〇年間ゆるぎない友人であったのは、ヨーロッパ人にはそれ以外の選択肢がなかったという理由にもよる。ヨーロッパは、ソ連を防ぐためにアメリカの助けを必要としていた。アメリカの優位性のおかげで、ワシントンの決定にヨーロッパは確実に従った。しかし、いまやアメリカとヨーロッパの間の非対称性は消えつつあり、これまでのような調和的関係を当然視することはできない。一極は、徐々に二つに分裂しつつある。北アメリカとヨーロッパは、これまでも、そしてこれからも人間の歴史のかなり多くを占める地位、富、パワーをめぐる競争関係に入り込む可能性が高い。

アメリカへの対抗勢力としてのEUの勃興を検証する前に、手引きとしてふたたび歴史を振り返っておこう。統合と融合のプロセスがバランス・オブ・パワーに対してもつ深遠なる影響力を明らかにするために、まず、一九世紀のドイツ統一をとり上げよう。オットー・フォン・ビスマルク伯爵が中欧のドイツ語圏地域のほとんどを統一し、新生ドイツが数十年にわたる目覚ましい経済成長の時代を経験すると、すぐに軍事力と野心が頭をもたげるようになった。ドイツの統一は、ヨーロッパの地政学をまったく違ったものに変えてしまい、最終的には世界を巻き込むような、あらたな段階の競争関係に進めたのである。いまやヨーロッパ全体が、当時と同じような深遠なる結果をもたらすかもしれない統合と融合の過程のなかにいる。

ある一極が二つの競合する勢力に分かれるときに何が起こるかを明らかにするために、次に、ローマ帝国をとり上げる。三世紀、皇帝ディオクレティアヌスは、統治と防衛を容易にするために帝国を東西に分割することを決めた。ローマが西半分の首都となり、コンスタンティノープル（旧名ビザンティウム）が東の首都となった。この行政革新は当初こそ帝国の支配を強化したが、すぐにローマとコンスタンティノープルは、安全保障、地位、あるいは宗教の問題をめぐって衝突するようになった。その共通の文化と伝統にもかかわらず、東西ローマ帝国は直接的な競争相手となった。一極が二極にとって代わることは、当然、ヒエラルキーと秩序に代わる地政学的競争の増加を意味する。ローマ帝国の末路は、北アメリカとヨーロッパという二つの中心勢力に分離しつつある「西側」にとって不吉な前兆といえよう。

I 過去を検証する

ビスマルクによるドイツ統一の衝撃

一八七一年のドイツ統一によって、何世紀にもわたって独立した封建領土、伯領、公国に分かれていた諸共同体が統合された。オーストリアは、この新融合国家に含まれなかったドイツ語圏の大国としては唯一のものであったが、それは偶然ではなかった。プロシアとオーストリアはずっとライバルであった。くわえて、帝国宰相であったオットー・フォン・ビスマルクは、議会で反対勢力を抑えるために反オーストリア政策にたよっていた。彼の典型的に無骨な表現によれば、「オーストリアの政策が現在のままであるならば、ドイツは、われわれ二者が分け合うには小さすぎる」。[3] ビスマルクの主導によって、ドイツ統一がオーストリアの排除を意味するようになったのである。

統一ドイツの樹立は、オーストリアが除外されたとはいえ、ヨーロッパの地政学的地図を変化させるものであった。ビスマルクの有能かつ野心的な指導のもとでプロシアは、一八六四年のデンマーク、一八六六年のオーストリア、一八七〇～七一年のフランスと、三回の戦争に勝ってドイツ統一を達成した。普仏戦争での勝利と、その後の新国家のもとにある人口と資源からは、ヨーロッパ大陸の覇権国家としてのドイツが、フランスを含むすべての挑戦国を圧倒したことが確認されよう。一八七〇年にプロシアが保持していた兵力は、フランスが応召できる人員のおよそ倍の規模があり、フランス軍の防衛線はたちまち崩壊した。ドイツの人口は、建国当初からすでにフランスよりも大きく、さらに人口増加率も高かった。一九一五年までに、ドイツの人口は七〇〇〇万人に達したが、フランスは四〇〇〇万人にすぎなかった。ドイツ人の規律とルール地方の豊富な産業資源を考え合わせれば、巨大な化け物が誕生したことは明らかであった。

ドイツ統一によってもっとも直接的な衝撃――プロシアの手による敗戦と屈辱――を受けたのはフランスであったが、イギリスにとってもまた不吉な前兆であった。ドイツの統一とそれにともなう国力の増大は、イギリスの覇権を終わらせ、グローバルな海洋支配を目指しつつ、欧州大陸への大規模な軍事的関与は回避するというイギリスのグランド・ストラテジーを、ついには時代遅れのものにしてしまうだろう。イギリスは、ローマ帝国のようにヨーロッパを支配したことはなかったが、それこそがグランド・ストラテジーの真髄であった。イギリスが大陸に介入するのは、安定的な均衡を保つために必要なときだけであった。したがって、潜在的なライバル諸国がお互いに牽制し合うなか、イギリスは海外の帝国領土を開発、保護することに十分に力を傾けることができたのである。

しかしそれも、ドイツ統一まででであった。連邦国家としてのドイツ帝国は一八七一年一月一八日に建国が宣言され、ベルサイユ宮殿の鏡の間において、皇帝ウィルヘルム一世が主宰する厳かな儀式が執り行われた。イギリスの指導者は、その意味するところをただちに認識した。そのわずか三週間後、保守党党首で、まもなく首相となるベンジャミン・ディズレーリは、下院で次のように発言した。ドイツ統一は「ドイツ革命である。それは前世紀のフランス革命よりも重大な政治的出来事といってよい。外交的伝統で消え去ってしまわなかったものは一つとしてない。われわれはこれまで、ここ下院において、勢力の均衡について議論をしてきた。……しかし、実際にヨーロッパでは何が起きただろうか？　勢力均衡などというものは、完全に破壊しつくされてしまったのである」[4]。ドイツ人を一つの国家に統合することは、イギリスのグランド・ストラテジーの根本を永遠に台無しにし、その世界支配の終焉を準備することで、欧州の均衡状態をとり返しのつかないほど動揺させることになるかもしれないと、ディズレーリは恐れていた。

ディズレーリのこの予言は、まったく正しかった。統一から三〇年の間、ドイツ経済は着実な成長を遂げた。技術革新によって重工業は劇的に飛躍した。ドイツは、鉄鋼や銑鉄など工業生産の根幹分野でイギリスに急速に追いつき、やがて追い越すことになる。あらたな産業・金融エリート階層が登場し、伝統的な地主貴族階級と手を結び、大きな影響力をもった。この「鉄とライ麦」同盟はビスマルクの主たる政治基盤であり、力をつけつつあった労働者階級と対決するための後ろ盾となったのである。

ビスマルクの機敏な外交のおかげで、ドイツの経済発展がすぐにヨーロッパの地政学的均衡をひっくり返すことはなかった。ビスマルクは、陸海軍の急激な、あるいは実質的な増強を避けた。ドイツの貿易業者からの圧力によって、最終的には海外領土獲得以外の選択肢はほとんどなかったとはいえ、当初、ビスマルクは、イギリスやフランスとの関係悪化を懸念して、植民地獲得には反対していた。その上、彼は、ドイツが欧州の外交上の要となるような、協定と同盟のシステムを苦心してつくり上げた。ビスマルクは巧妙にドイツの影響力を最大化したのである。しかし彼は、ドイツのあらたな野心が戦略的対立を引き起こす直前で手綱を引くようにしていた。ビスマルクはヨーロッパの均衡を操作したが、それを転覆させることはしなかった。

向こうみずな企て

一八九〇年以後、ドイツを統治したのは、より能力に劣る人々であった。彼らは、国内でも同様に大きな政治的危機に直面していた。社会民主党が勢力を伸ばし、同時に、鉄とライ麦の同盟関係が壊れつつあった。ドイツ産業は急発展し、もはや保護関税を必要としなくなっていた。一方でドイツ農民は、ロシアとアメリカからの穀物輸入に対する保護を求めていた。

衝動的な性格の皇帝ウィルヘルム二世は、外務大臣でまもなく首相となるベルンハルト・フォン・ビューローと海軍大臣アルフレッド・ティルピッツの支援を得て、国家を結束させるためにナショナリズムに頼るようになり、ドイツはその経済力に見合った国際的な影響力をもつべきであるという主張が、指導者たちによってなされた。ドイツが新しい責務を果たすには、そのために必要な装備、とくに外洋を航行可能な船舶が必要となる。ナショナリズムの熱情と一八九八年の第一次海軍法によって準備を整え、ドイツはあらたな冒険に乗り出した。産業資本家は、彼らの製鋼工場や造船所に利益をもたらす決定を歓迎した。地主階級は、海軍増強支持の見返りに穀物関税を与えられた。そして、拡大していた社会民主党の主張は、国家の偉大さという統合要因によって、少なくとも一時的に中和されたのである。

しかし、外交政策を国内政治の道具として巧妙に用いることは、ヨーロッパの平和にとって重大な犠牲をともなうものだった。ドイツが、その経済力を軍事力に転換しようと決定することによって、第一次世界大戦へのカウントダウンがはじまったのである。ディズレーリが予見したように、安定した均衡は、すぐに敵対関係と再軍備にとって代わられた。ナショナリズムの強力な流れに支持されたドイツの軍備拡張は、押しとどめられないものになった。ロシア・フランス・イギリスの同盟でさえも、ドイツがヨーロッパ支配に乗り出そうとするのをとめることはできなかったのである。

ドイツがこの三国協商に打ち勝つだけの力をもっていないであろうという諜報機関の報告にもかかわらず、皇帝とその腹心たちはまっすぐに戦争に向かっていった。一九一三年、全政党が全面的な軍備増強を支持するなか、首相であるテオバルド・フォン・ベートマン＝ホルヴェークは、戦争熱に浮かされた帝国議会に警告を発した。「退却の道をしっかりと準備していないものに災いあれ」[5]。そして、ドイツが引き返せなくなったことが明らかになると、ベートマンは、ドイツが「向こうみずな企て」をしていると述べて、辞職した[6]。

第一次世界大戦でのドイツの敗北は、ヨーロッパの均衡をほんの短い間だけだが回復させた。べルサイユ条約は、痛ましいほどの戦争賠償金を課し、ラインラント地方を非武装化し、そしてドイツ軍の規模に制約を課した。しかし、アドルフ・ヒトラーが一九三三年に政権につくと、ドイツはその国際的な取り決めを踏みにじり、ふたたび欧州大陸の覇権を目指す賭けに出たのである。より屈折した、強いナショナリズムにあおられて、ヨーロッパ支配の二度目の挑戦を試みる統一ドイツは、危険なまでに東西の近隣国をほぼ圧倒するにいたった。ヒトラーの行きすぎた野心がなければ——ロシアに対して第二戦線を開くという一九四一年の彼の決定によって、ドイツの国力はあまりにも薄く引き延ばされてしまった——、あるいはアメリカが最終的にナチの戦争マシーンをとめるために立ち上がる決意をもたなければ、ドイツは西欧と中欧の永続的な支配権を握ることになっていただろう。

ドイツという怪物

この二つの世界戦争の経験におびえたドイツの隣人たちは、歴史を繰り返さないようにしようと決意した。第二次世界大戦の終結時、疲れ切ってはいたものの勝利した連合国は、ドイツを占領し、いくつかの行政単位に分断した。それは、ドイツが一つになることで、ヨーロッパをふたたび戦争に陥れる力をもつことがないようにするためであった。冷戦がはじまると、ドイツは正式に二つの国家に分割され、西半分はＮＡＴＯに、東半分はワルシャワ条約機構に組み込まれた。連合国は、ソ連の脅威に対抗する助けとするために、西ドイツの再軍備と経済再建をまもなく認めるようになった。しかし、ドイツの復活は、ＮＡＴＯと欧州共同体という制約のなかでのみ許容されるものであった。どのような状況であれ、アメリカとその同盟国は、ドイツがふたたび独自の道を歩むことを許そうとはしないであろう。

ベルリンの壁の崩壊によってドイツ再統一の可能性が高くなると、ヨーロッパの大部分がその考えにひるんだ。イギリス首相マーガレット・サッチャーは、フランス大統領フランソワ・ミッテランとの会談を回想するなかで、当時の支配的風潮を次のように表現している。「私はハンドバッグのなかから、過去のドイツのさまざまな姿を示す地図をとり出した。それはまったく将来について安心させてくれるものではなかった。われわれは、具体的に何ができるかについて話し合った。……〔ミッテランは、〕過去、重大な危険が迫ったときには、フランスはつねにイギリスと特別な関係を構築してきたが、そのような時代がふたたびやってきたように感じていると述べた。われわれは一致団結し、連絡を密にしなくてはならない。その方法は見つかっていないが、少なくともわれわれ双方とも、ドイツという怪物を野放しにはしない意志をもっていると私には感じられた。それがスタートであった[7]」。

ドイツの再統一とヨーロッパの統合

ドイツの近隣諸国には広く留保意見があったが、再統一は、その背景にあるドイツ国内の政治的勢いによって、最終的に不可避なことは明らかだった。ヨーロッパや世界のそのほかの地域にとって幸運だったのは、単一ドイツ国家のこの二回目の統一が、前回とは違って、恐るべき地政学的断層線を示さなかったことである。その代わりに、ドイツの資源と野心は、ヨーロッパの資源と野心、そしてヨーロッパ統合という企てに融合されていた。

ヨーロッパの個々の国民国家を集合的全体に統合することは、数世紀にわたってヨーロッパという多極世界の不可避の副産物であった破壊的な敵対関係に対する解毒剤となった。フランスとドイツは、優越性を求めて競うのではなく、緊密なパートナーシップを形成し、いまや、ともにヨーロッパの頼みの綱となっている。ブリュッセルは集合体の首都となり、象徴的、実際的な意味において、個々の政府の権威を減少させている。欧州の中小国は、この核の周りに位置し、政治、経済、社会の重なり合うネットワークが中心と周辺を結びつけている。欧州大陸の新しい民主主義国は、この仲間に加わることに待ちきれなくなっている。欧州連合を通して、ヨーロッパはついに統一ドイツを安全に受け入れる方法を見出したのであった。

しかし、ヨーロッパにとってよいことが、ほかの誰にとってもよいことであるとは限らないかもしれない。集合的意志と中央集権は内部の安定を高めるが、しかし、同時に外部への野心を助長する。統合され、繁栄するヨーロッパは、ドイツ問題は解決したかもしれないが、しかし、新しい地政学的世界地図のなかに手ごわい存在としてあらわれていたかもしれないのである。

ローマ帝国の経験

一九世紀、ヨーロッパの地政学は深遠なる革命を経験した。変化を起こしたのは、個々の政体が中央集権的国家へと統合されたことであり、それによって、欧州大陸の安定的均衡をひっくり返したドイツという国家がつくり出された。今日、ヨーロッパは、一世紀以上も前にドイツが行ったのとちょうど同じような統合過程にある。EUは、単一国家とならないかもしれない——少なくとも今すぐには。しかし、加盟諸国の経済、軍事、地政学的比重は、統合がいまだ進行中であるという理由で差し引く必要はあっても、全体として評価しなければならない。作業が進行中であるとはいえ、ヨーロッパの統合は、国際システムをすでに変化させはじめている。

　EUの勃興がアメリカとの関係にどのように影響をおよぼすのかを検討するためには、ふたたび過去が役に立つ糸口を与えてくれる。四世紀のヨーロッパは、一九世紀と同様に重大な革命を経験した。ただし、その変化の原動力は逆であった——個々のドイツの政体が単一国家に統合されるのではなく、ローマ帝国という一極が二つの政体に分裂したのである。単一の帝国領土が二つの別々のものに分断されたことは、ローマ帝国の支配にとって不吉な意味をもっていた。一極によって維持されていた平和はすぐに、二大国間の優越性をめぐる競争がもたらす対立関係に道を譲った。

　紀元一世紀までに、ローマ帝国の国境は、西はスペインとブリテン諸島、北はベルギーとラインラント地方、南は北アフリカとエジプト、東はアラビア半島にまで広がっていた。ローマ帝国は、この領土の大部分を、それからの三〇〇年にわたって支配することになった。ネットワーク的なパターンをもった支配は、そのような広範さと永続性をもった帝国領土の基礎となった。ローマ帝国は、支配の源泉を重ね合わせながら、辺境にその領土を拡大していった。ローマ人は道路建設、戦闘行為、造船において顕著な進歩を成し遂げた。それによって、帝国の中心部と遠く離れた辺境との間に、政治的な影響力と資源が容易に流通できるようになったのである。彼らは進んだ統治システムを導入し、あらたな支配国の「ローマ化」を推し進めた。ローマ人の小集団が帝国領土に居住するために派遣され、征服地の人民を同化し、彼らがローマ的アイデンティティと生活習慣を習得するようにした。その最終目的は、ローマ帝国の支配に対する憤りではなく、忠誠心を獲得することであった。支配拡大のためには、抑圧よりも同化政策が、安価で効果的な方法であった。

ローマ帝国は、その軍事戦略においても同様に成功した。よく訓練された軍団が予備にとっておかれ、暴動鎮圧や侵略者撃退の必要があるときにだけ派遣される。このシステムは効果的な抑止をもたらした。ローマ軍団が派兵されるという予測だけで、多くの潜在的な危険が実際の紛争になることが抑えられたのである。[8] 今日のアメリカ同様、ローマ帝国は、並ぶものなき優越性とそれにともなう服従を手に入れた。

紀元三世紀までにローマ帝国は、そのように広大になった帝国領土の一体性を保つことに負担を感じるようになっていた。帝国のフロンティアは、質量ともに大きくなった敵対勢力に対してもはや安泰とはいえなくなっていた。西ローマ帝国では、ゲルマン民族が脅威となっていた。東ローマ帝国では、ペルシャ人と黒海地方の遊牧民族が圧力を加えていた。ローマ後期の歴史家アンミアーヌス・マルケリーヌスは、未開部族がその原始的な武器や組織にもかかわらず、重大な脅威となっていたことを明らかにしている。

> 彼らは、軽装備なので動きがすばやく、ゆっくりと散らばったり、自由に走り回ったりすることができ、恐ろしい虐殺を行った。彼らは非常に身軽なので、姿を見られることなく、城を攻めたり、敵陣を略奪したりできる。……彼らと和睦《わぼく》することはできない。なぜなら、彼らを信

頼することはできない性質であり、得になると約束されれば、どんな噂にでも簡単に乗せられてしまう。理性のない獣のように、狂った衝動のなすがままである。善悪の区別がまったくできず、話し方もあいまいではっきりしない。彼らは、宗教や迷信から制約を受けることがまったくない。[9]

蛮族による攻撃は激しく、何度も繰り返し行われたため、ローマはその軍事戦略を変更せざるをえなくなった。周辺部でいっせいに攻撃が行われるために、ローマ軍団はフロンティアに派遣されなければならなくなった。しかし、そうした配備は、部隊レベルや帝国の財政にとって重い負担となった。さらに悪いことに、もはや予備の軍団がなくなり、軍団が危険なほど薄く広がって展開するようになったため、敵対勢力を脅しによって抑止することがもはやできなくなってしまった。これによって、フロンティアのある部分での攻撃が、ほかの場所での二次攻撃を招くことになった。さらに帝国は、内部からの脅威にも直面しはじめた。いくつかの大規模な属州が、かなりの富をたくわえ、ローマから距離をおきはじめたのである。

ディオクレティアヌス帝の試み

二八四年にディオクレティアヌス帝が即位し、帝国の過剰な拡大の問題に大胆で革新的な解決策を示した。帝国を管理するという課題は、一人の統治者にとってはあまりに面倒なものになりすぎていると、彼は考えた。領土を分割し、そのいくつかの部分の権限を信頼できる僚友に委譲したほうがよいだろうというのである。

それに応じてディオクレティアヌス帝は、将軍の一人であるマクシミアヌスを西方の皇帝の地位に昇進させた。ディオクレティアヌスとマクシミアヌスはそれぞれカエサルとよばれる副帝を任命し、帝国経営の補佐にあたらせ、アウグストゥス（正帝）の後継者とした。帝国の領土は実質的に二つに分割され、それぞれが、さらに正帝と副帝の間で分割された。ディオクレティアヌスは、副帝の補佐を受けて帝国の東半分を統治し、マクシミアヌスとその副帝は西半分を支配した。

ディオクレティアヌスはまた、大規模で裕福な属州を小単位に分け、正帝の権威への脅威をとり除いた。こうした改革によって、効果的に、帝国の安全を強化し、東西両帝国が蛮族の脅威を押しもどせるようになった。

ディオクレティアヌスとマクシミアヌスは三〇五年に退位し、それぞれの副帝――西はコンスタンティウス、東はガレリウス――に滞りなく権力委譲を行った。しかし、ディオクレティアヌスと彼の権威が消えてしまうと、正帝と副帝の地位を求めるものたちの間で激しい争いが続き、それぞれの支持者が武器をとって戦うまでになった。コンスタンティウスの息子コンスタンティヌスは三一三年までに西で優勢になり、正帝の称号を勝ち取った。一方、東では、ガレリウスの盟友であったリキニウスが勝利を収めた。

コンスタンティヌスは西方帝国の支配権だけでは満足せず、すぐに帝国領土の統一を回復させることに着手した。彼は、三二四年にクリュソポリスでリキニウスを破り、それをついに達成した。

コンスタンティヌス帝は、歴史の流れを変えた二つの決定を行う。第一に、彼は帝国全体の新しい首都をビザンティウムに定め、その名前をコンスタンティノープルと変えた。ここは、ヨーロッパが終わり、アジアがはじまるとされるボスポラス海峡に面した戦略上の拠点であり、この遷都によって、コンスタンティヌス帝は帝国の東側への支配を確固としたものにし、東のフロンティアへの侵略者により効果的に対処することが可能となった。

第二に、コンスタンティヌス帝はキリスト教に改宗し、キリスト教が帝国の国教として確立するためのお膳立てをした。彼はまた、キリスト教の教義の厳格な執行者となり、その息子クリスプスに姦通罪で死刑を命じてさえいる。

ローマ帝国の分裂

帝国統一の回復は短期間で終わった。三三七年にコンスタンティヌス帝が[10]死去すると、帝国は彼の息子たちの間で再分割された。東西間の競争が再燃し、とくに今度はローマとコンスタンティノープルがそれぞれ首都となったために、両者がともに、影響力を拡大し、宮廷の威光を高めようとした。政治の中心が一つから二つになったことが正式に承認された。ローマの教皇とコンスタンティノープルの総主教はすぐに争いに加わり、教義上の問題をめぐって論争し、コンスタンティノープルの宗教的権威が、ローマのものと同格なのかどうかに関して意見を戦わせた。言葉と文化についての争いが続いて起こった。西の「ローマ」帝国はラテンの文化と言語に基づいており、東の「ビザンティン」帝国はギリシャの影響を受けていた。「新しいローマ」と「古いローマ」はまた、建築のスタイルや華麗さをめぐっても争った。東西の帝国は、別個の政治・文化的存在になっていったのである。

ディオクレティアヌス帝の改革は、短期的には、帝国の支配と防衛を容易にしたが、それはやがて、まったく逆の結果をもたらすようになった。統一を促進するのではなく、帝国領土を分裂させることによって、ほとんどすぐさま、東西間の競合関係が生じた。ギボンが言及しているように、「この危険な目新しさは、二頭支配というもののもつ、強さを損ない、欠陥を助長した」[11]。

また、それぞれの正帝と副帝が忠誠を誓う軍隊を望んだため、帝国の分断によって、軍事資源の枯渇を遅らせることにはならず、むしろ早める結果になった。当時の宗教学者ラクタンティウスが述べたように、ディオクレティアヌス帝は「共同統治者として三人を指名し、帝国を四つに分断して、軍隊を何倍にもした。なぜなら、四人の皇帝は、それまで一人の皇帝が帝国を統治していたときよりもずっと多くの軍隊を、それぞれがもとうとしたからである」[12]。

一極がもたらしてきた秩序は永遠に失われた。ローマ帝国は、ディオクレティアヌス帝の時代以前に、すでに急速な衰退を経験しつつあったのであり、そうした事態の悪化が彼に改革を思いつかせたのである。しかし、権威と資源が東西に分断されたため、衰退の速度は速まった。西ローマ帝国が統一を保っていたのは、テオドシウス大帝が三九五年に死去するまででしかなかった。その後、その領土の多くはゲルマン部族やほかの挑戦者たちによって蹂躙《じゅうりん》された。ローマそのものは、四一〇年にゴート族によって略奪され、四五五年にはヴァンダル族の侵略と略奪を受けた。二〇年後、最後のローマ皇帝ロムルス・アウグストゥルスが統治を終え、イタリアを部族指導者の手に渡した。

色あせるローマ

西ローマ帝国衰退の時期、コンスタンティノープルは概して、その弱さにつけこもうとした。東ローマ皇帝は時には、自らの単独支配のもとでローマ帝国を再統一する欲求にかられたが、その野望は、ユスティニアヌスとその有能な将軍であるベリサリオスによって部分的に達成された。しかし、東ローマ帝国には、兵隊をこの目的に割くほどの資源も傾向もなく、その代わり、西ローマの終焉をある種の満足感とともに見守っていた。ギボンによれば、「ビザンティン宮廷は、ローマの不名誉、イタリアの不運、西ローマ帝国の消滅を、無関心に、おそらくは喜びつつ眺めていた」[13]。

コンスタンティノープルはまた、ローマ文化が色あせていくのを軽蔑とともに見ていた。しかし、その支配者は、結局のところ、あまりに弱く、また、自身の内的・外的な脅威で手一杯であったため、救い出すことができなかった。東と南に軍隊を配置していたため、代々の東ローマ皇帝は、西ローマ帝国を分割した侵略者たちを追い払うのに必要な軍隊を割くことができなかった。また、西ローマ帝国の人々は、東ローマの軍隊が彼らを保護できないのならば、コンスタンティノープルにその忠誠を向けようとはほとんどしなかった。

帝国の統一を確かなものとする一翼を担ってきた教会は、まったく正反対の結果をもたらした。当初から、ローマとコンスタンティノープルの教会権威は敵対していた。ローマの教皇とコンスタンティノープルの総主教は、宗教的、政治的影響力をめぐってつねに争っていた。四八四年にはローマ教皇と総主教がお互いを破門するまでに緊張が高まった。教義上の深刻な相違が、敵対関係を激化させた。聖霊は神のみから生じるのか、あるいは子なるイエス・キリストからも生まれるのか。

キリストは単一の神性なのか、神であり人間であるという不可分の存在なのか。礼拝において、キリストの半身像や宗教画は中心的役割を果たすのか、あるいは、ユダヤ教やイスラム教がそうであるように、画像や肖像を礼拝することは偶像崇拝になるのか。

教会の分裂

個人的な憎しみとあいまって、このような教義論争は、何世紀にもわたる対立と陰謀のなかに――そこには、殺人、誘拐、それよりは軽い暴言や悪態などが含まれた――双方の教会を陥れることになった。それでも教会は、一〇五四年に正式にローマ・カトリックとギリシャ正教に分かれるまでは、名目上は一体であった。

ローマとコンスタンティノープルが、それぞれの教会とともに分裂を深めていく一方で、帝国のビザンティン側の部分は西側の半分よりもずっとましな状態にあった。帝国の分裂から数十年しないうちに、西ローマ帝国がすでに解体しはじめていたのに対して、ビザンティン帝国の領土は七世紀初頭までなんとか無傷のままであった。

六一一年、ペルシャ軍がシリアとパレスティナを占領し、六一六年にはさらにエジプトに侵攻した。ビザンティン軍はこれらの領土の大部分をとり返したが、その後すぐ、アラブ軍にまた奪われてしまう。これら地域の喪失はビザンティンに痛烈な打撃を与えた。なぜなら、そこは帝国の主要穀倉地帯だったからである。コンスタンティノープルにとっての痛手は大きく、皇帝コンスタンス二世は首都をローマにもどすことさえも検討したほどであった。少なくともイタリアの人々の一部、とくにローマ、ナポリ、シチリアには、当時まだビザンティン皇帝への忠誠心が残っていたのである。コンスタンス二世は実際に、シチリアのシラクサまでやって来ていた。しかし彼はすぐに殺されてしまい、ローマへの首都復帰計画は終わりを告げた。

七世紀の後退期の後、ビザンティン皇帝は一二世紀までその地位を保っていたが、その後、帝国は、東西双方からの侵略者によってしだいに解体させられた。コンスタンティノープル自体は、一四五三年までなんとかもちこたえたが、ついにオスマン帝国の攻囲に敗れ去った。しかし、そのときまでに、すでにビザンティン帝国は何十年もの間、破産状態にあった。コンスタンティノープルの陥落は、イスラム世界の勃興とキリスト教ヨーロッパの衰退を、公に明らかにしたにすぎなかった。

ローマ帝国の最期

ローマ帝国は、すべての偉大な帝国と同様に、ついに最期を迎えた。いくつかの衰退要因が、とくに西ローマ帝国では、指摘できる。蛮族の攻撃によって軍隊の増強が必要となったが、それは、貿易、手工業、農業から人員と資源を転用させることになり、経済を弱体化させた。肥大化した官僚機構と豊かさが生んだ物質主義は、腐敗と大衆の精神の衰えを招いたが、それはついにはローマの理想からイデオロギー的な魅力を奪うことになった。キリスト教の浸透はまた、市民の忠誠心を国家ではなく教会に向かわせることで、帝国の衰退に加担したようである。[14]

帝国を分割するというディオクレティアヌス帝の決定は、当初はこれらの衰退原因のいくつかへの対抗策となったが、彼の善意の政策は、権威の中心を一つから二つにすることで、最終的には事態を悪化させることになった。ディオクレティアヌス帝の試みには、すべての条件がそろっていた。それは、共通の宗教、歴史、伝統、ローマ帝国の福利への関与である。しかし、一極から二極への移行は、共通点を競合へと変えてしまった。かつてローマに流入していた資源が、コンスタンティノープルに向かった。二人の皇帝は、互いに協力するのではなく、対抗するようになる。教義上の論争によって、共通の宗教は分断された教会へと変わり、さらに、ラテンとギリシャの文化的ギャップが政治化された。ギボンの言葉によれば、「ギリシャ民族とラテン民族の民族的分裂は、言語と習慣、利害、あるいは宗教からさえ生まれる永続的な差異によって拡大された」[15]。ローマ支配のもとでの何世紀もの安定した秩序は、政治の混乱と、東方に勃興した諸文明によるヨーロッパの没落へと道を譲った。

ローマの警告

このような歴史的検討は、アメリカの一極時代の終わりとそれがもたらす影響についての警告を与えてくれる。ＥＵは勃興しつつある極であり、これによって西側は、アメリカとヨーロッパに二分される。アメリカとヨーロッパはもちろん五〇年以上にわたって緊密なパートナーであった。したがって、両者が永遠の親類縁者であると結論するのは自然なことかもしれない。しかし、ローマ帝国と、コンスタンティノープルに第二の首都をつくってから後のその急速な衰退について考えてみなくてはならない。東西両帝国は、何世紀にもわたって一つの政治共同体であり、共通の宗教と深い文化的絆をもっていた。また、共通の敵にも直面していた。そして帝国の分割は、ディオクレティアヌスによって注意深く計画・実行されたが、それにもかかわらず、二極が一極にとって代わると、地政学的競争関係が出現したのである。

アメリカとヨーロッパは共通の遺産と強い文化的絆をもち、何十年にもわたって共通の敵に直面してきた。このような条件のおかげで両者は、冷戦の開始以来、一貫した団結力のある西側世界を築いてきた。しかし、いまや西側は分断の真っ直中にあり、ローマ帝国がかつて来た道を行く可能性は十分にある。しかし、ワシントンとブリュッセルの間で起きていることは、ローマとコンスタンティノープルの間に起こったこととは、重要な点で異なっている。今日の分断は、意図的にではなく、デフォルト状態で起こっているのであり、競争関係の激化と不和の可能性も高いといえよう。

2 ヨーロッパの統合

歴史の転換点

ほとんどの論者が、アメリカの卓越性は永続的だと考えている。ダートマス・カレッジの政治学者ウィリアム・ウォールフォースは、この支配的な見解を次のようにまとめている。「現在の一極は平和的であるだけでなく、永続的でもある。……何十年にもわたって、基本的な力のどの要素においても、アメリカに挑戦する立場になりそうな国は存在しない」[16]。ウォールフォースは理論的には正しい。経済力、軍事力、知的資本、文化的資本のいずれにおいても、アメリカはほかのすべての国を引き離しており、その差は縮まっていない。

しかし、アメリカのエリート階層は、伝統的な考えにとらわれすぎている。彼らは、個々の国家しか挑戦者と見ないという、過去の経験によって判断を誤ろうとしているのである。その結果、集合体としてのヨーロッパが列の次にならんでいるのを——たとえ、われわれの目の前で立ち上がったとしても——認めようとしない。戦略家は、それが新種の動物であり、通常のカテゴリーを拒む政治主体であるがゆえに、統合ヨーロッパを軽視しつづけている。ヨーロッパ連合は、アメリカ合衆国のような中央集権化した連邦にまではいたっていない。しかし、それはもちろん、主権国家のゆるやかな集合体以上のものである。アメリカが新しい世界地図を正しくとらえるためには、この新しい政治体がまずはどのような存在なのかを理解し、それを真剣に受けとめるようにしなければならない。

ヨーロッパ統合は、二〇世紀のもっとも重要な地政学的展開の一つである。それはどの点から見ても、連邦国家としてのアメリカ合衆国の建国と同じくらいに、おそらくはそれ以上に、重要な歴史の転換点である。ヨーロッパは歴史を自らのものとし、今や自らの風景を形づくろうとしている。何世紀にもわたって、対立する諸勢力間の争いと流血を繰り返してきたヨーロッパ人は、もう十分にうんざりしている。彼らは、欧州の国民国家間の戦争を永遠に排除し、競合する政体を集合的な全体へと統合することを目指した、地政学的工学プロセスを革命的に進めているのである。

その結果は、これまでのところ劇的なものであった。ローマ帝国の滅亡から第二次世界大戦の終結にいたるまで、いくつかの短い中断期間を除けば、欧州の人々はつねに戦争状態にあった。欧州統合からわずか五〇年間しかたっていないにもかかわらず、イギリス、フランス、ドイツ、そして周辺の中小国の間では、武力紛争はほとんど考えられないものとなった。欧州石炭鉄鋼共同体（ECSC）から欧州経済共同体（EEC）、そして欧州連合へと発展することによって、ヨーロッパはついにその過去と決別したのである。

アメリカ人の誤解

ほとんどのアメリカ人は、EUの地政学的重要性をあまりにも過小評価しているか、あるいはまったく無視している。[17] この誤解には理由がある。EUの主導権と活動は、おもに経済的性質であった。一九五一年に設立されたECSCは、フランス、ドイツ、ベルギー、イタリア、ルクセンブルグ、オランダの石炭と鉄鋼の生産を集団管理のもとにおくことを目的としていた。さらに次の段階として、一九五七年にEECが誕生し、これによって域内関税が排除され、共通の対外関税が設けられた。加盟国は、一九六〇年代を通して、この共通市場を強固なものとすることに努めた。

一九七九年、加盟国間の為替レートを調節するために欧州通貨システムが導入された。続いて一九八七年に単一欧州議定書が定められ、国内規制や基準など、残っていた非関税障壁がとり除かれることになった。目標は「モノ、人、サービス、資本の自由な流れが保証される、国境のない地域」をつくることであった。[18] EUへの移行は一九九三年に実行された。この次段階の特徴は通貨同盟であり、それはつまり、ユーロの導入と各国通貨の廃止であった。通貨同盟にはすでに一二ヶ国が参加し、今後もっと増えることが予想される。ユーロの紙幣とコインは二〇〇二年一月に流通しはじめた。フランスのフラン、ドイツのマルクは永久に廃止されたのである。

経済統合の分野におけるヨーロッパの成果は、防衛問題とはまったくつり合いがとれず、これによって、EUは経済的には重量級であるが、地政学的には軽量級であると認識されるようになった。ヨーロッパ人はこの問題に対しても、もちろんとり組んできた。ブリュッセル条約（一九四八年）、欧州防衛共同体（一九五二年）、あるいは西欧同盟（一九五四年）は、いずれも統合欧州に防衛力をもたせようとする試みであった。しかしそれらはうまくいかなかった。その代わり、ヨーロッパはアメリカとNATOにたよった。西欧経済を再建し、ソ連の軍事力を相殺するためには、アメリカの資源が必要とされたのである。

それにくわえて、西欧の主要国は、それぞれの軍隊や防衛政策の統合を開始することには、まだお互いに抵抗感を感じていた。彼らは、経済を統合し、貿易政策についての権限を共有する準備はできていたが、防衛組織の統合は国家主権をあまりにも侵害することだと考えた。この観点からすると、統一欧州は、その当初から世界の経済地図のなかで大きな存在であったが、地政学的にはたんなる雑音でしかなかった。

ヨーロッパ統合についてのこの解釈は、ひどく的はずれである。ヨーロッパにはまだたくさん考察すべきところがあり、それは、欧州統合を適切な歴史的文脈におけば、はっきりとする。アメリカの一三の植民地州が連邦国家へと移行したことを考えてみよう。名目上は一七八一年から連合政府となり、一七八九年以後に単一の連邦政府となるが、アメリカ合衆国の初期は、ほとんど経済統合の問題に費やされた。州間関税の引き下げ、商行為の規制、外国貿易政策の調整、それに、全州で用いる共通通貨の発行――これらの問題が政治論争を支配していた。軍事統合は、経済統合から大幅に遅れた。各州は、連合規約が、民兵を保持する州の権利を認めることを確認した。連邦議会に許されたのは、小規模な海軍の建設・配備と、控え目な規模の国軍をつくるため各州から人員を招集する権利であった。連邦政府ではなく、各州こそが優位な力をもっていた。

合衆国憲法が連邦政府の権限を強化したとはいえ、各州はかなりの自立性を維持しつづけた。アメリカ人は、威圧的な中央権力の脅威を、外敵による脅威と少なくとも同じくらいに恐れていた。それゆえ、アメリカの対外的な野心や軍事力は、その初期の数十年を通して限定されたままであった。当時の人々の目からすれば、アメリカは潜在的に経済大国になる可能性を秘めていたとしても、戦略上はたいした存在ではなかったのである。しかし、その後の歴史が示すように、アメリカ合衆国の融合は、北米の、やがては世界の地政学を変化させるのである。

ドイツの統一も同様である。それは、ナポレオン戦争終結後の一八一五年に静かにそしてゆるやかにはじまった。ここでも、貿易上のつながりが先行し、ドイツ諸地方の経済を結び合わせることになった。正式な関税同盟は一八三四年に結成された。政治的な監視は、一八二〇年につくられたブントとよばれる連合機構によって行われた。ブントの主目的は、加盟国内の自由主義的な政治変革に抵抗することであった。各国は合同議会に代表を送ったとはいえ、同盟を組み、戦争を宣言する権限は維持していた。したがってブントは、ヨーロッパの均衡を動揺させうるような中央集権的な統一国家の成立を意味していなかったのである。それにもかかわらず、融合の歴史的プロセスは順調に進んだ。このプロセスが一八七一年にドイツ統一として結実したとき、「〔欧州の〕勢力均衡が完全に破壊された」ことは――少なくともディズレーリには――明らかとなった。

欧州統合の地政学的意味

アメリカやドイツの融合とは異なり、ヨーロッパ統合のプロセスは単一国家にまではいたらない可能性が高い。しかし、たとえそうであっても、その地政学的意味が深遠なものであることに変わりはない。欧州統合はそのはじまりから、戦争と平和の問題そのものであった。経済活動がそのほとんどであったとはいえ、それは地政学的な意図をもったものだったのである。ヨーロッパの「建国の父」たちは、多極状態の欧州が、対立と紛争に運命づけられつづけるであろうということを十分理解していた。そのため、欧州の大国が興亡を繰り返すのをやめ、それにともなう敵対と流血を阻止するために何かがなされなければならなかった。

その何かが、欧州統合だったのである。極がいくつかに分かれることによって、争いが生じ、全体に悲惨な結果がもたらされように定められているのであれば、唯一の解決策は、個々の極を結びつけ、より大きな全体の一部としてしまうしかなかった。欧州の国民国家の個別利害とアイデンティティを混合させ、合体させ、最終的にはそれを乗り越えさせることで、統合のプロセスはあらたな存在――集団的な欧州の政体をつくり出すであろう。

一九四八年から五二年までフランスの外務大臣を務めた、欧州統合の創始者の一人であるロベール・シューマンは、欧州統合の地政学的目的や、経済活動と政治的影響の連関についてはっきりと述べている。第一にやるべきことは、ドイツとフランスの間に横たわる困難な断層線を克服することであった。シューマンの言葉によれば、「欧州諸国を統合していくためには、長年にわたるフランスとドイツの対立を解消することが必要となる。あらゆる方策は、まずこの二国を考慮に入れなくてはならない」。ECSCが、この任務を達成するための道具になるはずであった。「〔ECSCによって〕確立された生産の統合によって、フランスとドイツの間の戦争が、たんに考えられないものになるだけでなく、物質的に不可能になることをはっきりとさせるであろう。この強力な生産機構の設立は、経済統合への真の基盤を準備するであろう。なぜなら、この機構は、参加を希望するすべての国に開かれ、最終的にはすべての加盟国に工業生産の基本要素を同じ条件で供給するようになるからである」。

共通の経済利益を育むことは、経済統合の最初の目標にしかすぎなかった。利害とアイデンティティのより深い融合が、その後に続くのである。「共通の経済システムの設立に不可欠な利害の融合は、血まみれの分裂によって長く対立してきた国々の間に、広範で深い共同体を育てうる要素」となるであろうとシューマンは論じた。[19] ECSCの知的設計者であり最高機関の最初の総裁になったジャン・モネは、さらに明確に述べている。「共同体の六ヶ国は、より広範なヨーロッパ統合の先駆者であるということは強調してもしすぎることはない。その境界線は、加盟していない国の存在によってのみ定められるのである。われわれの共同体は、石炭と鉄鋼の生産者団体ではない。それはヨーロッパのはじまりなのである」。[20]

ドイツ、フランス、そしてそれらを囲む国々は、国民国家を超越する新しい政治共同体を最終的に形成するとされた。ECSC条約の前文がはっきりと述べているように、加盟国は「今後、共有する運命への方向性を与えてくれる諸組織の基盤」を準備していた[21]。多極の制御できない不安定さは、仏独という核によって支えられた集合的な欧州の統一と調和に道を譲るのである。

ヨーロッパの試み

したがってヨーロッパは、その控え目なスタートの時点からすでに、野心的な目的をもっていたことになる。経済統合だけではこれらの目的を達成するのに十分でないということをよく理解した上で、ヨーロッパの設計者たちは社会設計のためのよりはっきりした道具にも目を向けていた。彼らは欧州議会を創設し、個々の加盟国ではなく、集合的な欧州が、政治においても合法性と代表性をもつことを象徴させようとした。また、長く敵対してきた社会の間に残る心理的な壁を壊すための一助として、教育と文化の交流を組織した。そして、一般市民がヨーロッパを現実のものと感じ、忠誠心や所属意識をもつにふさわしい集合的なヨーロッパという領域をつくるために、共通の旗、共通のパスポート、共通の通貨といったシンボルを創出した。欧州中央銀行の初代総裁ウィム・デューセンベルクが述べているように、「ユーロはたんなる通貨以上のものである。それは、あらゆる意味において、欧州統合の象徴である[22]」。

ヨーロッパの試みは、完全に成功したといえよう。欧州諸国間の戦争が想像できないものになっただけでなく、国境警備もなくなり、すでにパスポートや税関検査なしに移動することができるようになっている。フランスからドイツへのドライブは、バージニア州からメリーランド州へのドライブと同じようなものになった。世論調査では、ヨーロッパの人々が統合の速度を上げることを好む傾向がはっきりとあらわれた。調査回答者のほぼ半数が、自らを国民国家の市民としてだけではなく、ヨーロッパ人であると強く感じている。さらに、七割以上の人が、EUの共通防衛安全保障政策を支持している。[23] 地政学的計画の分野におけるヨーロッパの実験は成功している。

ヨーロッパ経済も同様である。域内貿易に重点をおくことは、明らかによい結果を生んでいる。EUの全貿易の約七五パーセントはヨーロッパ域内のものである。主要国の経済は、規制緩和が進展し、各国の社会民主党が中道寄りとなり、伝統的な労働組合の基盤から距離をおくようになるにつれ、競争力を強化させている。ドイツ政府は二〇〇〇年に、経済成長を刺激するために重要な税制改革を行った。フランスも同様の、しかしやや抑えた税制改革を実施した。通貨統合による厳しい基準が全般的に遵守され、中道右派政党が政治的成功を拡大していることによって、より引き締まったヨーロッパ経済の登場が促されている。

アメリカの国民総生産（GDP）が約一〇兆ドルなのに対して、ヨーロッパ全体のGDPはいまや八兆ドルに近づいている。EUの予測成長率は、アメリカの予測値と同様である。アメリカの技術分野が急速に減退すると、アメリカのドット・コム（IT）革命を押し上げてきたベンチャー・キャピタルは主として欧州に流れはじめ、アメリカが一九九〇年代に謳歌した生産性の急激な向上を、今度はEUが謳歌する可能性を開いている。[24] 新しいメンバーの加入によって（EU拡大の次の波は二〇〇四年に予定されており、ポーランド、ハンガリー、チェコ、エストニア、スロベニア、キプロス、マルタ、スロバキア、リトアニア、ラトビアが加盟する）、EUの富はそう遠くない将来、アメリカに匹敵するようになるかもしれない。

エアバス（フランス、ドイツ、イギリス、イタリア、スペインのコングロマリット）はすでにボーイングを抜き、世界第一位の民間航空機製造会社となっている。携帯電話の世界最大のメーカーはフィンランドのノキアであり、アメリカのモトローラを大きく上まわっている。アメリカ企業が外国企業を傘下に収める時代が長く続いたが、事態はいまや逆転している。二〇〇〇年には、国際的な企業買収の総額において、イギリスとフランスの企業がアメリカをかなり引き離した。[25]ドイツもまた積極的になってきている。ベルテルスマンはランダムハウスやアメリカのほかの有名出版社を買収して世界最大の出版社となった。ダイムラー・ベンツは一九九八年にクライスラーを獲得し、ドイツ・テレコムは二〇〇一年五月にボイスストリームを買収している。

ユーロは実際のところ、一九九九年一月の登場以来、ドルに対して二〇パーセント以上も価値を下げた。ヨーロッパ資本が好景気にわくアメリカ経済に流れたことが、その急落の主要原因の一つであった。アメリカの景気停滞とEUの金融市場への資本の回帰、それにEU内の成長予測によって、ユーロは復活を果たしつつある。ユーロは、世界の主要準備通貨の一つとなるであろう。[26]

EUという組織

EUの統治機構である、欧州委員会、欧州議会、欧州理事会は、足並みをそろえて成熟した。ECSC最高機関から発展した欧州委員会は、EUの主要官僚機構であり、多国籍の公務員と加盟国から貸し出される人員からなる。政策決定については限定的な権限しかもっていないとはいえ、欧州委員会はアジェンダを管理し、特定の政策提案を行い、また、各種決定の遂行に責任をもつ。委員会の規模と管轄は、EUが権限をもつ政策問題の範囲が広がるにつれて、かなり拡大されてきている。

政策アジェンダは、いわゆる三つの柱に分けられる。それは、共同体事項（単一市場の管理におもに属する問題）、外交安全保障政策、そして司法・内務問題である。[27] 委員会の権限は第一の柱でもっとも強く、経済問題についての権限は、貿易と競争政策を扱う委員会と、EUの通貨政策を定め、加盟各国の中央銀行総裁によって運営される欧州中央銀行の二つに分けられている。加盟国は、各国のマクロ経済と財務政策を、EU全域のガイドラインの制約のなかでコントロールしている。欧州裁判所は、諸決定を施行させ、加盟国とEU諸組織の間の紛争を解決するのに重要な役割を果たしている。EU法と国内法に齟齬《そご》があった場合、前者が優先する。

欧州議会は、ECSCの共同総会から発展した。全加盟国から代表が送られているが、一九七九年以降は直接選挙によって選ばれている。当初、欧州議会は諮問機関的な力しかもっていなかったが、一九七〇年代以降、その権限は着実に拡大している。現在では、欧州委員会が行った提案を修正したり、欧州理事会と共同で、双方に受け入れ可能な政策を協議したりできるようになっている。議会はまた、欧州委員会の構成員を承認し、あるいはその辞職を要求することができ、理事会と共同で、EUの年間予算についての最終的決定権をもっている。議会の権限拡大は、超国家的なヨーロッパの民主的な性格を強化するための中心課題であった。

当初はECSCの閣僚理事会であった欧州理事会は、EUの主たる意思決定機関である。その構成員は加盟国の閣僚であり、自らの担当分野の問題が議論されるときに出席する。また定期的に、各国首脳レベルでの会合を開いている。理事会でとり上げられるほとんどの問題は、承認を得るために、条件つきの多数決を必要とする。[28] 外交防衛政策、司法内務問題、あるいは税制などのいくつかの国内法整備だけは、いまだに全会一致で決められている。理事会の議長は加盟国間のローテーションになっており、六ヶ月ごとに交代する。首脳会談はこれまでは議長国の首都で行われていたが、近々ブリュッセルで開催されるようになる予定で、ブリュッセルは、欧州連合の首都としての立場を強化することになる。

ヨーロッパの外に、イギリスの経済的未来はない

加盟を希望する声の高まりほど、ヨーロッパの成功とその諸機関の発展について明らかにしてくれるものはないだろう。イギリス、デンマーク、アイルランドは一九七三年に加盟し、それに続いて、八一年にギリシャ、八六年にスペインとポルトガル、九五年にはオーストリア、フィンランド、スウェーデンが、それぞれ加盟した。加盟後もイギリスは大陸諸国から距離をおき、北米とヨーロッパの掛け橋になろうとした。しかし、トニー・ブレア首相は路線を変え、イギリスをEUの指導的なメンバーにしようと試みている。ロンドン子がフィッシュ・アンド・チップスを、ポンドではなくユーロで買うようになるのは時間の問題であろう。ブレアは、欧州の主流に乗り遅れたならば、経済と地政学の両方において、イギリスが取り残されるかもしれないということを完全に理解していた。彼が二〇〇一年一一月に論じたように、「われわれは、いやいやながらではなく、心からヨ

ーロッパのパートナーとならなければならない。……イギリス政治の、イギリスにとっての悲劇は、両党の政治家がともに、欧州の統合が現実のものになりつつあるということを、一九五〇年代だけでなく、今日にいたるまで正しく理解してこなかったことにある。それによって、彼らはイギリスの利益を損なったのである」。さらにブレアは、「ヨーロッパの外に、イギリスの経済的未来はない」と強調した。[29]

一方、ヨーロッパの新しい民主国家は争って列の先頭に出ようとしている。EUはこの加盟熱を利用して、一〇ヶ国以上の国々に対して、静かに影響力を行使している。それは、EUへの参加を準備するために、共産主義から資本主義的民主主義への移行を進めさせることである。加盟予定国に課せられているのは、経済の私有化と自由化の促進、通貨の安定、マイノリティーの保護、未解決の国境紛争の解消であり、それはつまり、広大なヨーロッパという家の一員となれるように国内を秩序だったものにすることである。EUはこれまで、西ヨーロッパの民主化と平和に貢献してきたが、いまや東ヨーロッパに対しても同じことをしようとしているのである。

統合への懐疑

ヨーロッパ統合の成果にもかかわらず、EUの将来についての評価は、統合が経験した近年の後退や、今後の課題のあまりの巨大さによって抑え気味にならざるをえない。たしかにこの一〇年間、ヨーロッパには失望する要素もあった。一九九〇年代初頭、EUはボスニアでの虐殺をとめようとしてみじめな失敗をしている。一九九四年、ノルウェーは加盟を否決した。デンマーク、スウェーデン、イギリスは、当分、ユーロ圏の外にとどまることを選んだ。二〇〇〇年一二月のニース・サミットでは、拡大への道を開くために組織改革について実質的な進展を行うように予定していたが、期待を大きく裏切ることになった。ニース条約は、そこに含まれる改革の程度が制限されたにもかかわらず、二〇〇一年六月のアイルランドの国民投票で否決され、中欧へのEUの拡大に対して、人々がそれほど熱意をもっていないことを明らかにした。

これらは深刻なつまずきではあるが、多くの理由から、EUが将来、直面するであろう問題に対処する能力を疑う原因にはならない。たとえ最高の環境下にあっても、統合と融合の過程は困難かつ遅々としたものである。なぜなら、あらたな政治主体を構成しようと集まった国家は、もっとも大切にしているもの、すなわち主権と自治をあきらめるように要請されているからである。例としていくつかあげると、アメリカ、ドイツ、イタリアといった国々もすべて、最初は、その構成単位から徐々に一体化していった。現在進行中のヨーロッパの統合でも、これまでも、そしてこれからも、事情は変わらない。EUには、いいときもあれば、悪いときもあるだろう。それはときには勢いを失い、加盟国や市民の支持を得られないように見えることもあろう。しかし、この五〇年間もそうしてきたように、ヨーロッパは、次の一歩を進めようという意志を集約していくであろう。

統合のプロセスは、ある一点を超えると加速する傾向にあることもまた、心にとどめておく必要がある。アメリカでの政治の中央集権化は、一八〇〇年代後半までゆっくりと進み、そして羽ばたいた。一八九〇年代は、行政府の権限、合衆国海軍の規模、外交的野心の射程が著しく拡大した時期であった。同様に、ドイツ統一も当初はゆるやかに展開したが、世紀の転換点に、急速な中央集権化と海軍力増強によって特徴づけられるあらたな段階に移行した。ＥＵがそうした加速した統合段階に入るのかどうか、入るならばいつなのかということを予測するのは不可能である。しかし後で検討するように、拡大が差し迫っているという予測が、促進要因となることは十分にありえるだろう。

民主主義の赤字

　ＥＵの将来についての楽観的予測は、ユーロ懐疑派の議論の脆弱さからも生じている。とくにアメリカの専門家は、ＥＵの地政学的意味を無視しつづけていることが多く、ヨーロッパが重要な国際的アクターとして一体化することはないと論じている。彼らは論点を四つ指摘している。第一に、ヨーロッパの脱国境的組織は、民主的な正統性を欠いているという。ＥＵが統合を深化させようと試みるにつれて、この「民主主義の赤字」[30]を増やしてしまうだろう。第二に、ＥＵの人口は高齢化しつつあり、ドイツをはじめとする諸国は、労働力の減少と年金システムの破綻に直面している。第三に、この数年のうちに開始が予定されているＥＵの東方への拡大が、連帯を弱め、集合的性格のさらなる発展を阻害するという。第四に、ＥＵはこれまでも、そしておそらく今後も、軍事的には弱者であるだろうから、より重要な地政学的役割を担うことはできない。

　ＥＵは、もちろん民主主義の赤字を抱えている。近年、欧州議会の役割を強化し、ＥＵ横断的な政党の結成を促進する方法を採用したにもかかわらず、国民国家は政治領域において強味をもっている。言語の相違と国民文化の独自性によって、政治における国家領域はとりわけ恒久的なものとなり、一般市民に、EU組織の正統性と代表的性質について疑問を抱かせることになる。一九九八年に選出されたドイツ中道左派政権の外相ヨシュカ・フィッシャーが認めたように、EUはしばしば「よくて退屈、悪くすれば危険な、顔も感情もないブリュッセルの欧州官僚によって動かされている官僚政治であると見られている」[31]。EU加盟国の市民は、自らの運命を欧州委員会とその無責任なスタッフに預けようとはしないだろう、と懐疑派は主張する。

これは、理にかなった、説得力のある批判であるが、歴史的に検討すると、それほど強力ではなくなる。政治の超国家的領域の正統化は、つねに、それ自身が困難で漸進的プロセスである超国家的組織の発展にかなり遅れをとるものだからである。無責任な行政への恐れから、アメリカ建国の父たちは、憲法にチェック・アンド・バランスの仕組みをつくり、市民の武装の権利を守った。アメリカが単一の連邦国家となってから数十年たった、南北戦争の終結によってはじめて、国家が個々の州を決定的に上まわり、国民の政治的アイデンティティの主要な拠り所と、政治的な忠誠心の主たる対象になったのである。

南北戦争前夜、合衆国陸軍の軍人であり、南部諸州の脱退への強硬な反対論者であったロバート・E・リーは、次のような感動的な言葉を残している。「連邦への私の強い忠誠によって、私は私の親族、子供たち、ふるさとに対して手をあげる決心がつかずにいる。……もし連邦が解体し、政府が崩壊したならば、私は生まれ故郷の州に戻り、人々とともにその惨状を分かち合うつもりである」[32]。ヨーロッパには民主主義の赤字があるかもしれないが、しかしそれは、統合過程にあるすべての政体が必然的に通り抜けなくてはならないものなのである。

ヨーロッパのエリートは、EUをより民主的なものとしなくてはならないことを理解しており、その問題解決に向けて行動を起こしはじめている。EU憲法の制定が現在考慮されているが、多くのヨーロッパ人は、起草、議論、批准の過程を、人々のより深い関与を啓発する手段とみている。おおよそEU人口の三分の二が憲法の制定に好意的である。二〇〇二年三月、EUは、フランスの元大統領ジスカール・デスタンを議長として、実質的に憲法制定会議をスタートさせた。会議の使命は、二〇〇四年に予定されているEU改革に関する主要な会議に向けて提案を準備することである。憲法ができれば、加盟国とEUの諸機構との間の境界線がより明確に示されることになるだろう。また、民主主義的な説明責任を高めるために、各国の議会と欧州議会双方の権威を拡大するようになるかもしれない[33]。

最近、ドイツが機構変革について積極的なリーダーシップをとるようになって、改革の見通しは明るいものとなった。ドイツは、第二次世界大戦の戦後努力の一環として、近隣諸国との和解を追求し、安心させるために、長年にわたってほかの欧州諸国の下す決定に従ってきた。指導力の発揮に自信を回復した証として、一九九九年に首都の座がベルリンにもどされ、ドイツは、EUの発展を導き、民主主義の赤字を是正する努力を先頭に立って行ってきた。フィッシャーは、二〇〇〇年五月の非常に賞賛されたスピーチのなかで、次のように説明している。「経済と通貨のコミュニタリゼーションと、政治民主機構の欠如の間に緊張関係が生じている。もしわれわれが、政治的統合と民主主義の不足を補う生産的な手段を講じ、統合のプロセスを完成させなければ、EU内部を危機的状況に陥れてしまうかもしれない」。

　フィッシャーは、どのような生産的手段が必要とされているかについてはっきりと述べた。「答えは非常に単純である。諸国家の連合から、欧州連邦としての完全な議会化への移行……それは、少なくとも欧州議会と欧州政府が、実際に連邦内において、立法と行政の力を行使することである」。フィッシャーは続けて、この連邦は「民主主義の不足を補うであろうから、市民が理解できるような連合」となるだろうと述べている。またフィッシャーは、次のようにもいう。「こうしたことはすべて、国民国家の解体を意味しない。なぜならば、たとえ完成された連邦であっても、文化的、民主主義的伝統をもった国民国家は、人々によって全面的に認められた市民と国家の連合の正統性を保証するためには不可欠だからである。……たとえヨーロッパの最終形が完成しても、われわれはそれでも、イギリス人であり、ドイツ人であり、フランス人であり、ポーランド人であるだろう」[34]。

　数ヶ月後、ゲアハルト・シュレーダー首相は、二院制構造の政府の設立を提案した。それは、各国からの閣僚からなる上院と、選挙で選ばれた代表からなる下院から構成される。フィッシャーの構想にあるように、欧州の国民国家は重要な政治的パワーを保持しつづけるが、統合政府の各組織はかなり強化されるようになる。フィッシャーとシュレーダーの詳細な組織案が実現されるかどうかは、人口においても富においてもEU最大の国家が、ヨーロッパ連邦を積極的に推進し、それにいたる道筋を明確に述べているという事実に比べれば、それほど重要ではない。

トニー・ブレアの政策転換

イギリスもまた、ＥＵの機構的発展について、これまで以上の柔軟性を見せている。トニー・ブレアはすでに、イギリスの政策において劇的な一八〇度の転換を画策している。ヨーロッパについての長年の懐疑主義を捨て、イギリスは近年、ＥＵの核の一部としての立場を確立しようとしている。ブレア首相の言葉によれば、イギリスはＥＵ内で「指導的なプレーヤーかつ戦略的なパートナー」になれなければならない。彼は、防衛面におけるあらたな展開を支持している。また、政権二期目には、イギリスのユーロ圏への参加を準備する意向であることも示唆している。二〇〇一年の選挙において保守党の候補であったウィリアム・ヘーグは、ユーロ反対を選挙キャンペーンの中心に据えたが、彼の党は惨敗した。

ブレアは、ヨーロッパが発展して、「超国家」になることには反対しているが、「強い欧州のなかの強いイギリス」の支持を明確にしている。それは基本的には、個々の加盟国がＥＵ機構と共存するという、ヨーロッパの超国家主義の一種である。[35]同様に、彼はＥＵ憲法という考えをためらっていたが、「政治的文書であって法的文書ではなく、ゆえに、とても単純で、欧州市民にとってわかりやすい」であろう「諸原則宣言」を提案してきた。ブレアはまた、民主的監視を強化するために、欧州議会に第二院をつくることも求めている。[36]彼の考えは、シュレーダーやフィッシャーのものとは完全には一致しないが、彼らは皆、ＥＵ機構の将来について議論を喚起し、より民主的で効率的な統治の形に向けて努力することの必要性については認識している。

フランスはＥＵの発展についてそれほど積極的とはいえなかったが、それは、一九九七年から二〇〇二年まで続いた保革共存政権（コアビタシオン）のせいでもあった。ジャック・シラク大統領とリオネル・ジョスパン首相は、異なった政党の出身であり、異なった見解をもっていた。シラクは統合の深化について、とくに外交安全保障政策の問題に関して積極的であった。彼は、また、EU憲法の強力な支持者であり、「そのような文書がヨーロッパ人を一つにまとめ、厳粛なる承認行為によって、統合への一体感が生まれるのである」と論じた。二〇〇一年の夏、シラクは、憲法が二〇〇四年までに批准手続きにかかれるように希望すると述べた。[37]

ジョスパンはより慎重であった。二〇〇一年五月、彼は欧州の未来についてのスピーチのなかで、ドイツの連邦主義的傾向に反対した。「私は一つのヨーロッパを望んでいる。しかし、祖国にも愛着をもっている。フランスやほかの欧州諸国の地位を損なうことなく、ヨーロッパをつくり上げること――これが私の政治的選択である」。[38] この見解は、フランスが欧州統合の基礎を固め、数十年にわたってその発展を導いてきた役割を考えると、逆説的なものである。そもそも、モネとシューマンは、欧州統合の最初期段階を構想しはじめたときにおいてさえ、連邦主義を強く支持していたのである。

ドゴール主義の遺物

しかし、ドゴール主義の遺物がフランスの政治に悪い影響をおよぼしており、ヨーロッパ統合事業という大きな野心をもちながら、同時にその野心の実現をじゃまするというようなナショナリズムを生み出しているのである。最近のフランスの立場は、世界での役割においては強力であるが、統治機構としては弱体であるようなヨーロッパを求めるものである。これは、論理的にも、現実的にも不可能なものであろう。ヨーロッパが分権化し、断片化することはありえないが、同時に、地政学的野望を追求することもできない。にもかかわらず、脆弱性と偉大さの結合というフランスの独自性は、この矛盾したスタンスを生み出した。フランスは、もはやグローバルな影響力をもつほど強力な存在ではなくなったため、代わりにヨーロッパにそれを求めているのである。しかし、その脆弱性はまた、フランスに、統合を進め、国民国家をヨーロッパ統合事業へとさらに昇華させるだけの自信を失わせてもいるのである。機構改革に対するフランスの対応の遅れは、指導的な役割を果たそうというドイツのあらたな意思に対する、ある種の不快感からも生じている。

EU機構の深化に対するフランスの矛盾した立場は、それが長期的に擁護できないというだけでも、長続きしそうにない。対外的に強力なヨーロッパが、内部において脆弱ではありえない。くわえて、二〇〇二年の大統領選挙でジョスパンが敗北したことで、シラクと彼のヨーロッパ統合を推進するスタンスは梃入《てこい》れされるだろう。フランスはまた、東方拡大への準備のため機構改革が急がれるようになると、ドイツやほかのEU加盟国からの圧力にも直面することになるだろう。EUの一体性を危険にさらすのか、あるいは機構の深化を進めるのかという選択を迫られたとき、たとえ国家主義的なフランスであっても、その答えは明らかである。欧州統合事業はきわめて重要なものであり、とくにフランスにとって、その利害はあまりに大きい。

最終的に、たとえヨーロッパの民主主義の赤字が、ゆくゆくはさらなる統合に歯止めをかけるとしても、それは、EUがアメリカにとって深刻な対抗勢力にはならないということを意味しない。

EUはすでにアメリカの影響力に挑戦している。したがって、グローバルなパワーの中心になる前に、厳格な連邦になる必要はない。西ヨーロッパから中欧にいたる地域を包含し、アメリカのそれに匹敵するだけの富をもつEUは、元来、それだけでアメリカの対抗勢力なのである。もちろん、より単一で集合的な性格になればなるほど、ヨーロッパは、声を一つにして、立場を強固にすることができるだろう。しかし、今日のようなゆるやかなヨーロッパでさえも、とりわけアメリカの戦略的優先順位の変動とあいまって、変化しつつあるグローバル・システムのなかで新興勢力となっている。

高齢化するEU

EUの人口統計的な問題は、疑いなく深刻なものである。第二次世界大戦後の時代における出生率の低下によって、たとえばドイツでは、二〇二〇年までに一人の年金生活者を一人の労働者で支えることになる。[39] EU経済の牽引力であるドイツが、労働人口の不足と、労働者の負担を上まわる年金の支払いによって停滞する危険がある。二〇〇〇年に行われた調査によれば、ドイツの年金システムは、このままでいけば二〇一九年に赤字になり、二〇三二年までには年金負担がGDPの五〇パーセントに達するとされる。フランスとイタリアの年金システムは、これよりもさらに劣悪な状況にある。[40]

人口の高齢化がもたらす経済的影響を相殺するための簡単な解決策はないが、EU加盟国は、前途に待ち受ける潜在的な危機を十分に認識しており、それを避けるために手段を講じはじめている。

二〇〇一年にドイツ議会は、国家年金制度の負担を軽減するために、労働者に民間の年金プランに投資させようと、減税やそのほかのインセンティブを与える法案を成立させた。EU加盟国はまた、外国人労働者の流入規制をどのように自由化するかも議論している。たとえばドイツでは、情報産業部門での不足を補うために外国人労働者への依存をはじめている。二〇〇〇年八月、ドイツ政府は、二万人のコンピュータ・エンジニアを、おもにインドからよびよせるために特別の移民プログラムを立法化した。

EUの東方拡大は、問題解決に非常に重要な意味をもっている。中欧諸国には、大規模な労働要員が存在しているため、いくつかのEU諸国における人員不足の軽減を約束してくれるだろう。トルコの若年層もまた、労働力供給の主たる候補である。いまだにそれほど活発ではないEU内での労働力の移動を高めるために、欧州委員会は、言語教育の改善や、失業、年金、健康保険の加盟国内での移動の簡易化、教育および職業における資格の標準化などのさまざまな措置を検討している。[41]

これらの措置は、EUの人口高齢化から生じる問題を、解決できないにしても、改善してくれるであろう。EU加盟国の財政政策の調整改善など、さらなる野心的な改革が求められている。各国政府が税政策のコントロールを放棄することを嫌い、労働組合が退職金減少につながる措置に反対しているなかで、これは容易なことではない。また、移民の社会的な統合を進めることも、緊急の課題であろう。

ＥＵの拡大

拡大については、ヨーロッパの反対者たちは、一ダース以上の新しいメンバーが将来的に加入することは、統一を弱め、意思決定機構を麻痺させる危険があると主張している。問題は、加盟国の増加が統治を複雑化するということだけではなく、新メンバーが民主主義の経験に比較的とぼしく、かなり異なった政治文化と、発展段階の違った経済をＥＵにもちこむことになるということにもある。また、拡大によってＥＵは、農業補助金と開発援助の増加を余儀なくされるであろう。

これらの懸念はすべて正当なものである。拡大はまちがいなくＥＵに、さらなる障害をもたらすことになる。しかし、こうした困難は、ＥＵにとって実際には救いとなるかもしれない。ＥＵが必要な準備をしようとしまいと、拡大は進展するだろう。中欧の新しい民主主義国に対して、すでに約束はなされており、それを反故《ほご》にすることは問題外である。ＥＵ組織の深化は選択の問題かもしれないが、拡大はそうではない。

しかし、拡大が、永遠に先延ばしにされていたかもしれない内部改革を最終的にＥＵに迫る重要な触媒になるかもしれないのは、まさに、深化なしの拡大がＥＵの機能を阻害する可能性があるからである。拡大の準備によって、緊急性の意識がつくり出され、ＥＵの指導者は、機構の深化という政治的に難しい仕事にとりかかるための国内的梃子を得ることになった。フィッシャーやほかの政治家たちは、拡大がＥＵを麻痺させる可能性があると知りながら、次のようにこれまで発言してきた。「しかし、この危険は、拡大をできるかぎり速やかに進める努力をしない理由にはまったくならない。むしろ、ＥＵの行動能力が拡大後も維持されるように、断固とした、適切な組織改革が必要だということを示している」[42]。

ここでも、アメリカの経験が重要な対比を示してくれる。アメリカが、北部と南部の文化的、経済的断絶という、おそらくもっとも脆弱《ぜいじゃく》な点に対処を迫られたのは、結局は西部への拡大によってであった。一八〇〇年代前半、自由州と奴隷州は、拡大が進展するにつれて、彼らの政治上の相違が表面化しないように、ミズーリ協定などのさまざまな取り決めを結んだ[43]。この意味では、組織改革は先延ばしされたのであるが、それは連邦の一体性にとって高い損失となった。西部への拡大の継続によって、ついにこれらの隠された政治上の相違が白日のもとにさらされ、南部と北部が直接衝突するにいたった。南北戦争は多くの人命を奪ったが、これによって、社会的、政治的改革を進め、より効率的で中央集権化した統治を整えるための基盤ができた。したがって、拡大とそれが引き起こした危機的状況が、現在のアメリカのイデオロギーと機構上の基礎となっているような連邦主義への道を開いたのである。

ＥＵの拡大が戦争を引き起こす可能性は、幸いなことにほとんどないが、これによって、消極的な加盟国を重要な組織改革に取り組ませられるようになる。二五ヶ国以上が参加する連合が効率的に機能するためには、ＥＵ機構の権威を強化することが必須である。それは、現在は全会一致を必要とする問題について、特定多数決制を導入することを意味する。それはまた、欧州委員会に、経済政策、やがては外交防衛政策の監視をゆだねることである。さらに、欧州議会の役割の拡大も含まれよう。そして、直接選挙で選ばれるＥＵ大統領制の創設を意味するかもしれない。

ユーロ導入の基本モデル

また、拡大によってEUは、加盟国のなかで、コアとなる国と、統合がゆっくりと少しずつ進む国を区別するように求められるだろう。差異化への依存が強まることで――それをEU官僚は婉《えん》曲《きょく》に「強化された協力」とよんでいる――、コア・メンバーがより深化した統合を追求する一方で、そのほかの国は離脱するか、もしくは長い移行期を経ることが可能になる。ユーロの導入は、基本的にこのモデルに従ったものである。コア・グループが先頭を行き、ほかの国々は、十分な政治的意思を確保しつつ、一定の経済基準を満たしたときにユーロ圏に参加する。この多層的なアプローチは、EUがつねに最小公約数の状態でとどまらないようにするものであり、中欧諸国が加盟しはじめると非常に重要な意味をもつ。フィッシャー外相の言葉によれば、「拡大し、したがって必然的により雑多になるEUにおいてはまさに、さらなる差異化が不可避となろう」[44]。このような柔軟性のおかげで、動きの遅い国がほかの加盟国を押しとどめることを避けられるだけでなく、欧州のコアとなる国がさらなる統合の深化を進め、最終的にはEU全体の政治的な指導国となりうるのである。

最後に、拡大は、長く懸案となってきたEU予算の改革を要請するものとなるだろう。本質的に農業補助金と価格保証のプログラムである共通農業政策（CAP）は、EU全体の予算のほぼ半分を占めている。CAP改革の試みは繰り返し行われてきたが、おもにフランス農家の政治的影響力によって、ほとんど進展していない。しかし、中欧の農業部門の規模を考えれば、拡大が進展するためには、CAPの改革が不可避である。ドイツ政府はすでに、加盟各国が農業補助金を国ベースで対処するといったことも含めた、多くの提案を行っている。

拡大によって、ＥＵの地域援助プログラムの改革もまた必須となろう。ＥＵ予算のほぼ三五パーセントを占める開発援助は、惰性と政治的手詰まりが混ざり合った結果に苦しめられてきたもう一つのプログラムである。経済援助を求める国があらたに加入することによって、プログラムの総点検が必要となるだろう。簡単にいえば、拡大は、ＥＵがやがてくる制度上の障害を乗り越えるためにまさに必要な衝撃であるといえるかもしれない。

防衛は、ユーロ懐疑派によって繰り返しもち出される最後の問題であり、それは理解できることでもある。ＥＵ加盟諸国は安全保障の分野で重要な貢献をしているが、それは大部分、非軍事的手段――紛争多発地域への多額の経済援助や紛争の解決、民主化、国家建設への金と人の提供――によってである。欧州の軍隊はおもに平和維持活動に積極的に参加してきたが、ほとんどの欧州諸国は、それ以上の作戦行動に参加するだけの能力を欠いている。

問題は、兵士の数ではなく、火力である。ＥＵの全体的な防衛予算はアメリカを大きく下まわるとはいえ、ヨーロッパは戦闘準備の整った兵士をアメリカよりも多く維持している。防衛予算は、よく訓練され装備の整った軍隊と、それを必要なところに移動させる手段を確保するためではなく、人件費の支払いや大規模な国防軍の維持に向けられている。ヨーロッパは、独自に大きな作戦を行う能力を欠き、米軍とその卓越した兵站《へいたん》能力に依存している。ＥＵが軍事的に弱体であるという批判はまちがっていない。

しかし、時代は変わりつつある。ヨーロッパは転換点をむかえている。いくつかの理由によって、その軍事プレゼンスは今後、大きくなるであろう。

ヨーロッパの出番

まずヨーロッパは、集合的な統治のための中央集権化した、権威のある構造をつくりつつある。それは、共通防衛政策にとって必須の前提条件である。通商政策を調整し、コンセントの大きさを標準化することと、通貨を捨て、EU憲法の必要性を議論することは別物である。後者は、象徴的にも実際的にも、主権の真の共同化と、国家レベルから超国家レベルへの、政治、利害、アイデンティティの移譲を意味する。また、新規加盟国の参加準備として、EUはさらにその権威を集権化する方向に進もうとしている。ヨーロッパの機構改革は、一九世紀後半に行われたアメリカの政治的機構の中央集権化と同様に、地政学的野心の拡大をうながすことになろう。

ヨーロッパの成熟を示すもう一つのはっきりとした徴候は、共通の安全保障政策を策定し、それを支えるだけの軍事力を獲得する試みを強化していることである。一九九九年、EUは外交安全保障政策の上級代表の地位をつくった。それは実質的に、ヨーロッパ全体として最初の外交政策責任者であり、NATOの元事務総長であったハビエル・ソラナが選ばれた。ソラナは、共通防衛政策を策定する権限をもった新しい政治軍事評議会の進展を監督した。そしてEUは、二〇〇三年までに、ただちに配備可能で、最低一年間は継続して展開できる能力をもった、およそ六万人規模の緊急対応軍を準備することを決め、その後、加盟国は、この公約を守るために、防衛計画と予算の調整をはじめた。

ＥＵの防衛予算は縮小しており、計画しているレベルの軍事力をヨーロッパが獲得するためには、あらたな支出が最終的に必要になるだろうというユーロ懐疑派の指摘は正しい。しかしＥＵは、すでに防衛にまわしている資源をもっと有効に用いることで、かなりのことを達成できる。各国の調達計画の調整、どの加盟国がどの軍事任務を果たすかという実際的な分業、未熟な徴兵軍から洗練された職業軍への転換によって、ＥＵの軍事能力はかなり改善されるであろう。

重要な改革はすでに行われている。フランスは、国民皆兵制度を段階的に廃止した。ドイツは、防衛部門の徹底的な見直しをすでに行っており、現在、重要な変革を遂行中である。また、新しい集合的な調達計画が動きつつある。二〇〇一年六月、欧州九ヶ国（ドイツ、フランス、スペイン、イギリス、イタリア、トルコ、ベルギー、ポルトガル、ルクセンブルク）は、Ａ４００Ｍ輸送機を全部で二一二機購入することに決めた。[45] この輸送機は、欧州の防衛産業の新しい協同企業体であるＥＡＤＳ(European Aeronautic Defence & Space Company) が八〇パーセント保有するエアバスによって製造される。ＥＵ加盟国は、また、ガリレオとよばれる独自の衛星ネットワークの構築に合意しており、アメリカの設備と技術へのヨーロッパの依存を縮小することになるだろう。

ＥＵはまた、その外交努力をこれまでにない形で発揮しはじめている。二〇〇一年三月、ブッシュ政権は、南北朝鮮の和解推進について、クリントン時代の前向きな姿勢から後退することを示唆した。ＥＵは、この地域への悪影響を懸念して、アメリカが放棄しつつあった仲介役を引き受けると声明した。「これは、ヨーロッパが間に入らざるをえないだろう」と、当時ＥＵの議長国であったスウェーデンの外相が述べている。[46] その月の終わりになって、アルバニア人の反政府組織がコソボ国境付近の丘陵地帯でマケドニア軍と交戦し、マケドニアに戦争の危機が迫った。ブッシュ政権はこの問題からも距離をおいたが、ＥＵはふたたび介入し、外交上の主導権をとった。ソラナやそのほかの欧州当局者は、この危機を解決するのにアメリカよりも重要な役割を果たした。ＥＵはそれ以降、マケドニアの平和維持活動の指揮権をＮＡＴＯから引き継いだ。モンテネグロの独立への動きの機先を制して、ユーゴスラビアの指導者たちが、新しい国名をセルビア・モンテネグロにするという合意に達した二〇〇二年三月の交渉を仲介したのも、ＥＵであった。二〇〇二年の間中、ＥＵは、長年にわたってアメリカ外交の専管事項であったイスラエルとパレスティナの交渉に深く関与し、五月にベツレヘムで、キリスト生誕教会の占拠を終わらせることに中心的な役割を果たした。

ドイツの代表的新聞の一つである『フランクフルター・アルゲマイネ』紙はこの傾向について、「ヨーロッパの出番である」と断言した。『ニューヨーク・タイムズ』紙は「より独断的なヨーロッパ」とコメントし、ＥＵが「ヨーロッパの景気回復と政治・経済統合の進展によって、世界の舞台において新しい自信を得た」とも述べた[47]。

もちろん、ＥＵは、外交・防衛問題でゆっくりかつ控え目な展開をしている。しかし、それまでばらばらであったものを継ぎ合わせることでつくられた、アメリカやドイツやそのほかの国も、同じ道を歩んできた。国家は、その本質からして、いやいやながらでしか、自らの主権をあきらめ、その運命を連合にゆだねることはないのである。いまや、欧州諸国がその飛躍をするときである。

ＥＵが発展のあらたなステージを準備していることは、たんに時間と成熟の作用によるものだけではない。ヨーロッパが地政学的野心を拡大させているのは、欧州の政治で統合が果たしているイデオロギー的役割の変化のせいでもある。過去五〇年間、指導者たちは、ヨーロッパ統合事業とそれにともなう犠牲について、二つの観点から正当化を行った。第一に、欧州は、その過去から逃れるために統合を行わなくてはならない。対立と戦争を克服するには、統合が唯一の道だったのである。第二に、ヨーロッパは共産主義の脅威に対して一丸とならなくてはならなかった。ＮＡＴＯがその最前線にあったが、ＥＵはその間ずっと、ヨーロッパの経済力と政治的自信の回復に努めた。

これらの統合を正当化する理由はいずれも、いまやあまり意味をもたない。ソ連は消滅し、ロシアは、たとえ望んだとしても、西欧の脅威となるにはあまりにも弱体である。さらに、第二次世界大戦から五〇年以上がたった今では、過去からの逃避は、もはや多くのヨーロッパ人にとって差し迫った理由として共鳴できるものではない。歴史的知識を別にすれば、戦争も欧州復興のどちらも経験していない若い世代にとって、逃れるべき個人的な過去など存在しないのである。数十年にわたってＥＵに意義と動機を与えてきた支配的な政治的言説が、急速にその妥当性を失っている。

代わって登場したのが、過去ではなくヨーロッパの未来を強調する新しい言説である。そして、統合を、国民国家の地政学的野心を抑制する手段として正当化する代わりに、このあらたな言説は、パワーを獲得し、欧州全体としての地政学的野心を投影する方法として、統合を描き出す。フランス大統領ジャック・シラクは、一九九九年一一月のパリで行った演説で、これ以上ないほどはっきりと言明している。「欧州連合自体が、真の力を発揮する方策を獲得することで、国際的均衡における主要な極とならなくてはならない[48]」。安全保障分野においてEUがいかなる役割を果たすことに対しても、長年にわたって強く反対してきたイギリスでさえ、方針転換をしている。トニー・ブレア首相の言葉によれば、「欧州市民は、団結した強いヨーロッパを必要としている。それが世界的な力となることを求めている。その起源がなんであろうと、今日のヨーロッパは、もはやたんに平和を求める存在ではない。それは、集合的なパワーを発揮するものなのである[49]」。

統合の正当化

したがって、ヨーロッパの選挙民の間で、統合があらたに正当化されつつある。それは、逆説的ながら、新しい汎ヨーロッパ・ナショナリズムという形をとる。欧州各国は外交的野心というものを永遠に捨ててしまったのかもしれないが、しかし、その願望は、集合的な欧州というレベルで回帰しているのである。これらの新しい政治的傾向が勢いを増せば、ヨーロッパの地政学的野心もまた大きくなるだろう。

非常に奇妙なことに、アメリカもまた、ヨーロッパの地政学世界への回帰に勢いを与えている。ヨーロッパは、数十年にわたって安全保障に関してアメリカに依存するという贅沢《ぜいたく》を享受してきたため、防衛問題について弱体で未整備である。アメリカの戦略的傘をヨーロッパへ広げることによって、冷戦時代に平和を保っただけでなく、ヨーロッパがそのおもなエネルギーを政治と経済の統合に傾けることを可能にした。アメリカは、ヨーロッパが統合プロセスを立ち上げ、軌道に乗せるために必要な時間を稼いでくれたのである。しかし、年月がたつにつれて、戦略的な必要性は不健全な依存に変わった。ヨーロッパは、アメリカがその保護者となってくれる意思にただ乗りすることになったのである。一九四九年以来の、とくに一九八九年以降のあらゆる変化にもかかわらず、ヨーロッパは安全保障問題に関してアメリカに依存しつづけている。

したがってヨーロッパは、長年、非常に有利な取引をしてきたといえよう。しかし、ほとんどのうまい取引と同様に、これにも終わりが近づいている。復興中の欧州と覇権国家アメリカの間に結ばれた冷戦協定は、急速に消えつつある。当然であろう。冷戦は終わり、欧州諸国は平和で、EUは繁栄している。いまやヨーロッパがより大きな防衛負担をすべきだというアメリカ議会の主張は、きわめて当然といえる。コソボの戦闘とバルカン半島でのアメリカの平和維持部隊の存在は、ヨーロッパの成熟のために、アメリカがさらに少し時間稼ぎをするつもりがあることを明確にした。しかしコソボ紛争でアメリカはこれ以上ないくらい気乗り薄であった。そしてブッシュ政権は、バルカン半島に米軍を永久的に駐留させることについて、アンビバレントな感情を明らかにした。この懸念は、本土防衛とテロとの戦いにあらたに焦点を絞ることから生じる負担の増加によって、強くなるだけだった。

ヨーロッパにさらなる防衛責任を担わせるためには、アメリカが欧州安全保障の保護者の役割に関心を失う可能性に直面させるのが最良の方法であろう。NATOのコソボ戦争終結直後に、ヨーロッパが共通防衛政策を構築する努力を倍加させたのは偶然ではない。ヨーロッパの人々は、欧州の周辺部のどこかで次に戦争が起きたときに、アメリカが姿を見せないのではないかという恐れを、当然のように抱いた。そして、彼らは、そのような事態にいま備えるか、あるいは見捨てられるかのどちらかしかないということに気づき、欧州の軍事力を拡張するという正しい選択をしている。しかし、それはまた、アメリカの優位を犠牲にして、ヨーロッパにより大きな地政学的影響力を必然的に与える選択でもあった。

北米と欧州との間の戦略的関係におけるこの根本的な変化は、まだ初期段階にあり、今後数年の間に勢いをつけるであろう。そして、その推進力はゆっくりと増加する欧州の新しい野心からだけではなく、アメリカの国内政治や、欧州の勃興に対する分裂病的な反応からも生じる。これらについては、後の章（下巻）でとり上げる。

3　ローマの再来

対立するアメリカとヨーロッパ

今日の世界とローマ帝国末期の世界には驚くべき類似点がある。当時のローマと同様、現在のアメリカは卓越した存在であるが、帝国の中心からパワーと影響力が徐々に拡散するのを目の当たりにするにつれ、覇権の負担に疲れを感じはじめている。そして、当時のビザンティンと同じく、今日のヨーロッパは、独立したパワーの中心として登場し、単一世界を二つに分かとうとしている。

アメリカとヨーロッパが、ローマとビザンティンと同じ道を行くのか、すなわち、地政学的な対立関係になるかどうかはまだわからない。しかし、警戒信号はたしかに存在する。アメリカはすでに、ユーロや、欧州経済の成長、そのトップ企業などからのプレッシャーを感じている。EUの地政学的野心はいまだ限られてはいるが、追い風の兆しが明らかに見られる。そして、EUに防衛力の増強を求めてきたにもかかわらず、アメリカは、より自信に満ち、独立したヨーロッパに場所を空けなくてはならなくなったことについて、非常に不満を感じている。おそらく、アメリカとヨーロッパは不快感の増大を経験しつつあるのだろう。政治的な人気とりの行動は、たぶんすぐにすたれるだろう。しかし、もし歴史を参考にするならば、この一時的な競争関係は、より深刻な対立へと発展する可能性が高い。

今日の西側世界と四世紀のローマ帝国との間に類推を行うことについては、時代は変わり、政治は穏やかなものになったと反論があるかもしれない。北米とヨーロッパの間に生じつつある関係は、ローマとビザンティンの間の不機嫌な対立とはまったく異なったものになるだろう。社会的な価値観は何世紀もの間に進化し、今日では政治的、宗教的暴力が、とくに自由民主主義国間では、ローマ帝国時代よりもずっと見られなくなったのはたしかである。アメリカとヨーロッパは、互いの間で戦争が起きることなどほとんど考えられなくなるような政治共同体をつくり上げてきた。また、二〇〇一年九月のテロ攻撃後、ヨーロッパはアメリカを支持し、NATOはその歴史上はじめて、一国に対する攻撃を全体への攻撃と見なすという条約の条項を発動している。さらに、たとえヨーロッパが防衛面で前進しようとも、その戦闘能力は、近い将来には、穏健なものにとどまるだろう。つまりEUは、アメリカへの軍事的脅威にはなりそうにない。

これらのことを考慮すると、明らかにアメリカとヨーロッパとの間で武力紛争が起きることは、まったくありそうもない事態である。しかし、ヨーロッパの勃興と、結果としてのアメリカとの対立が地政学的な影響をもつかどうかを判断する基準を、大西洋をはさんで戦争が勃発する可能性から議論するのはあまりにも乱暴であろう。考えられる結果について、以下にいくつかあげてみよう。

ヨーロッパの勃興

ヨーロッパの富、軍事力、そして集合的性格が増大するにつれて、より大きな国際的影響力を望むようになるだろう。アメリカの優位性拡大の意志が、たんに自己利益からだけでなく、その指導者的立場からもたらされる感情的満足感——これをナショナリズムとよぼう——からも生まれているように、ヨーロッパの勃興はステータス向上への要求を生むことになる。現在、アメリカが国際序列のトップにいるため、EUの自立性拡大と地位向上への試みは、少なくとも最初は、アメリカの影響力へ抵抗し、対米服従の長い時代を終わらせるという形をとることになる。

何人かの欧州の指導者はすでに、アメリカの強大な力と高圧的なやり方への不満をはっきりと述べている。フランス外相のユベール・ヴェドリーヌは一九九九年に、次のように訴えている。「われわれは、政治的な一極世界や文化的に単一の世界、あるいは唯一のアメリカのメガパワーによる単独行動主義を認めることはできない」。ジャック・シラク大統領はこれに完全に同意して、「アメリカの覇権に対して戦う手段が必要である」と述べている。一九九九年一二月、中国の江沢民国家主席との会見直後に、ロシアのボリス・エリツィン大統領は「一極構造がよくないという点でわれわれは合意に達した。多極構造が必要とされている」と宣言した。[50]
ジョージ・W・ブッシュが大統領に選ばれ、その単独行動主義的資質と外交政策の傾向によって、このような感情はますます強くなった。対テロ戦争をイラク、イラン、北朝鮮にも拡大していくというブッシュの宣言に続いて、ヴェドリーヌ外相は、「他国に相談することなく、自らの世界観と利害のみに基づいて物事を決め、単独行動主義的に」行動したアメリカに対して、ヨーロッパははっきりと反対の声を上げるべきだと主張した。ゲアハルト・シュレーダー首相は、アメリカの優位にどのように向き合っていくのかという質問に対して、「それへの回答と対処は簡単だ。つまり、より統合され、拡大したヨーロッパ」が「さらなる影響力をもつ」ことであると答えた。ヴァレリー・ジスカールデスタンは、二〇〇二年三月にEU憲法起草諮問委員会を開催し、EUの機構改革の成功は「ヨーロッパが世界における役割を変える」ことを確実にするだろうと述べた。彼はさらに、「すでに手にしている経済力だけでなく、現在および将来の地球上で最大の諸勢力と同等の発言力をもつ政治パワーとしても、EUは尊敬され、耳を傾けられる存在になるだろう」と続けて述べた。欧州委員会委員長のロマーノ・プロディは、EUの主目的の一つが、「アメリカに匹敵するような超大国をヨーロッパ大陸に」つくることであると認めている。[51]
こうした声明は、ヨーロッパの政策を導くものであると同時に、国内の選挙民にアピールしようとするものでもある。しかし、たとえ政治的レトリックだとしても、これらの勧告は意義深い。欧州の指導者がナショナリスティックな感情に訴え、ヨーロッパがアメリカの対抗勢力として行動すべきだと主張していることは、米欧関係の潜在的対立をあぶり出すものである。リアリズムの論理と、汎ヨーロッパ的ナショナリズムの論理を合わせてみると、たとえ米欧間に利害の対立が存在しなくとも、大西洋の間には、立場とステータスをめぐって競争関係が生じるだろうことが明確になる。

衝突する欧米の利害

しかしまた、利害の衝突も生じるだろう。幸いなことに、アメリカとヨーロッパには大きな領土問題はない。それらは一九世紀に、戦争と外交の組み合わせのなかで解決されている。しかし、この二者は、ほかの問題をめぐって衝突を起こす可能性が高い。

アメリカとヨーロッパは、中東、とくにイランとイラクについて、長い間、異なった対応をしてきた。ヨーロッパ人の多くは、サダム・フセインを倒すというアメリカの戦争に反対していた。戦争前、イラクに対する制裁体制を維持することは、ほとんど不可能であった。欧州企業もまた、イランやリビアなどでの投資や活動を禁止しようとするアメリカ政府の努力を踏みにじってきた。アメリカ議会が、欧州企業の一九九六年イラン・リビア制裁法（ＩＬＳＡ）違反に対して、ヨーロッパへの制裁を主張するということも十分にありえる事態であった。

二〇〇一年七月に、米議会はＩＬＳＡの五年延長を決めた。一方、ＥＵは、欧州企業がＩＬＳＡに従うことを違法とする法令を定めた。二〇〇一年九月の事件とその後のテロとの戦いによって、中東の政治環境はますます複雑化し、大西洋間の利害の衝突がますます現実のものとなってきた。アメリカとヨーロッパはアラブ・イスラエルの平和プロセスにも異なったアプローチをとってきたため、ヨーロッパが仲介者として関与を強めるようになると、地域諸国が両者を互いに競わせるのではないかという予測も高まった。欧州の指導者は、二〇〇一年後半から〇二年はじめにかけて暴力がエスカレートすると、ヤーセル・アラファト体制への弾圧を強めるイスラエルをブッシュ政権が支援していることを、はっきりと、また激しく非難した。[52]

今後数年間のうちに、ミサイル防衛についての議論がどのようなものになりうるかを考えてみよう。ブッシュ政権は、開発と配備を進める考えを明らかにし、陸上、海上、空中および宇宙空間における迎撃装置を含んだ広範なシステムが望ましいとした。このような広範囲のシステムは、ヨーロッパで受け入れられない可能性が高く、とくに、もしロシアがEUの側についたときに、重要な戦略的亀裂を広げる可能性がある。ヨーロッパは、たんに、ありうる脅威とそれへの対処方法について異なった見解をもっているのである。同盟関係をゆるぎないものにしていたソ連の脅威がなくなったために、この種の亀裂はアメリカとヨーロッパの緊密な戦略的パートナーシップを危険にさらすことになるであろう。米欧関係は戦間期のそれと似たものになるかもしれない。それは、アメリカとヨーロッパ諸国は敵国ではなかったが、明らかに、信頼し合う同盟国とはいえないという状況であった。

アメリカとヨーロッパは、貿易と金融をめぐって、もっと激しい競争関係になる可能性も高い。両者は今日、ともに貿易と投資の力強い流れから恩恵を被り、非常に健全な経済関係を維持している。しかし、自信をつけたヨーロッパと競争力を減退させたアメリカの間では、貿易紛争がさらに政治化される可能性が高いだろう。ブッシュ政権が、二〇〇二年三月に輸入鉄鋼へのあらたな関税を表明したとき、ＥＵは、ＷＴＯでこの動きと争うことを言明した。ＥＵの貿易官僚のトップであるパスカル・ラミーは、「アメリカが保護主義の道に進む決定をしたことは、世界の貿易システムにとって重大な後退である」とコメントした。[53]

ヨーロッパが遺伝子組み換え食品の輸入を制限したことは、アメリカ企業に毎年四〇億ドルの損害を与える可能性のあるものであり、大きな紛争を生じさせ、世界の貿易交渉を分裂させる潜在性をもつものであった。またユーロが準備通貨として登場したことは、国際金融システムの管理についての意見の相違を生み出す可能性もあろう。競争的な通貨切り下げと通貨協調の欠如という戦間期の例からして、支配的な経済大国の不在が、たとえ価値を共有しているはずの同盟国間にも、かなりの金融混乱と独善的な外交政策をもたらす結果になるかもしれないということは明らかであった。

競合する価値観

焦点となるのは、たんに利害の競合だけでなく、価値観の競合である。アメリカとヨーロッパは、かなり異なった社会モデルによって分けられている。ヨーロッパで規制緩和が進展しているとはいえ、アメリカの自由放任資本主義と、ヨーロッパの国家中心的な経済とは非常に対照的である。アメリカ人はヨーロッパ・モデルがもつ成長への足かせを非難し、ヨーロッパ人はアメリカでの収入の不平等、消費主義、物質的利益のために進んで社会資本を犠牲にすることを一歩引いて見ている。両者は、政治手法の問題でも袂《たもと》を分かっている。アメリカ人は、ＥＵが多国間機構や国際法の支配に深くコミットしていることを、ナイーブでひとりよがり、そして軍事的脆弱さの帰結であると考え、一方、ヨーロッパ人は、アメリカが力の行使に頼ることを、単純で利己的、そしてその行きすぎた力の結果であると見ている。ヨーロッパ人はアメリカとの歴史的類似性をいまだに共有しているが、しかし同時に、銃の所有、死刑制度、ガソリンを浪費する車に執着するような社会との断絶もまた感じている。そもそも、アメリカとヨーロッパは、かなり異なった政治文化に根ざしている。そして、その文化的隔たりは狭まるのではなく広がりつつあるようであり、大西洋の両岸を異なった社会進路に向かわせている。

利害と同時に価値観をめぐるこの相違は、国際機構の有効性に深刻な打撃を加えることになりそうである。ほとんどの多国間機構は、現在、アメリカのリーダーシップとヨーロッパの支援のコンビネーションに依存することで、合意と共同行動を生み出している。アメリカとヨーロッパはしばしば一つのブロックとして投票し、国連、ＩＭＦ、世界銀行、あるいはそのほかの多くの機構で勝者連合となっている。こうした協調が、静かに、そして確実に、これらの国際機関をうまく動かしているのである。

しかし、ヨーロッパがアメリカのリーダーシップを支えるのではなく、これに抵抗するならば、多国間機構は麻痺とまではいかなくとも、停滞に陥る可能性が高い。そのような抵抗の初期兆候は、すでに見られる。二〇〇一年五月、ＥＵ加盟国は、アメリカを国連人権委員会から締め出すように働きかけ、アメリカは一九四七年の創設以来はじめて席を失った。そのはっきりした理由は、アメリカの単独行動主義へのお返しであり、アメリカの死刑制度への非難を表明するためであった。同じ日、国連経済社会理事会の別の投票では、アメリカは麻薬統制委員会の代表権を失った。

ヨーロッパは、アメリカの反対にもかかわらず、国際刑事裁判所（ＩＣＣ）の創設を推進した。二〇〇二年七月一日にＩＣＣが設立されると、ブッシュ政権は、アメリカ軍が同裁判所の訴追からの保護を保証されない限り、ボスニアの国連ミッションからアメリカ人を引き揚げると脅すことによって、不快感を表明した。アメリカが京都議定書から離脱したあと、ＥＵ加盟国は、日本やそのほかの一五〇ヶ国とともに、二〇〇一年七月、地球温暖化防止条約をまとめ、ブッシュ政権の使者であるポーラ・ドブリンスキーによる脱退決定の説明にＥＵ代表団は非難をあらわにした。つまり、アメリカとヨーロッパが緊密な協力をやめた世界は、国際機関の日々の活動が危険にさらされる世界なのである。

アジアの勃興

これらのシナリオはいずれも、アメリカとヨーロッパの武力衝突に結びつくわけではない。しかし、そのどれもが、今われわれが暮らしているのとは劇的に異なった、そしてより殺伐とした世界を招来する可能性をもっている。

ローマ帝国の事例は、現在にもう一つの光をあててくれるかもしれない。短期的にはローマの主たる競争者となったのはビザンティン帝国だったが、最終的にローマ帝国とその後継者であるビザンティン帝国を滅亡に導いたのは、非ヨーロッパ勢力の台頭であった。富と軍事力がイスラム世界に拡散したことで、当初、ビザンティン帝国は中東における主要穀倉地帯を失った。オスマン・トルコの軍隊は、最終的にコンスタンティノープルの壁を突き崩すことができ、ビザンティン時代の終わりを正式に告げた。オスマン・トルコ軍はすぐに、ウィーンの目前まで迫った。

これと同様に、アジアの勃興が、長期的には西側にとって、北米と欧州の対立の復活よりも大きな問題となるかもしれない。本書はおもにヨーロッパの台頭を組上《そじょう》に載せるが、それは、これまでEUの地政学的重要性があまりにも見すごされ、軽視されてきたことと、アメリカの優位への挑戦者が、短期的にはアジアではなくヨーロッパであるという二つの理由からである。欧州の上昇の地政学的意味が現実的問題となるのはこの一〇年のことであり、アジアの台頭は、その先の話となる。

しかし、アジアの発展はそれほど先のことではない。二一世紀の最初の三〇年で、中国は世界の指導的国家の一員として登場してくる可能性が高い。もし国内政治がそのときまでに劇的に変化していなければ、アメリカは、たんにもう一つの極としてではなく、イデオロギーと地政学上における潜在的敵国に向き合うこととなろう。欧州の事例とは対照的に、アメリカは、たとえば台湾や朝鮮半島をめぐって、中国との争いに直面するかもしれず、それは、武力衝突に発展しかねない。

日本もまた、やがては経済不況から抜け出し、グローバルなプレーヤーとして再登場してくるであろう。とくに中国との関係が疎遠なため、日本はアメリカとの同盟を守りつづけ、防衛問題についてアメリカの主導に従う可能性が高い。しかし、日本のなかでさえ、近い将来の進路変更の可能性を示す、不穏な動きと初期兆候が見られる。二〇〇一年四月に就任した小泉純一郎首相は、当初から、自らをポピュリスト的かつナショナリスト的なシンボルで包んでいた。彼は、日本の軍隊の役割に制約を加えている条項を削除するような憲法改正を提案した。また、最初の外務大臣に、同様にポピュリストである田中真紀子を選んだ。彼女は、数多くの外国政府高官との会合をすっぽかしたが、そのなかには、新内閣になってから最初のアメリカ政府高官の訪問であった国務副長官リチャード・アーミテージも含まれていた。二〇〇一年八月、小泉首相は、第二次世界大戦の日本の戦士を祭るメモリアルである靖国神社に参拝した。彼はまた、日本の戦時の残虐行為をとりつくろった新しい歴史教科書を認めるという文部省の決定を支持した。これは、中国と韓国で怒りを喚起した。

日本が劇的な進路変更を行い、アメリカへの対抗勢力となるように計画的に振舞うことは、近い将来にはないだろう。しかし、上昇気流のアジアは遠い地平線の向こうにあらわれつつある。そして、北朝鮮の行く末やインドネシアの運命などのさまざまな不透明さとともに、この地域全体は新しい戦略的挑戦とともにアメリカとヨーロッパに向き合うことになるだろう。二〇二五年までには、アメリカとヨーロッパはどちらも、お互いの心配よりも、アジアの台頭について心配するようになっているだろう。

しかし、現時点では、アメリカの唯一の主要な競争相手として登場しているのは、ヨーロッパである。このことがグローバル・システムやアメリカのグランド・ストラテジーに与えるインプリケーションは、国際システムにおける変化のそのほかの主要因――アメリカの国際主義の変化――を検証してはじめて、正確に位置づけられるだろう。

注

まえがき

1 Andrew Sullivan, "America at War: America Wakes Up to a World of Fear," *Sunday Times* (London), September 16, 2001.

第1章 グランド・ストラテジーはなぜ必要か

1 ADM 116/3099, June 22, 1912, Winston Churchillによるメモ，pp.2-3.（この章で引用されている公文書は，すべて英国公立記録保管所が所有するものであり，ADM，CAB，そしてWOはそれぞれ，海軍省Admiralty，内閣 Cabinet，陸軍省 War Officeを表している.）

2 J. H. Rose, A. P. Newton, and E. A. Benians, *The Cambridge History of the British Empire*, vol.1 (Cambridge: The University Press, 1929), p.95.

3 英国外務省のメモ．Paul M. Kennedy, *The Rise and Fall of British Naval Mastery* (London: Macmillan, 1983), p.219より引用.

4 India Office Library, Curzon Papers, vol.144, Godley to Curzon, November 10, 1899. これは同上p.211より引用.

5 CAB 38/8/14, February 24, 1905, "Our Present Minimum Military Requirements," p.1.

6 Crowe Memorandum of January 1, 1907, Henry Kissinger, *Diplomacy* (New York: Simon & Schuster, 1994), p.193より引用.

7 Kennedy, *The Rise and Fall of British Naval Mastery*, p.224より引用.

8 CAB 24/107, June 9, 1920, "British Military Liabilities," pp.1-2.

9 CAB 4/21/1087B, March 11, 1932, "Imperial Defense Policy," p.2; CAB 2/5, April 6, 1933, Minutes of the 258th Meeting of the Committee of Imperial Defence.

10 CAB 16/111/120, June 20, 1934, "Disarmament Conference 1932," p.2.

11 CAB 16/111/125, July 18, 1934, "Naval Defence Requirements," p.1.

12 Grenfellの言葉は，Williamson Murray, *The Change in the European Balance of Power, 1938-1939* (Princeton: Princeton University Press), p.75より引用.

13 WO 33/1004, January 10, 1922, "The Interim Report of the Commit-

tee on National Expenditure," Doc. VII, p. 51.

14 Ironsideの言葉は，William R. Rock, *British Appeasement in the 1930s* (London: Edward Arnold, 1977), p.46より引用.

15 CAB 21/700, February 22, 1937, "Review of Imperial Defence," p. 12.

16 CAB 53/13, J.P.315, September 23, 1938, "The Czechoslovak Crisis." これはMurray, *European Balance of Power*, p.209より引用.

17 Martin Gilbert, *The Roots of Appeasement* (London: Weidenfeld & Nicolson, 1966), p.186.

18 "Excerpts from Pentagon's Plan: 'Prevent the Re-Emergence of a New Rival,'" *New York Times*, March 8, 1992.

19 "Interview of the President by Wolf Blitzer, CNN Late Edition," June 20, 1999. http://clinton6.nara.gov/1999/06/1999-06-20-late-night-edition-cnn-interview.htmlで入手可能.

20 "After Kosovo: Building a Lasting Peace," the Council on Foreign Relations (New York, June 28, 1999)での発言．http://www.cfr.org/publication. php? id＝3189で入手可能.

21 Richard Haassは，Thom Shanker, "White House Says the U.S. Is Not a Loner, Just Choosy," *New York Times*, July 31, 2001より引用.

22 Alan Sipress, "Bush Retreats from U.S. Role as Peace Broker," *Washington Post*, March 17, 2001.

23 David E. Sanger, "Bush Tells Seoul Talks with North Won't Resume Now," *New York Times*, March 8, 2001.

24 The United States Commission on National Security/21st Century, "New World Coming: American Security in the 21st Century." http://www.nssg.gov/Reports/NWC.pdfで入手可能.

25 Tyndall Reportは，David Shaw, "Foreign News Shrinks in an Era of Globalization," *Los Angeles Times*, September 27, 2001より引用.

26 Hall's Magazine Editorial Reportsは，James F. Hoge, Jr., "Foreign News: Who Gives a Damn?" *Columbia Journalism Review*, vol. 36, no.4 (November-December 1997), pp.48-52より引用.

27 The Pew Research Center for the People and the Press, "Public and Opinion Leaders Favor NATO Enlargement," October 7, 1997. http://people-press.org/reports/display.php3? ReportID＝103で入手可能.

28 Gerard Baker and David Buchan, "American Isolationism Put to the Test," *Financial Times*, October 15, 1999.

29 2001年９月14日，上院と下院は，大統領が攻撃に応酬するために「必

要かつ適正なあらゆる軍事力を行使する」ことを認める決議への投票を行った．決議は，上院で98対０，下院で420対１によって可決された．2001年９月20日から23日にかけて行われた世論調査では，92パーセントの人が，テロ攻撃に責任を負うあらゆるものに対して軍事行動をとることを支持した．"Poll Finds Support for War and Fear on Economy," *New York Times*, September 25, 2001を参照．

30 Shibley Telhami, "The Mideast Is Also Changed," *New York Times*, September 19, 2001.

31 François Heisbourg, "De l'après-guerre froide à l'hyperterrorisme," *Le Monde*, September 13, 2001.

32 Adam Clymer, "A House Divided. Senate, Too," *New York Times*, December 2, 2001.

33 Powellは，Lawrence F. Kaplan, "Drill Sergeant," *The New Republic*, March 26, 2001より引用．

34 一般的な輸出額は，米国人口調査局の数字による．"U.S. International Trade in Goods and Services, January 1998 to December 2000." http://www.census.gov/foreign-trade/Press-Release/2000pr/Final_Revisions_2000/exh1.txtで入手可能．カナダとメキシコへの輸出額は，アメリカ商務省経済分析局の"U.S. International Transactions Account Data"の表10と10による．http://www.bea.doc.gov/bea/international/bp_web/list.cfm?anon=127で入手可能．

35 アメリカ人がより孤立主義的な立場に回帰していると主張する近年の研究については，以下を参照．Eric A. Nordlinger, *Isolationism Reconfigured: American Foreign Policy for a New Century* (Princeton: Princeton University Press, 1995); and Eugene Gholz, Daryl G. Press, and Harvey M. Sapolsky, "Come Home, America: The Strategy of Restraint in the Face of Temptation," *International Security*, vol.21, no.4 (Spring 1997), pp.5-48.

第２章　アメリカの新しい世界地図

1 "The Sources of Soviet Conduct," *Foreign Affairs*, vol.25, no.4 (July 1947), pp.566-582.

2 "Moscow Embassy Telegram #511," February 22, 1946, in *Containment: Documents on American Policy and Strategy, 1945-1950*, ed. Thomas H. Etzold and John Lewis Gaddis (New York: Columbia University Press, 1978), pp.55-63.

3 "United States Objectives and Programs for National Security," NSC-68, April 14, 1950,同上p.427.

4　国務長官顧問のJohn Foster Dulles氏による文書，"Estimate of Situation," November 30, 1950, in *Foreign Relations of the United States, 1950,* vol.6 (Washington, D.C.: Government Printing Office, 1950), p. 162.

5　"Final Report of the Joint MDAP Survey Mission to Southeast Asia," December 6, 1950,同上p.166.

6　Dulles, "Estimate of Situation," p.162.

7　Francis Fukuyama, "The End of History?" *National Interest*, no.16 (Summer 1989), pp.3-18; Francis Fukuyama, *The End of History and the Last Man* (New York: Free Press, 1992).

8　John J. Mearsheimer, "Back to the Future: Instability in Europe After the Cold War," *International Security*, vol.15, no.1 (Summer 1990), pp.5-56; John J. Mearsheimer, "Why We Will Soon Miss the Cold War," *Atlantic Monthly*, vol.266, no.2 (August 1990), pp.35-50.

9　Samuel P. Huntington, "The Clash of Civilizations?" *Foreign Affairs*, vol.72, no.3 (Summer 1993); Samuel P. Huntington, *The Clash of Civilizations and the Remaking of World Order* (New York: Simon & Schuster, 1996).

10　Matthew Connelly and Paul Kennedy, "Must It Be the Rest Against the West?" *Atlantic Monthly*, vol.274, no.6 (December 1994), pp.61-83. Kennedyは新しい国際システムについての自身の見解を，以下の本のなかで述べている．*Preparing for the Twenty-first Century* (New York: Random House, 1993).

11　Robert D. Kaplan, "The Coming Anarchy," *Atlantic Monthly*, vol. 273, no.2 (February 1994), pp.44-76; Robert D. Kaplan, *The Coming Anarchy: Shattering the Dreams of the Post Cold War* (New York: Random House, 2000).

12　Thomas L. Friedman, *The Lexus and the Olive Tree* (New York: Farrar, Straus & Giroux, 1999).

13　Fukuyama, "The End of History?" p.4.

14　Fukuyama, *The End of History and the Last Man*, p.xviii.

15　民主的平和に関する最近の研究については，以下を参照．Michael W. Doyle, "Kant, Liberal Legacies, and Foreign Affairs," *Philosophy and Public Affairs*, vol.12, nos.3 and 4 (Summer and Fall 1983), pp. 205-235, pp.323-353; Bruce M. Russett, *Grasping the Democratic Peace: Principles for a Post-Cold War World* (Princeton: Princeton University Press, 1993); *Debating the Democratic Peace*, ed. Michael E. Brown, Sean M. Lynn-Jones, and Steven E. Miller (Cambridge,

Mass.: MIT Press, 1996); and *Paths to Peace: Is Democracy the Answer?* ed. Miriam Fendius Elman (Cambridge, Mass.: MIT Press, 1997).

16 Fukuyama, *The End of History and the Last Man*, p.xx.

17 同上p.276.

18 Fukuyama, "The End of History?" p.18.

19 Francis Fukuyama, "Second Thoughts: The Last Man in a Bottle," *National Interest*, no.56 (Summer 1999), pp.16-33.

20 Mearsheimer, "Back to the Future," p.142.

21 Mearsheimerは，冷戦後の世界地図をまとめる際に，当初はヨーロッパに焦点を絞ったが，後に，次の本のなかでは，分析対象を東アジアに広げている．*The Tragedy of Great Power Politics* (New York: Norton, 2001). 彼は当初の論文で展開した基本的な立場に固執し，ヨーロッパと東アジアからアメリカの軍事力が徐々に撤退するため，両地域で大国による対立が復活すると予測している．Kenneth Waltzのようなほかの現実主義者たちも，日本と中国の経済的な勃興を，東アジアにおける地政学的対立の前触れと見ている．「遅かれ早かれ，たいていの場合は早くだが，国家の国際的地位は，物質的資源に見合うように向上する」とWaltzは警告している．

Kenneth N. Waltz, "The Emerging Structure of International Politics," *International Security*, vol.18, no.2 (Fall 1993), p.66.以下も参照．See also Aaron L. Friedberg, "Ripe for Rivalry: Prospects for Peace in a Multipolar Asia," *International Security*, vol.18, no.3 (Winter 1993-1994), pp.5-33.

22 Mearsheimer, "Why We Will Soon Miss the Cold War," p.36.

23 Mearsheimer, "Back to the Future," p.147.

24 Mearsheimer, "Why We Will Soon Miss the Cold War," p.35.

25 同上p.46.

26 同上

27 同上p.40.

28 同上p.42.

29 同上p.50.

30 Huntington, "The Clash of Civilizations?" p.24.

31 Huntington, *The Clash of Civilizations and the Remaking of World Order*, pp.41-43.

32 Huntington, "The Clash of Civilizations?" p.25.

33 同上p.31.

34 同上p.22.

35 同上p.29.

36 同上p.48.

37 Huntington, *The Clash of Civilizations and the Remaking of World Order*, p.20.

38 Huntington, "The Clash of Civilizations?" p.49.

39 Paul M. Kennedy, *The Rise and Fall of the Great Powers: Economic Change and Military Conflict from 1500 to 2000* (New York: Random House, 1987); Robert D. Kaplan, *Balkan Ghosts: A Journey Through History* (New York: St. Martin's, 1993); and Robert D. Kaplan, *The Ends of the Earth: A Journey at the Dawn of the 21st Century* (New York: Random House, 1996).

40 Connelly and Kennedy, "Must It Be the Rest Against the West?" pp.62,69,79.

41 Kennedy, *Preparing for the Twenty-first Century*, p.331.

42 Robert D. Kaplan, *The Coming Anarchy*, p.xiii.

43 同上p.24.

44 Connelly and Kennedy, "Must It Be the Rest Against the West?" p. 62.

45 Robert S. Chase, Emily B. Hill, and Paul Kennedy, "Pivotal States and U.S. Strategy," *Foreign Affairs*, vol.75, no.1 (January-February 1996), p.63.

46 Kaplan, *The Coming Anarchy*, pp.7,19.

47 Connelly and Kennedy, "Must It Be the Rest Against the West?" p. 79.

48 Kaplan, *The Coming Anarchy*, p.120.

49 同上

50 同上p.125.

51 Friedman, *The Lexus and the Olive Tree*, pp.7-8.

52 同上p.xviii.

53 同上p.201.

54 同上p.86.

55 たとえば以下を参照. Robert O. Keohane, *After Hegemony: Cooperation and Discord in the World Political Economy* (Princeton: Princeton University Press, 1984).

56 たとえば以下を参照. Thomas Risse-Kappen, *Cooperation Among Democracies: The European Influence on U.S. Foreign Policy* (Princeton: Princeton University Press, 1997).

57 Joseph S. Nye, Jr., *Bound to Lead: The Changing Nature of*

American Power (New York: Basic Books, 1990).
58 Friedman, *The Lexus and the Olive Tree*, pp. 196-198.
59 同上p.41.
60 同上
61 同上p.212.
62 Thomas Friedman, "World War III," *New York Times*, September 13, 2001.
63 2002年3月28日現在の株式時価総額によるランク付けは，次を参照．*Financial Times Global 500 Guide*, May 8, 2002. http://specials.ft.com/spdocs/FT3BNS7BW0D.pdfで入手可能．
64 Jane Perlez, "With Time Short, Albright Stays Aloft," *New York Times*, July 3, 2000.
65 World Bank, *China 2020: Development Challenges in the New Century* (Washington, D.C.: World Bank, 1997), p. 103.
66 Senate Resolution 208, November 8, 1999.
67 Henry Kissinger, "U.S. Intervention in Kosovo Is a Mistake," *Boston Globe*, March 1, 1999.
68 Edmund Andrews, "Bush Angers Europe by Eroding Pact on Warming," *New York Times*, April 1, 2001より引用．
69 David Sanger, "Bush Flatly States U.S. Will Pull Out of Missile Treaty," *New York Times*, August 24, 2001.
70 Dana Milbank, "Bush Advocates a Wider NATO," *Washington Post*, June 16, 2001.
71 "Bush Unpopular in Europe, Seen as Unilateralist," August 15, 2001. http://people-press.org/reports/display.phps?ReportID=5で入手可能．調査を行ったのは，以下のとおり．*The International Herald Tribune*, the Council on Foreign Relations, and the Pew Research Center for the People and the Press. 以下も参照．Adam Clymer, "Surveys Find European Public Critical of Bush Policies," *New York Times*, August 16, 2001.
72 John Kifner, "56 Islamic Nations Avoid Condemning U.S. Attacks, but Warn on Civilian Casualties," *New York Times*, October 11, 2001.
73 Laurie Goodstein, "Muslim Scholars Back Fight Against Terrorists," *New York Times*, October 12, 2001.
74 以下を参照．Stephen M. Walt, *The Origins of Alliances* (Ithaca: Cornell University Press, 1987).

第3章　グローバリゼーションと民主主義

1　President Calvin Coolidge, State of the Union Address, December 4, 1928. これは，John Kenneth Galbraith, *The Great Crash, 1929* (New York: Time Inc., 1961), p.7より引用.

2　同上pp.26-27, 70.

3　同上p.38より引用.

4　同上p.73より引用.

5　同上p.74より引用.

6　同上p.80より引用.

7　Piers Brendon, *The Dark Valley: A Panorama of the 1930s* (New York: Knopf, 2000), p.86.

8　Charles P. Kindleberger, *The World in Depression, 1929-1939* (Berkeley: University of California Press, 1973), pp.171-172.

9　Dietmar Rothermund, *The Global Impact of the Great Depression, 1929-1939* (London: Routledge, 1996), p.55.

10　Brendon, *The Dark Valley*, p.31より引用.

11　Tatsuji Takeuchia, *War and Diplomacy in the Japanese Empire* (New York: Doubleday, 1935), p.353より引用.

12　Kindleberger, *The World in Depression*, p.308.

13　Galbraith, *The Great Crash*, pp. 173-174.

14　Thomas L. Friedman, *The Lexus and the Olive Tree* (New York: Farrar, Straus & Giroux, 1999), p.7.

15　同上pp.7-8.

16　Thomas Paine, "Rights of Man," in *Collected Writings* (New York: Literary Classics of the United States, 1995), pp.598-599.

17　John Stuart Mill, *Principles of Political Economy: With Some of Their Applications to Social Philosophy* (Fairfield, N.J.: Augustus M. Kelley Publishers, 1976), p.582.

18　Norman Angell, *The Great Illusion: A Study of the Relation of Military Power in Nations to Their Economic and Social Advantage* (New York: Putnam, 1910), pp.31,54-55. タイトルのIllusionは，戦争を通して国の福利を改善できるという幻想のことである.

19　Congressman Paul Ryan, statement to U.S. House of Representatives, Committee on Banking and Financial Services, Subcommittee on Domestic and International Monetary Policy, "Margin Lending," March 21, 2000. http://commdocs.house.gov/committees/bank/hba63474.000/hba63474_0.HTMで入手可能.

20　Robert J. Shiller, *Irrational Exuberance* (Princeton: Princeton

University Press, 2000), p.35.
21　同上pp.xii-xiii.
22　同上pp.5-9. 平均的な株価収益率を計算するために，Shillerが独自の方法を用いていることと，したがって，彼の計算による価値がほかから得た数値と異なる可能性のあることに注意.
23　New York Stock Exchange, "New York Stock Exchange Member Firms Customers' Margin Debt, January 1992 through February 2002." http://www.nyse.com/pdfs/margin0202.pdfで入手可能. Gretchen Morgenson, "Buying on Margin Becomes a Habit," *New York Times*, March 24, 2000も参照.
24　U.S. House of Representatives, Committee on Banking and Financial Services, Subcommittee on Domestic and International Monetary Policy, "Margin Lending," March 21, 2000. http://commdocs.house.gov/committees/bank/hba63474.000/hba63474_0.htmで入手可能.
25　International Monetary Fund, *International Capital Markets: Developments, Prospects, and Key Policy Issues* (Washington, D.C.: IMF, 2000), pp.10-11.
26　Stephan Haggard, *The Political Economy of the Asian Financial Crisis* (Washington, D.C.: Institute for International Economics, 2000), pp.4,6.
27　Gerard Baker and Stephen Fidler, "O'Neill Signals Hands-Off Stance on World Economy," *Financial Times*, February 15, 2001.
28　投資家は，購入しようとしている株価の50パーセント以上の金額を借りることはできないと規定されている. 2001年8月，デイ・トレーディングの新しいルールが採用され，投機を抑え，リスクを制限するために，信用取引の要件を強化した.
29　Alan Greenspan議長の発言，December 5, 1996, Francis Boyer Lecture of the American Enterprise Institute for Public Policy Research.http://federalreserve.gov/boarddocs/speeches/1996/19961205.htmで入手可能.
30　Charlie Rose Transcript no.2713, program of June 27, 2000.
31　Haggard, *The Political Economy of the Asian Financial Crisis*, pp.1-13を参照.
32　Alan Greenspan議長の発言，"Global Challenges," July 12, 2000, At the Financial Crisis Conference, Council on Foreign Relations, New York. http://federalreserve.gov/boarddocs/speeches/2000/20000712.htmで入手可能.

33 Steven Pearlstein, "Debating How to Repair Global Financial System," *Washington Post*, September 24, 2000からの引用.
34 Robert Gilpin, *The Challenge of Global Capitalism: The World Economy in the 21st Century* (Princeton: Princeton University Press, 2000), p.161.
35 Paul A. Papayoanou, *Power Ties: Economic Interdependence, Balancing, and War* (Ann Arbor: University of Michigan Press, 1999), p.63を参照.
36 ナショナリスト的熱狂の拡大におけるメディアとその役割については, Jack L. Snyder, *From Voting to Violence: Democratization and Nationalist Conflict* (New York: Norton, 2000)を参照.
37 Martin Wolf, "The Economic Failure of Islam," *Financial Times*, September 26, 2001.
38 Thomas Friedman, "Smoking or Non-Smoking?" *New York Times*, September 14, 2001.
39 Joseph Yam, "International Capital Flows and Free Markets," the Credit Suisse First Boston Asian Investment Conference (March 26, 1999) での発言. http://www.info.gov.hk/hkma/eng/speeches/speechs/joseph/speech_260399b.htmで入手可能.
40 Karl Polanyi, *The Great Transformation: The Political and Economic Origins of Our Time* (Boston: Beacon Press, 1957).
41 Martin Wolf, "The Lure of the American Way," *Financial Times*, November 1, 2000.
42 Rothermund, *The Global Impact of the Great Depression*, p.29.
43 Immanuel Kant, *Perpetual Peace: A Philosophical Essay* (New York: Macmillan, 1917). 原書の出版は1795年.
44 第2章, 注15を参照.
45 William Jefferson Clinton, "Confronting the Challenges of a Broader World," Address to the U.N. General Assembly,NewYork-City, September 27, 1993.http://dosfan.lib.uic.edu/ERC/briefing/dispatch/1993/html/Dispatchv4no39.htmlで入手可能.
46 民主的平和学派の批判については, 以下を参照. David Spiro, "The Insignificance of the Liberal Peace"; Christopher Layne, "Kant or Cant: Myths of the Democratic Peace"; and Henry S. Farber and Joanne Gowa, "Polities and Peace," in *Debating the Democratic Peace*, ed. Michael E. Brown, Sean M. Lynn-Jones, and Steven E. Miller (Cambridge, Mass.: MIT Press, 1996).
47 Francis Fukuyama, *The End of History and the Last Man* (New

York: Free Press, 1992), p.xx.

48 同上p.276.

49 ナショナリズムの発展におけるドイツ知識人の役割については，以下を参照．Elie Kedourie, *Nationalism* (London: Hutchinson, 1966). Kedourie provides a summary of the views of both Herder and Fichte.

50 Fukuyama, *The End of History and the Last Man*, p.276.

第4章 ヨーロッパの勃興

1 Robert Gilpin, *War and Change in World Politics* (New York: Cambridge University Press, 1981) とPaul M. Kennedy, *The Rise and Fall of the Great Powers: Economic Change and Military Conflict from 1500 to 2000* (New York: Random House, 1987) を参照．

2 この一般的理解の簡潔な要約については，以下を参照．Antony J. Blinken, "The False Crisis over the Atlantic," *Foreign Affairs*, vol.80, no.3 (May-June 2001), pp.35-48.

3 Otto Pflanze, *Bismarck and the Development of Germany*, vol.1 (Princeton: Princeton University Press, 1990), p.97より引用．

4 Benjamin Disraeli, February 9, 1871.これは，J. C. G. Rohl, *From Bismarck to Hitler: The Problem of Continuity in German History* (New York: Barnes & Noble, 1970), p.23より引用．

5 V. R. Berghahn, *Germany and the Approach of War in 1914* (New York: St. Martin's, 1973), p.174より引用．

6 Fritz Fischer, *World Power or Decline: The Controversy over Germany's Aims in the First World War*, trans. Lancelot Farrar, Robert Kimber, and Rita Kimber (New York: Norton, 1974), p.26より引用．

7 Margaret Thatcher, *The Downing Street Years* (New York: HarperCollins, 1993), pp.796-797.またRobert J. Art, "Why Europe Needs the United States and NATO," *Political Science Quarterly*, vol. 111, no.1 (Spring 1996), pp.1-39も参照．

8 ローマ帝国の軍事戦略については，以下を参照．Edward N. Luttwak, *The Grand Strategy of the Roman Empire from the First Century A.D.to the Third* (Baltimore: Johns Hopkins University Press, 1976).

9 Ammianus Marcellinus, *The Later Roman Empire (A.D. 354-378)* (Harmondsworth, Middlesex: Penguin Books, 1986), p.412.

10 西ローマ帝国の首都は，4世紀後半にミラノへ移り，その後，5世紀

初頭にラベンナへ移った.

11 Edward Gibbon, *The History of the Decline and Fall of the Roman Empire* (J. B. Bury, vol.4, New York: AMS Press, 1974), pp.174-175.

12 Lactantius, *On the Deaths of the Persecutors*.これは, Chris Scarre, *Chronicle of the Roman Emperors: The Reign-by-Reign Record of the Rulers of Imperial Rome* (London: Thames & Hudson, 1995), p. 196に引用.

13 Gibbon, *The History of the Decline and Fall of the Roman Empire*, vol.4, pp.174-175.

14 ローマ帝国の衰微の原因については, 以下を参照. Gibbon, *The History of the Decline and Fall of the Roman Empire*, vols.1-7; J. B. Bury, *History of the Later Roman Empire: From the Death of Theodosius I to the Death of Justinian (A.D. 395 to A.D. 565)* (London: Macmillan, 1923); and A. H. M. Jones, *The Later Roman Empire, 284-602: A Social, Economic and Administrative Survey* (Oxford: Blackwell, 1964). ビザンツ帝国については, 次を参照. A. A. Vasiliev, *History of the Byzantine Empire, 324-1453* (Madison: University of Wisconsin Press, 1952).

15 Gibbon, *The History of the Decline and Fall of the Roman Empire*, vol.4, pp.174-175.

16 William C. Wohlforth, "The Stability of a Unipolar World," *International Security*, vol.24, no.1 (Summer 1999), p.8.

17 ヨーロッパの発展について, 経済的要因の優位を強調する説明としては, 次を参照. Andrew Moravcsik, *The Choice for Europe: Social Purpose and State Power from Messina to Maastricht* (Ithaca: Cornell University Press, 1998).

18 European Parliament, "Principles and General Completion of the Internal Market," Fact Sheets 3.1.0. http://www.europarl.eu.int/factsheets/3_1_0en.htmで入手可能.

19 Robert Schuman, "Declaration of 9 May 1950." http://europa.eu.int/abc/symbols/9-may/decl_en.htmで入手可能.

20 Jean Monnet, *Memoirs*, trans. Richard Mayne (Garden City, N.Y.: Doubleday, 1978), p.392.

21 Treaty Establishing the European Coal and Steel Community. http://www.europa.eu.int/abc/obj/treaties/en/entoc29.htmで入手可能.

22 Tony Barber, "The Euro Takes Its Place in the Flow of History," *Financial Times*, August 30, 2001.

23　European Commission, *Eurobarometer: Public Opinion in the European Union*, Report no.56, pp.14, 38-39, 55-56. http://europa.eu.int/comm/public_opinion/archives/eb/eb56/eb56_en.htmで入手可能.
24　Suzanne Kapner, "U.S. Venture Capital Sees Treasure in Europe," *New York Times*, May 30, 2001.を参照.
25　イギリス企業の海外買収は337億ドル，フランス企業は137億ドル，アメリカ企業は136億ドル，"Europe's Corporate Invasion of North America at All-Time High," KPMG Corporate Finance, January 15, 2001.
26　Norbert Walter, "The Euro: Second to (N)one," *German Issues*, no.23 (Washington, D.C.: American Institute for Contemporary German Studies, 2000)を参照.
27　第一の柱には，経済通貨連合へとつながる一連の条約で扱われる政策領域が含まれている．その内容はおもに，人・モノ・サービス・資本の国境を超えた自由な移動に関わる条例と法律である．司法内務問題は，亡命と移民，民事および刑事裁判，警察協力をカバーする．
28　条例の承認には，87票のうちの62票を必要とする．ドイツ，フランス，イタリア，イギリスの各国はそれぞれ欧州理事会で10票もっている．小国は人口割合に応じて投票数をもつ．票の配分は，拡大が進むにつれて変わっていくだろう．
29　"Britain's Role in Europe," November 23, 2001. http://www.number10.gov.uk/output/Page1673.aspで入手可能.
30　Ezra Suleiman, "Is Democratic Supranationalism a Danger?" in *Nationalism and Nationalities in the New Europe*, ed. Charles A. Kupchan (Ithaca: Cornell University Press, 1995)を参照.
31　Joschka Fischer, "From Confederacy to Federation——Thoughts on the finality of European integration," speech at Humboldt University, Berlin, May 12, 2000. http://www.auswaertiges-amt.de/www/de/infoservice/download/pdf/reden/redene/r000512b - r1008e.pdf で入手可能.
32　Michael J. Sandel, *Democracy's Discontent: America in Search of a Public Philosophy* (Cambridge, Mass.: Harvard University Press, 1996), p.15に引用.
33　EUにとっての憲法の必要性の評価については，以下を参照．Andrew Moravcsik, "Despotism in Brussels?" *Foreign Affairs*, vol.80, no.3 (May-June 2001), pp.114-122. 憲法制定の民衆サイドからのサポートについては，次を参照．Eurobarometer, Report no.56, pp.46-47.
34　Fischer, "From Confederacy to Federation."

35 Philip Stephens and Brian Groom, "Blair's Broad Horizons," *Financial Times*, May 25, 2001を参照.
36 "Prime Minister's Speech to the Polish Stock Exchange," October 6, 2000. http://www.number10.gov.uk/output/Pages3384.aspで入手可能.
37 Robert Graham, "Chirac Seeks EU 'Pioneer Group' on Security," *Financial Times*, August 27, 2001.
38 Suzanne Daley, "French Premier Opposes German Plan for Europe," *New York Times*, May 29, 2001.
39 Martin Walker, "Overstretching Teutonia: Making the Best of the Fourth Reich," *World Policy Journal*, vol.12, no.1 (Spring 1995), p.13を参照.
40 PricewaterhouseCoopers, "European Pension Reform," European Economic Outlook (September 2000), p. 28. http://www.pwcglobal.com/gx/eng/ins-sol/spec-int/eeo/pwc_euro_pension_reform_9-00.pdfで入手可能.
41 Thomas Fuller, "Europe Wants Workers to Move," *International Herald Tribune*, February 13, 2002を参照.
42 Fischer, "From Confederacy to Federation."
43 1820年のミズーリ協定は，ミズーリを奴隷州，メインを自由州と同時に認めることで，自由州と奴隷州間の政治バランスを維持した．協定はまた，西部への奴隷制度の拡大を規制し，ルイジアナ購入地のある緯度より北で奴隷制度を禁止した．David M. Potter, *The Impending Crisis, 1848-1861* (New York: Harper & Row, 1976), pp.53-58を参照.
44 Fischer, "From Confederacy to Federation."
45 シルヴィオ・ベルスコーニの政府は，後に取引への参加から撤退したが，いつかふたたび参加するであろうと示唆した.
46 Roger Cohen, "Storm Clouds over U.S.-Europe Relations," *New York Times*, March 26, 2001.
47 同上，Roger Cohen, "A More Assertive Europe," *New York Times*, March 30, 2001.
48 1999年11月4日にエリゼ宮で行われた the Institute Français des Rélations Internationalesの20周年記念行事での演説．テキストはワシントンDCのフランス大使館より配布.
49 "Prime Minister's Speech to the Polish Stock Exchange," October 6,2000. http://www.number-10.gov.uk/output/Page3384.aspで入手可能.
50 "Vedrine Criticizes U.S. over International Ties," Agence France-

Press, November 3, 1999. Craig R. Whitney, "On the Ropes, Chirac Fights Back in French TV Interview," *New York Times*, December 13, 1996; and "Yeltsin 'Very Satisfied' with Talks with Jiang Zemin," ITAR-TASS, December 10, 1999.

51 Suzanne Daley, "French Minister Calls U.S. Policy 'Simplistic,'" *New York Times*, February 7, 2002; Alan Friedman, "Schroeder Assails EU Deficit Critics," *International Herald Tribune*, February 2, 2002; Steven Erlanger, "Europe Opens Convention to Set Future of Its Union," *New York Times*, March 1, 2002; and T. R. Reid, "EU Summit Ends with a Bang and a Whimper," *Washington Post*, March 17, 2002.

52 Daley, "French Minister Calls U.S. Policy 'Simplistic.'"

53 Edmund Andrews, "Angry Europeans to Challenge U.S. Steel Tariffs at WTO," *New York Times*, March 6, 2002.

[著者]

Charles Kupchan——チャールズ・カプチャン

●1958年、ウィスコンシン州生まれ。ハーバード大学卒業、オックスフォード大学政治学博士号取得。ハーバード大学、プリンストン大学、国家安全保障会議ヨーロッパ担当部長を経て、現在、米外交問題評議会上級研究員、ジョージタウン大学教授。国際関係論が専門。

●著書に、*The Persian Gulf and The West : The Dilemma of Security* (1987), *The Vulnerability of Empire* (1994) がある。

[訳者]

坪内 淳——つぼうち・じゅん

●1969年生まれ。早稲田大学政治経済学部卒業、同大学大学院博士課程単位取得満期退学。2001-02年、フルブライト奨学金を得て、ハーバード大学ケネディ行政大学院フェロー。現在、山梨大学助教授。専門は国際関係・安全保障。

●共著書に『国際政治の理論』(東海大学出版会)『EU諸国』(自由国民社)が、共訳書に『ロング・ピース』(芦書房)がある。

NHKブックス [982]

アメリカ時代の終わり [上]

2003年10月30日 第1刷発行
2004年2月15日 第3刷発行

著 者 チャールズ・カプチャン
訳 者 坪内 淳
発行者 松尾 武
発行所 日本放送出版協会
東京都渋谷区宇田川町 41-1 郵便番号 150-8081
電話 03-3780-3317 (編集) 03-3780-3339 (販売)
http://www.nhk-book.co.jp
振替 00110-1-49701
[印刷] 太平印刷社 [製本] 豊文社 [装幀] 倉田明典

落丁本・乱丁本はお取り替えいたします。
定価はカバーに表示してあります。
ISBN4-14-001982-4 C1331

NHKブックス　時代の半歩先を読む

＊政治・法律

日本のODAをどうするか　渡辺利夫／草野 厚
日本外交の軌跡　細谷千博
日本の政治力学 ―誰が政策を決めるのか―　中野 実
政治は途方に暮れている ―その理念と現実―　内山秀夫
現代民主主義の病理 ―戦後日本をどう見るか―　佐伯啓思
連合政治とは何か ―競合的協同の比較政治学―　岡沢憲芙
日米ビジネス紛争 ―法律摩擦の事例から―　北川俊光
現代アメリカの自画像 ―行きづまる中産階級社会―　佐々木 毅
「無意識の意思」の国アメリカ ―なぜ大国は甦るのか―　薬師寺泰蔵
国際化時代と日本人 ―異なるシステムへの対応―　栗本一男
国際化の意味 ―いま「国家」を超えて―　矢野 暢
アフリカ学への招待　米山俊直
リトアニア ―小国はいかに生き抜いたか―　畑中幸子
国連を問う　川上洋一
中欧の復活 ―「ベルリンの壁」のあとに―　加藤雅彦
EUを創った男 ―ドロール時代十年の秘録―　チャールズ・グラント
ヨーロッパ連合への道　石川謙次郎
インド発、国連職員の日々　高橋英彦
外国人特派員 ―こうして日本イメージは形成される―　木村昌人／田所昌幸
イスラム世界と欧米の衝突　宮田 律
中国2020年への道　朱 建栄
行政改革をどう進めるか　白川一郎／富士通総研経済研究所編著
黙殺 ―ポツダム宣言の真実と日本の運命―(上)(下)　仲 晃
アフガン戦争の真実 ―米ソ冷戦下の小国の悲劇―　金 成浩

経済安全保障を考える ―海洋国家日本の選択―　村山裕三

NHKブックス 時代の半歩先を読む

*社会